股票经典技术

经典盘口
一周通

（第二版）

解密股价分时走势的7个玄机

励佰专业理财机构 著

捕捉瞬间起涨的经典盘口语言
洞悉分时走势的7种进场点
超级短线高手的入门必修课程
开辟融券做空的盈利新途径
最简单、最有效、最直接

经济管理出版社
ECONOMY & MANAGEMENT PUBLISHING HOUSE

图书在版编目（CIP）数据

经典盘口一周通/励佰专业理财机构著. —2 版. —北京：经济管理出版社，2016.4
ISBN 978-7-5096-4294-8

Ⅰ. ①经…　Ⅱ. ①励…　Ⅲ. ①股票交易—基本知识　Ⅳ. ①F830.91

中国版本图书馆 CIP 数据核字（2016）第 051898 号

组稿编辑：勇　生
责任编辑：勇　生
责任印制：杨国强
责任校对：陈　颖

出版发行：经济管理出版社
　　　　　（北京市海淀区北蜂窝 8 号中雅大厦 A 座 11 层　100038）
网　　址：www. E-mp. com. cn
电　　话：（010）51915602
印　　刷：三河市延风印装有限公司
经　　销：新华书店
开　　本：720mm×1000mm/16
印　　张：13
字　　数：212 千字
版　　次：2016 年 5 月第 2 版　2016 年 5 月第 1 次印刷
书　　号：ISBN 978-7-5096-4294-8
定　　价：38.00 元

前言　洞悉股票瞬间起涨的奥秘

从日 K 线走势图上来看，股价的涨势似乎是在某一日启动的，而在这一日之内股价其实还存在一个起涨点，这个起涨点我们是可以通过琢磨和分析分时走势捕捉到的。股票在分时走势上的起涨点，看起来似乎是瞬间显现的，但是如果我们深入地剖析下去就会发现，其中存在不少规律。在本书中，我们就是要对分时走势中的上涨和下跌规律进行归纳，我们要在其中找到一些可靠性较高的买入点和卖出点，考虑到现在可以进行融券卖空交易，这里的卖出点其实也是做空点。

分时走势与 K 线走势存在较大的区别，也有一些共同点。在分时走势图上可以用到的技术指标极少，一般都是将分时曲线图与分笔成交量结合起来使用，也可以参考买卖档挂单和分笔成交记录。不过，K 线走势可以用到的技术指标就非常多了，较常用的有 100 多种，大家可以参考本系列丛书的另外一本书《经典指标一周通》。不过分时走势和 K 线走势都可以结合价量分析展开，价量关系是最基本的技术关系，也是所有技术分析的基础，如果能够彻底掌握这个层面的理论和技巧，那么就可以在股市中游刃有余。

分时上涨下跌的奥秘都起于某些关键点，或者说临界点，本书对这些临界点进行了最为详细的划分，主要分为 7 大类，经过深入浅出的解释，大家恰好能够在一周时间内掌握这些类型的要点。本书介绍的方法应该与《经典 K 线一周通》结合起来运用，因为 K 线的形成基于分时图，同时 K 线判断大势之后，需要在分时走势上寻找具体的介入点和退出点，这点是绝大多数投资者需要注意的第一点。同时，外形一样的 K 线可能是由不同的分时走势形成的，或许是庄家为了骗线而制造的 K 线形态，这时候你所学习的 K 线理论反而会误导你，让你成为主力的羔羊。为了避免这种情况，应该学会从分时走势图上解读主力的行动和意图。要彻底获得上述这些能力需要多年的实盘操练和不断学习，不过"千里之行，始于足下"，"九层之台，起于垒土"，我们还是应该从一些最基础和最有效的知识开始学习，这就是本书要帮助你完成的任务。

分时走势里面比较关键的关系是价格与价格本身的关系、价格与均线的关系、价格与成交量的关系，而至于买卖档挂单的关系以及成交明细则应该在具备解读上述三种关系能力之后再下工夫。但是，在展开三种关系的解读示范之前，我们还是对分时盘口进行一些必要的介绍。

开盘、盘中和收盘是分时走势的三个阶段，这三个阶段的特点，我们心中要有数，下面逐一介绍。人们之所以重视开盘后30分钟，是因为经过上一交易日到下一个交易日开盘前的思考，投资者所作出的投资决策是较为坚决且接近理性的，在此其间最能反映参与者的多空力量对比，所以30分钟应大致可以分析全天的走势。一般来讲，短线散户更多地喜欢将手里要了结的股票在开盘后30分钟抛掉，而在当日最后30分钟决定买进股票。而市场主力做盘也喜欢在开盘30分钟完成当日的拉高、试盘、洗盘等任务，因为在这段时间人们的投资心理最浮躁，最希望得到某种方向的指引。

庄股在其起跳的瞬间，开盘后20分钟的走势较为关键。如果大盘开市指数惯例性的上打下压试盘，股价受其干扰不大，在大盘指数走低时会稳定运行于前一日收盘价上方作横盘处理，均价与股价的关系基本保持平行，即使有抛单打低股价也能被迅速拉回盘整区。在此期间，如出现向上大笔拉升的过激动作，要视股价与均价的位置决定买入时机，在股价脱离均价2%以上，均价却无力上冲时，切勿追高，短期内股价必将有一个向均价回归的过程。开盘形态的强度决定了该股当日能否走强，从中可以洞悉庄家当日做盘的决心。多方资金为加快建仓步伐，开盘后通常会快速抢进，而空方资金为能尽快派发，采取诱多拉高，造成开盘后急速冲高；反之亦然。因此通过开盘后30分钟的市场表现有助于对大势及个股的正确研判。

多空多方之所以重视开盘后的第一个10分钟，是因为此时盘中买卖量都不是很大，因此用不大的量即可以达到预期的目的，主力机构通过集合竞价跳空高开拉高或跳空低开打压，借此测试抛压和跟风盘多寡，借以对今日操作计划进行修正。第二个10分钟则是多空双方进入休整阶段的时间，一般会对原有趋势进行修正。因此，这段时间是选择买入或卖出较为重要的一个转折点。第三个 10 分钟因参与交易的人越来越多，买卖盘变得较实在，因此可信度较高，这段时间的走势基本上成为全天走向的基础，此时投资者应密切注意个股的量价关系是否配合，委买单与委卖单的多寡，研判大势是"走多"还是"走空"。一般而言，开盘委比达到 2 倍以上，显示人气旺盛，短线资金入场；反之，离场观望。如二者相差不大，则需观察是否有大手笔委托（买卖）单，同时应结合前期量价趋势加以分析。

为了能正确地把握走势特点与规律，可以以开盘为原始起点（因为开盘价是多空双方都认可的结果，也是多空力量的均衡位置），然后以开盘后的第 10 分钟、20 分钟、30 分钟指数或价位移动点连成三条线段，因此，开盘后 30 分钟的走势实际上预示了当日的价格趋势。

如果是 9：40、9：50、10：00 与原始起点（9：30）相比，三个点位皆比此点高，则表明当天的行情趋好的可能性较大。10：30 以前成交量持续异常放量则为庄家或机构拉高出货，如出现此情况应以抛出为主。

如果是 9：40、9：50、10：00 与原始起点（9：30）相比，三个点位皆比此点低，则是表明当天的行情趋坏的可能性较大，表明空头力量过于强大，当日收阴线概率大于 80%。

如果是 9：40、9：50、10：00 与原始起点（9：30）相比，9：40、9：50 两个移动点比原始起点高，而另一个移动点比原始起点低，表示当天行情买卖双方势力均强，行情以大幅震荡为主，如多方逐步占据优势向上。

如果是 9：40、9：50、10：00 与原始起点（9：30）相比，9：40、9：50 两个移动点比原始起点低，而另一个移动点比原始起点高，则表示空方力量大于多方，而多方也积极反击，出现底部支撑，一般收盘为探底的阴线。

如果是 9：40、9：50、10：00 与原始起点（9：30）相比，其中 9：40 这个移动点比原始起点低，而另外两个移动点比原始起点高，则表示今日空方的线被多方击破，反弹成功并且将是逐步震荡向上的趋势。

在 10：00 以后，股市进入多空双方博杀阶段，除去开盘与收盘的半个小时外，其余时间为盘中交易，股价在盘中走势，无论是探底拉升、窄幅震荡或冲高回落体现了控盘主力的操作意图。盘中运行状态一般有以下九种常见情况：

第一种情况是个股低开高走，若探底拉升超过跌幅的 1/2 时，此时股价回调跌不下去，表示主力做多信心十足，可于昨日收盘价附近挂内盘跟进。

第二种情况是大市处于上升途中，个股若平开高走，回调不破开盘，股价重新向上，表示主力做多坚决，待第二波高点突破第一波高点时，投资者应加仓买进。

第三种情况是大市低位时，个股如形成W底、三重底、头肩底、圆弧底时，无论其高开低走，低开低走，只要盘中拉升突破颈线位突放巨量，则不宜追高，待其回调颈线不破颈线时，挂单买进。其中低开低走行情，虽然个股仍在底部但毕竟仍属弱势，应待突破颈线时红盘报收，回调也不长阴破位时才可买进。

第四种情况是个股低位箱体走势，高开低走，平开平走，低开平走，向上突破时可以跟进，但若是高位箱体突破时，应注意风险。但若出现放量向上突破时，尤其是高位箱体一年左右成交地量时，或是高开或平开平走时间又已超过1/2时，委卖点变成委买单；出现箱顶高点价位时，即可外盘跟进，若低开、平开，原则上仅看作弱势止跌回稳的行情，可以少量介入，搏其反弹，且无大量跟进。

第五种情况是大市下跌时，若个股低开低走，突破前一波低点，多是主力看淡行情，有其弱势或有实质性利空出台；低开低走，反弹无法超过开盘，多是主力离场观望，若再次下破第一波低点，则应市价杀跌卖出。

第六种情况是个股如形成三重顶、头肩顶、圆弧顶时，跌破颈线时应果断卖出，趁其跌破后股价拉回颈线处反弹无力时卖出。

第七种情况是升势中，若高开低走，二波反弹无法创出最高，此刻若放出大量，在二波反弹高位反转时卖出，主力利用高开吸引投资者追涨跟风借机放量，此为派发的惯用伎俩手法，可参考前期除权股的盘中走势。

第八种情况是大盘趋弱、个股高开低走翻黑后、反弹无法翻红时，投资者宜获利了结，以免在弱势中高位被套。

第九种情况是个股箱体走势往下跌时，箱底卖出。无论高开平走、平开平走或低开低走，尤其箱体呈现大幅震荡，一旦箱体低点支撑失守，显示主力已失去护盘能力，至少短线向淡，暗示一轮新的跌势开始，投资者应毫不犹豫地斩仓出局。

尾盘不仅对当日多空双方交战起到总结作用，而且还决定次日的开盘价，所以，股票市场波动最大的时间段是在临收市半小时左右。此时股价异动是主力取巧操作的典型手法，因此尾盘效应应格外重视。

如当日盘口强劲，会在尾市半小时左右引发跟风盘的涌入，使股价脱离当日走势斜率单边上行，此时庄家会借机大笔拉高，以封死下一交易日的下跌空间。由于此时跟进的买盘都有强烈的短线利润兑现心理，所以尾盘若在抢盘时出现5%以上的升幅，要小心次日获利盘兑现对股价造成的抛压以及庄家次日开盘借势作打压震荡所带来的被动。投资者不要在尾市过分追高抢货，以免陷入庄家次日短期震荡给仓位带来的被动局面。如果尾盘多方大力上攻，攻势太猛的状况下修正反弹，但临时又被空头故意打压，使大盘收于最低点，次日以平开或低开方式开盘，仍是一个下跌走势。如果尾盘形成明显趋势，而且最后10分钟放量上涨，说明短线资金入市，次日以高开方式开盘后，空方的卖盘便会将趋势打压。

看盘时应该配合的其他辅助手段主要有内外盘、均价线和成交明细。积极关注外盘、内盘数量的大小和比例，投资者可从中发现主动性的买盘多还是主动性的抛盘多，由此判断趋势强弱的真实情况，是一个较佳的辅助指标。但投资者在使用外盘和内盘时，要注意结合股价在盘中分时的低位、中位和高位的成交情况以及所占该股当日总成交量比例的情况。因为主力做盘的客观性，所以，外盘大，股价并不一定上涨；内盘大，股价也并不一定下跌。

股价经过了长时间的数浪下跌，股价处于较低价位，成交量极度萎缩。此后，盘中成交温和放出，当日外盘数量增加，大于内盘数量，股价将可能上涨，此种情况较可靠。在股价经过了长时间的数浪上涨，股价处于较高价位，成交量巨大，且不能再继续增加，当日内盘数量放大，大于外盘数量，股价将可能继续下跌。在股价持续阴跌过程中，时常会出现外盘大、内盘小，此种情况并不表明股价一定会上涨。因为庄家用几笔抛单将股价打压至较低位置，然后在卖1、卖2挂卖单，并自己吃掉卖单，造成股价小幅上升。此时的外盘将明显大于内盘，使投资者认为庄家在吃货，而纷纷买入。在股价持续上涨过程中，时常会发现内盘大、外盘小，此种情况并不表示股价一定会下跌。因为庄家用几笔买单将股价拉至一个相对的高位，然后在股价小跌后，在买1、买2挂买单，让投资者认为主力在出货，纷纷卖出股票，此时庄家层层挂出小单，将抛单通通接走。这种先拉高后低位挂买单的手法，常会显示内盘大、外盘小，达到欺骗投资者的目的。当股价已有较大的涨幅，如某日外盘大量增加，但股价却难以大幅上涨，投资者要警惕庄家诱多出货。当股价已有较大的跌幅，如某日内盘大量增加，但股价却难以大幅下跌，投资者要警惕庄家诱空吸货。

盘中黄色均价线的意义是主流资金当天把绝大部分非锁定筹码控制在某个价位区域的体现。关注的焦点是即时曲线与黄均价线位置的比例关系，体现了主流资金的控制意图。例如，收盘后即时股价曲线与当天均价的位置关系是收在之上还是之下、获利情况等；即时收盘均价和曲线与其关系，主要是最高价、最低价是否堆量；次日冲击此区域的量价关系及昨天均价的获利情况，主流资金是否给最大的获利机会，这体现主力拉升的决心与高度，最好将均价数据长期统计，关注股价强弱。即时曲线的流畅与否关键是看在什么区域，如在1%的幅度，还是在3%以上的幅度？3%以上流畅高度体现主力拉升的决心与幅度，1%区域分时流畅吸盘、洗盘居多，幅度不会太高。

平均每笔手数是全天的成交金额与成交中手数的比例，从某种意义上说，平均每笔手数是主力使用资金量的充分体现，关注焦点为主力在关键位置，比如当日或近几日的密集成交区的资金放缩情况和一分钟成交笔数的增减，一分钟成交笔数的增减代表了散户与主力心态的充分体现。现在，你对分时盘口已经有了较为全面的了解，下面我们将进入正文，一起探讨分时买卖点问题。

目 录

星期一

星期二

星期三

星期四

星期五

星期六

星期日

星期一

第一章 分时玄机1 分时突破买入玄机

　　形象地说，盘口语言就像你的形体语言一样，当你要达到某种目的时候，就可以通过形体语言来表达你的思想，比如你竖起大拇指，别人一看就知道你想说"好棒"；体育教练将两只手掌组成"T"字形的时候，你就知道他要求暂停。股票也是如此，主力动用大资金操纵股价的最终目的是为了获取暴利，为达到此目的展开吸筹、拉升、洗盘、出货等所有的操作，都将在K线与分时走势图上表达得淋漓尽致。所以，只要个股没有被停牌，天天都会说出盘口语言，正所谓言多必失，就像一个人一开口说话总是会暴露他的一些意图，通过盘口语言你就可以了解主力坐庄的思路，从而洞察主力的未来动向。

　　有人认为，图谱是主力诱骗中小投资者上钩的工具，比如很多指标来自主力的刻意所为。的确，股价形态既被称为盘口语言，语言中自然会含有真话也会流露谎言，比如主力常常对倒放量制造假象，这就是盘口谎言，需要投资者谨慎辨别。盘口语言体现主力资金进出的动向可谓千变万化，但从形态上看无非是上行通道、下降通道、横盘三种趋势。如果你能在了解趋势的前提下，熟读各种K线图形与分时走势，慢慢地你就会看懂或者说是听懂了盘口语言，那么某一天你在实战中看到类似的形态时便立即会条件反射出该股短期内最可能产生怎样一种走势，为你的操作提供重要的参考依据。就如你熟识的朋友，你对他的性格了如指掌，在特定事物面前，你无须问他，就知道他最可能采取怎样的行动。

　　那么什么是盘感呢，无可非议盘感是形容你对盘口语言的熟悉程度的，我们深知主力以其雄厚的资本、深远的战略眼光与常人无法比拟的耐力，占有着市场的主导地位，成为最后的成功者。而散户恰恰不足的就是缺乏这种资金、眼光与耐力。所幸的是我们尚能从主力的盘口语言中洞察其蛛丝马迹，这是我们驾驭庄股的突破口，只有对每一种图谱倒背如流，你才有良好的盘感，就如神箭手眯着眼睛就能轻松做到百步穿杨，又如迈克尔·乔丹随手一抛也能命中目标一样。当你对某一项事物异常娴熟之时，无须再用技术分析方法来形容你的功力，而是一种感觉，这种感觉体现在实战操作中，我们称它为盘感。磨刀不误砍柴工，当你像古人熟读兵书一样熟读了各种K线形态，你就能在股市这个没有硝烟的战场上游刃有余，成为最后的赢家！

第一节　升破分时均线

分时突破均线在分时层面上是一个非常好的进场机会，一般而言，我们观察日K线走势寻找可以操作的股票，然后在分时走势图上寻找具体的进场点，关于可操作股票的选择，可以借鉴我们本系列教程的其他几本，而寻找具体的进场点甚至出场点则应该立足于本书提供的理论。升破分时均线是一个非常好的进场买入点，但是简单的分时均线被突破并不是可靠的买点，因为突破有可能是无效的。那么，什么情况下的均线升破才是可靠的呢？最基本的情况是分时线升破均线的时候，成交量应该相应地放大。光说不练是不行的，下面我们就展示丰富的案例，让大家从具体的操作环境中掌握升破分时均线买点的诀窍。

　　经典分时走势看盘和操作策略解析： 分时突破均线时未必是很好的进场机会，但很好的进场机会的确经常出现在分时走势突破均线的时候，这里面还有一些细节需要我们去确认。如图 1-1 所示，这是飞亚达 A 的分时走势，股价开盘之后微幅下跌，然后震荡微幅回升，开盘半小时内的分时走势构成了三角形。突然，主动性买盘向上攻击卖盘挂单，成交量显著放大，同时分时走势在图中 A 点出现了向上突破均线的情况，这是一个很好的进场买入点。

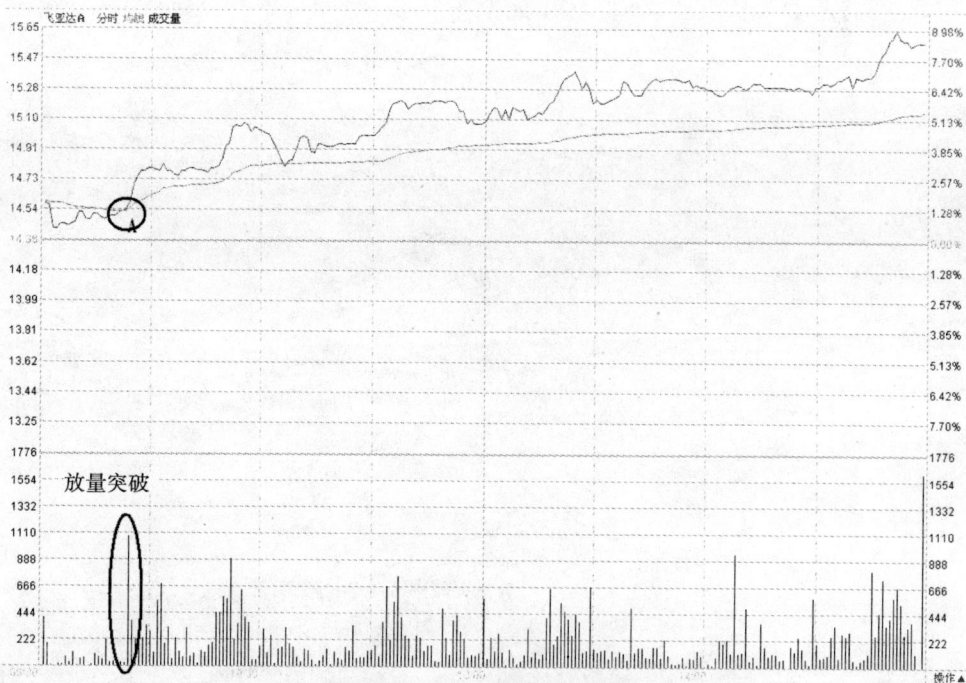

图 1-1　飞亚达 A 升破分时均线走势看盘和操盘

经典分时走势看盘和操作策略解析：如图 1-2 所示，深圳能源开盘之后缓慢下跌，但是每跌到一个低点成交量就会出现脉冲放量，这表明有主力低位承接，也就是说这只股票不管怎么跌，一旦到达一个主力心理价位就会受到支撑。此后股价在 12.70 元附近横盘整理，构筑了一个比较清晰的三重底，这表明该水平的支撑非常强大。不久之后，在下午开盘半小时之内，成交量开始逐步放大，当分时线向上突破均线的时候，成交量显著放大，图中 A 点是一个很好的介入点。

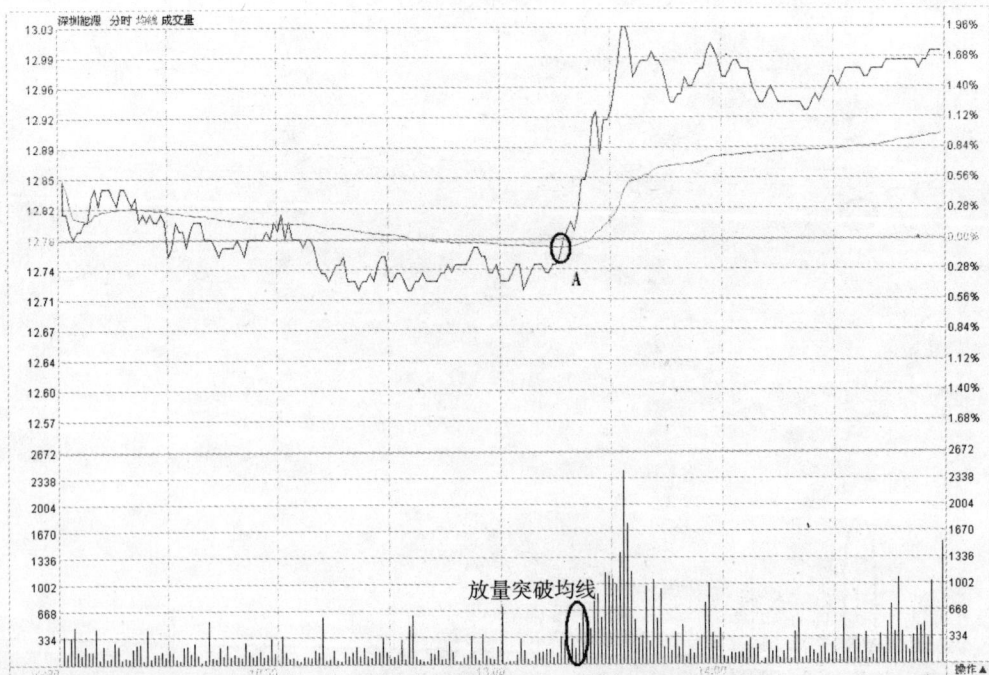

图 1-2　深圳能源升破分时均线走势看盘和操盘

　　经典分时走势看盘和操作策略解析：如图 1-3 所示，*ST 深泰开盘后小幅下探，然后快速拉起，这表明向下的空间不大。之后，分时走势再度下探，而且一度横盘，不久走势向上突破均线，见 A 点，突破的同时又显著放量。这里说一下放量的标准，所谓的放不放量，主要是根据与此前成交量大小的对比决定的。在这个例子中，升破分时均线时候的成交量显著大于此前开盘后半小时内的成交量大小。升破均线之后，分时横盘整理，呈现收缩三角形，然后才正式开始拉升。不管此后走势怎样，该例中的 A 点是一个标准的升破均线买入点。

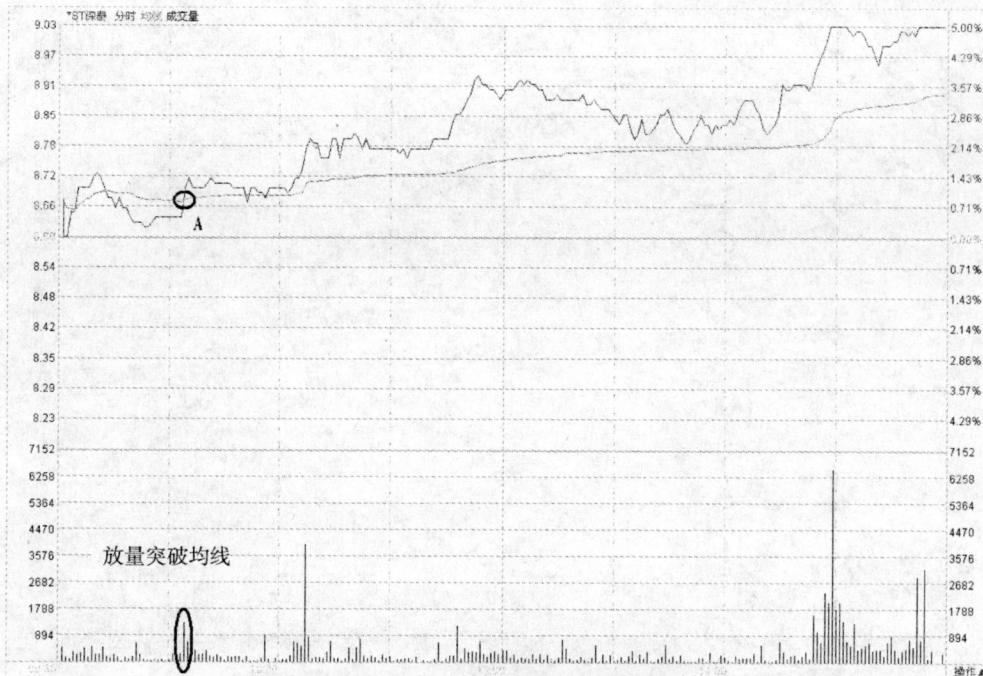

图 1-3　*ST 深泰升破分时均线走势看盘和操盘

　　经典分时走势看盘和操作策略解析：如图 1-4 所示，方大集团开盘之后窄幅整理，开盘半小时内股价呈现弧形下跌，在接着的半小时内股价开始在 9.76 元一线横盘整理，形成一个收敛走势，低点逐渐抬高，这表明市场进一步做空该股的动量减弱了。果然，不久之后股价开始放量突破均线，但是放量并不显著，比不上前期的高点，但是却比邻近的成交量更大，在这种情况下可以轻仓操作，也就是说图中 A 点是一个次优的买点。

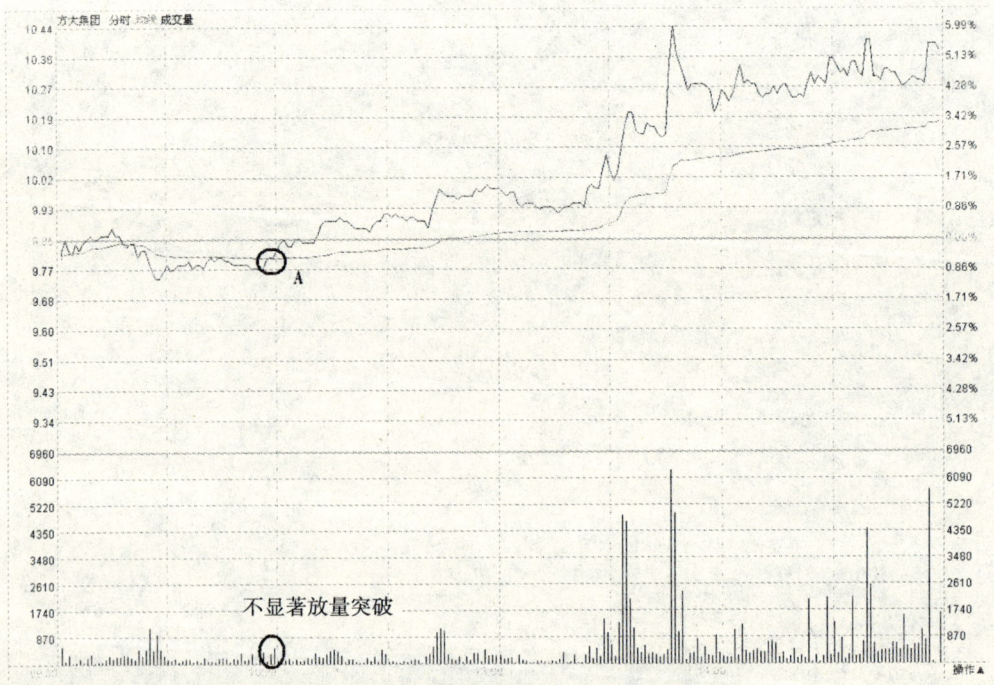

图1-4　方大集团升破分时均线走势看盘和操盘（一）

　　经典分时走势看盘和操作策略解析：如图 1-5 所示，开盘时方大集团小幅下跌，然后很快向上突破均线，突破的时候有十分显著的放量，所以 A 点是一个较好的买入点。这是大家需要注意的一种升破均线买点类型，也就是说在开盘半小时内股价就突破均线了，这种类型下面又分为两种子类型：第一种子类型是开盘半小时内股价向上突破均线，但是成交量却并没有显著放大；第二种子类型也是开盘半小时内股价向上突破均线，但是成交量却显著地放大了。第一种子类型非常不可靠，所以我们一般不要参与其中。

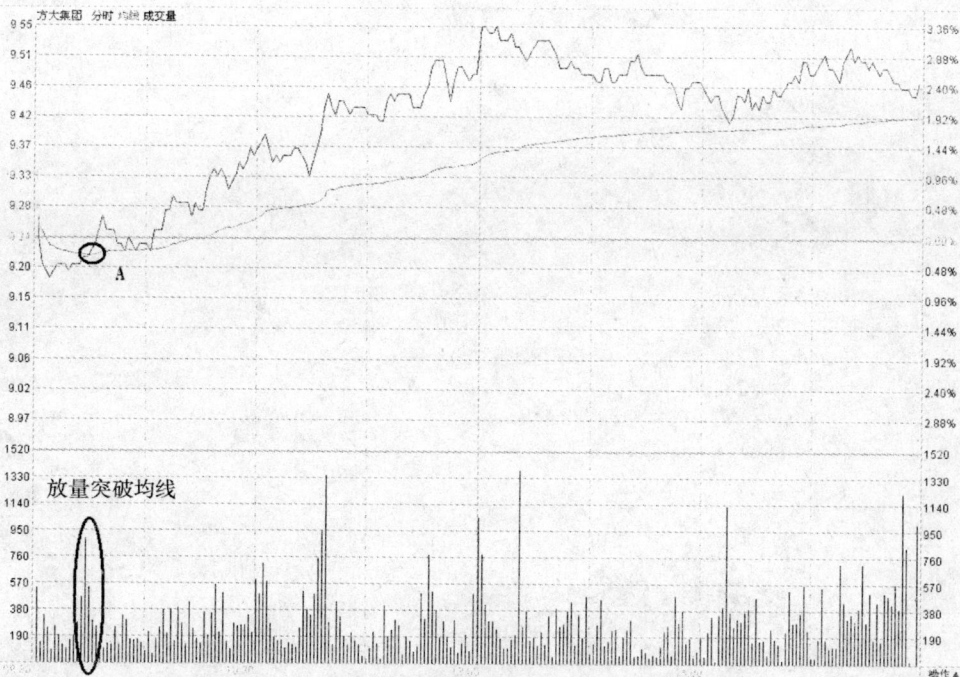

图 1-5　方大集团升破分时均线走势看盘和操盘（二）

经典分时走势看盘和操作策略解析：如图 1-6 所示，海王生物开盘半小时内分时线和均线相互缠绕，成交量没有显著放大，当然我们不会选择这种情况介入。理由前面已经讲了，这里强调一下，开盘半小时内均线被升破最好不要参与，如果一定要参与则要求成交量放大。此后，股价一直横盘整理，对应的成交量也很稀少，交投稀落，至少没有看见主力的参与和拉升意愿。到了下午盘后半段，成交量暴增，同时分时线向上突破均线，图中的 A 点就是一个非常好的升破买入点。股价突破之后，大幅拉升，然后呈现三角形整理，之后再度拉高。

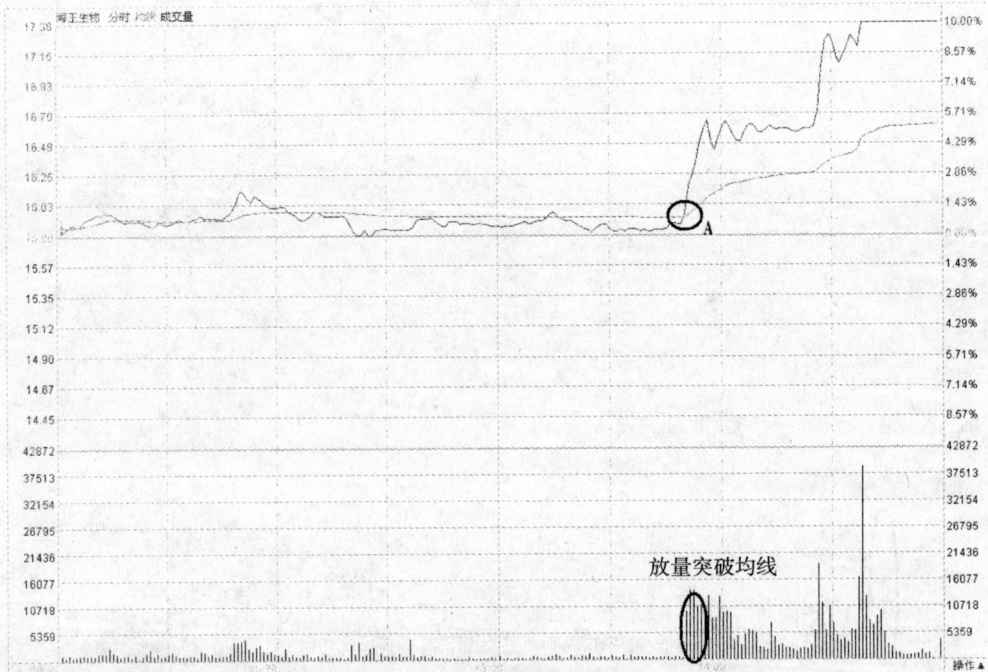

图 1-6　海王生物升破分时均线走势看盘和操盘

　　经典分时走势看盘和操作策略解析：如图 1-7 所示，许继电气在一波小幅上冲之后逐渐走跌，在开盘不久虽然有一次升破均线行为，但是成交量非常低，当然不值得我们介入了。不过，在开盘半小时快要结束的时候，也就是图中 A 点处，股价放量突破均线，这是一个次优的进场买入点。虽然说 A 点不是最优的买入点，但是买入之后股价当日就有了很好的升幅。所以，市场不会以我们的意志为转移，它不在乎参与者的想法。

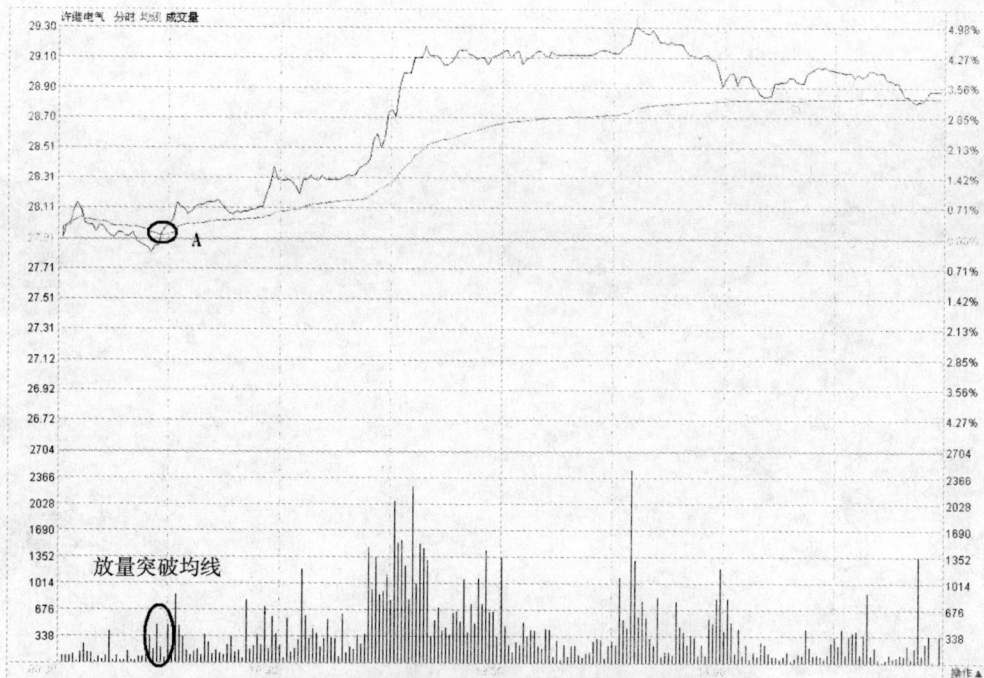

图 1-7　许继电气升破分时均线走势看盘和操盘

经典分时走势看盘和操作策略解析：如图 1-8 所示，*ST 汇通开盘半小时内两度上穿均线。第一次上冲成交量没有放大，没有介入价值；第二次上冲突破均线时成交量有明显的脉冲式放大，所以图中 A 点是具有一定价值的买入点。

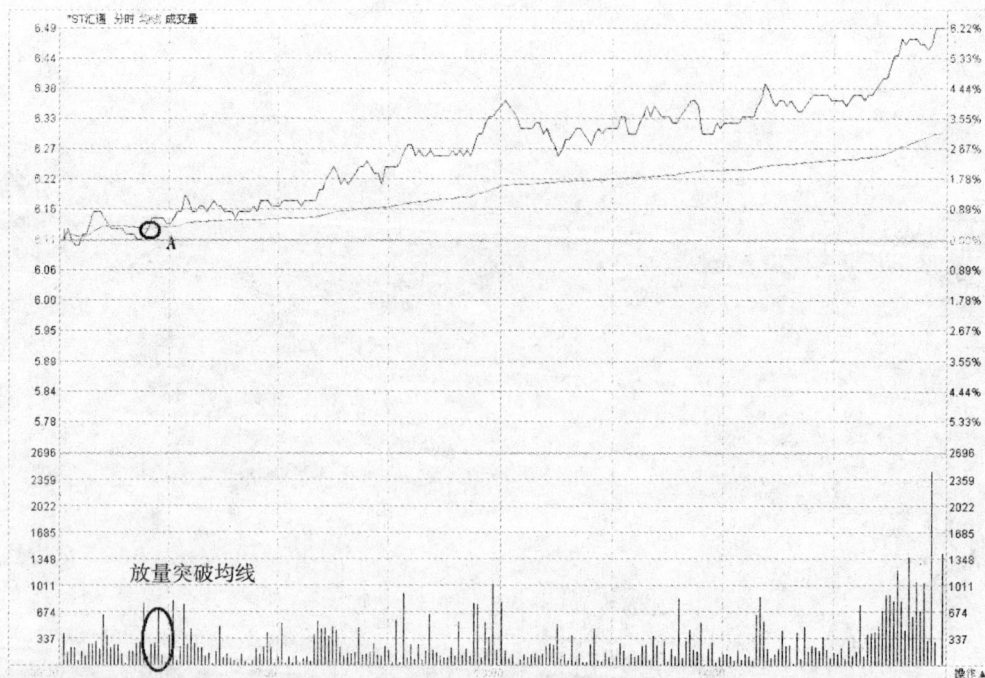

图 1-8　*ST 汇通升破分时均线走势看盘和操盘

经典分时走势看盘和操作策略解析：如图 1-9 所示，美的电器开盘半小时之内，股价有两次升破均线。第一次升破距离开盘太近，升破行为不显著，成交量没有显著放大；第二次升破均线对应的成交量放大非常明显。不过，这个开盘后半小时内出现的买入点 A 并没有带来股价多大的升幅，在早盘还没有结束的时候，股价就开始下穿均线走跌，一直盘跌到收盘。关于下穿均线卖点的相关内容大家可以从本教程后面的章节看到。另外，需要提醒大家的是分时走势与形成什么样的 K 线直接相关，所以解读分时与解读 K 线是密切相关的。

本小节我们的图解都比较简单，随着大家掌握程度的提高，后面的章节会将现在教授的东西综合起来讲解，先分解开来学，然后再综合起来掌握。

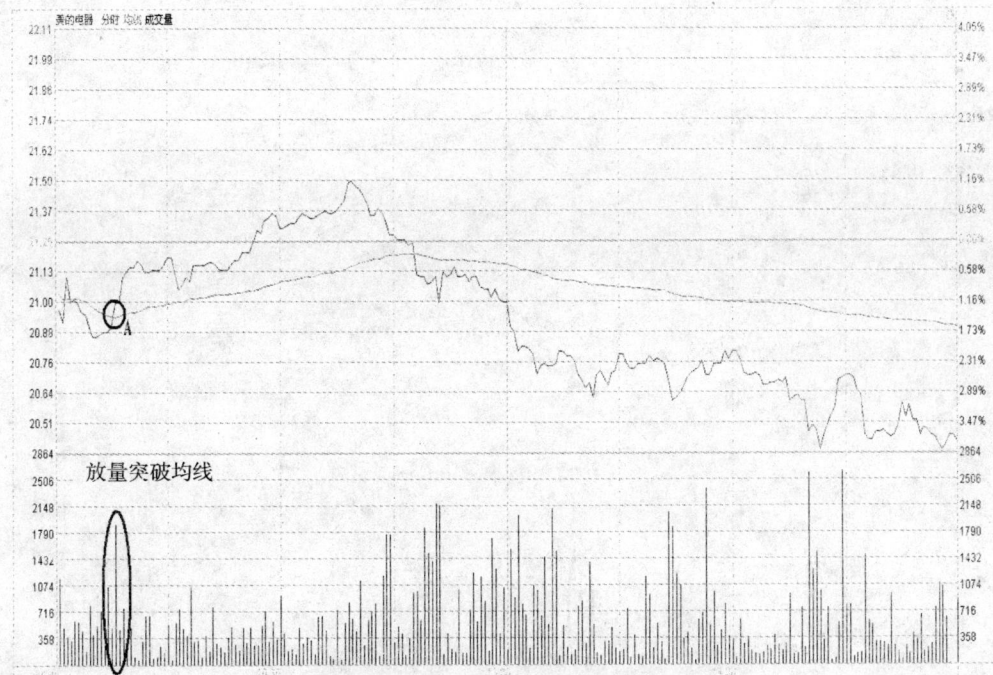

图 1-9 美的电器升破分时均线走势看盘和操盘

第二节　升破水平压力线

股票是不是被控盘？是不是有庄家？如果这只股票没有庄家，大量的投资者、投机者同时都有买进这只股票的意愿，但由于某一重要价位没有突破，因而大家都处于等待中，这就形成一种心理期待，或叫做心理预期。而当这一价位带量突破时，心理期待变成实际行动，于是股价也就跟着上扬，同时由于股票的量增价涨，更加带动人气，因而股票分时图看上去就很流畅。水平压力线不是简单的前期高点，我们定义为近期出现的两个高点，也就是说一般小双顶的顶点才能构成水平压力线，同时最好的是升破时有显著放量，这样才是比较可靠的买入点。

经典分时走势看盘和操作策略解析：如图 1-10 所示，世纪星源开盘之后逐

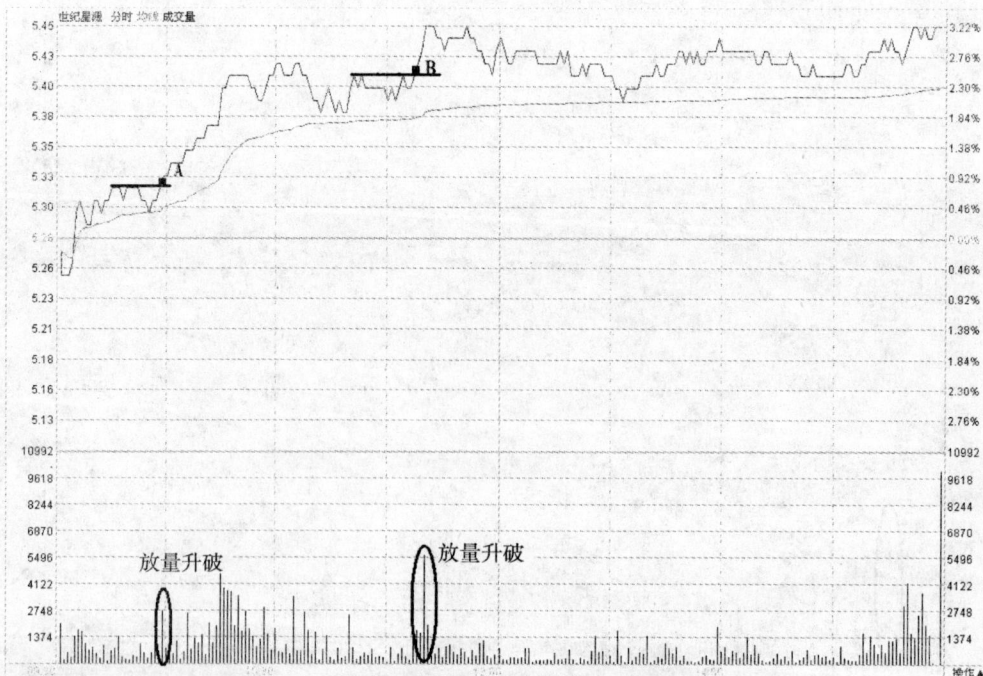

图 1-10　世纪星源升破水平压力线走势看盘和操盘

步走高，小波竹节般上涨，在这个过程中形成了小双顶，这个小双顶意味着市场在这个水平位置附近存在沉重的压力，我们沿着这个小双顶画出一条水平线，这就是水平压力线。不久之后，盘中放量突破此压力线，突破点 A 就是一个很好的买入点。当然，小双顶离最近的走势不能过远，最好是挨着近期走势的。在世纪星源这个实例中，还有一处比较好的升破水平压力线买点，就是图中的 B 点。大家可以比较一下 A 点和 B 点之间的共同点，看看它们与图中其他看起来似乎是升破水平压力线买点的本质差别。

经典分时走势看盘和操作策略解析：如图 1-11 所示，深振业 A 当日的分时走势中出现了不少标准的升破水平压力线买点，但是哪些才是真正符合我们定义的呢？也就是说哪些才是可靠的升破水平压力线买点呢？A 点和 D 点是放量突破水平压力线的买点，A 点和 D 点的差别在于，A 点突破均线的时候，虽然也放量了，但是不显著，而 D 点则是显著放量突破均线。B 点和 C 点则是未放量的突破。不放量突破之后的股价升势显著小于放量突破之后的股价升势。

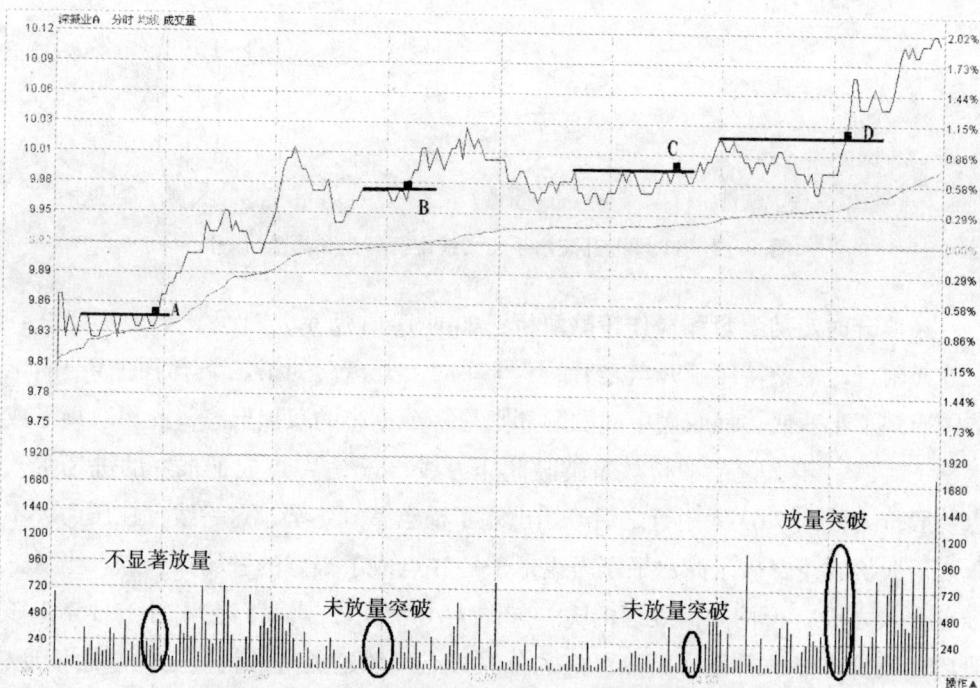

图 1-11 深振业 A 升破水平压力线走势看盘和操盘

经典分时走势看盘和操作策略解析：如图 1-12 所示，ST 零七开盘快速放量拉升，稍稍下跌之后，开始横盘整理，进入到了交投稀落的状态。到了下午盘，该股开始出现了收敛走势，同时成交量逐步放大，似乎市场对这只股票的兴趣又提起来了。不久，股价在 A 点处放出脉冲量突破近期水平压力线，这构成了一个极好的买入点。

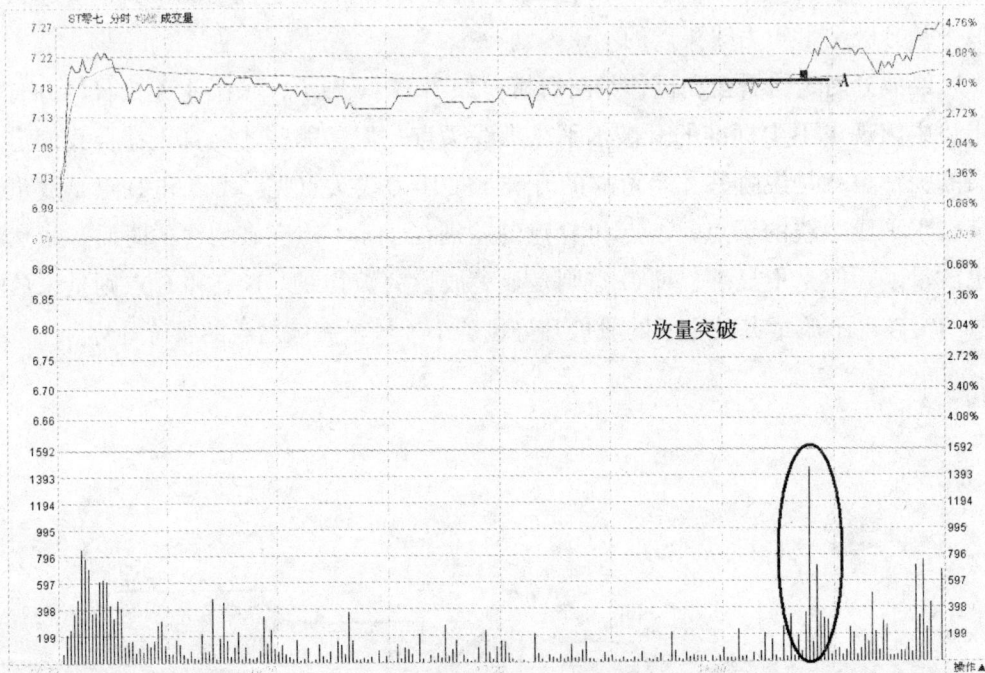

图 1-12　ST 零七升破水平压力线走势看盘和操盘（一）

经典分时走势看盘和操作策略解析：如图 1-13 所示，ST 零七开盘后盘跌到 7.55 元附近，盘整持续了开盘之后的一个小时。开盘后的第二个半小时内分时走势图出现了小双底，而双底中间的颈部则是一个更小的双顶形态，此小双顶形成水平压力线。不久之后股价放量突破此压力线，于是 A 点成了很好的进场买入点。股价上升到 7.63 元附近之后开始出现了横盘整理走势，这一线存在压力，不久之后股价放量突破了此水平压力线，于是 B 点成了很好的进场买入点。当从这个点介入之后，行情如何发展的呢？如图 1-14 所示，当我们在 4 月 1 日介入该股后，股价有显著升幅。所以，好的分时买点可以避免买入就被套的尴尬情形，同时也可以提高买入的精确性。如果你掌握了本系列丛书的 K 线经典形态，在此基础上吸收本书的要点和技巧，那么就能很好地切入到具体的交易价位。

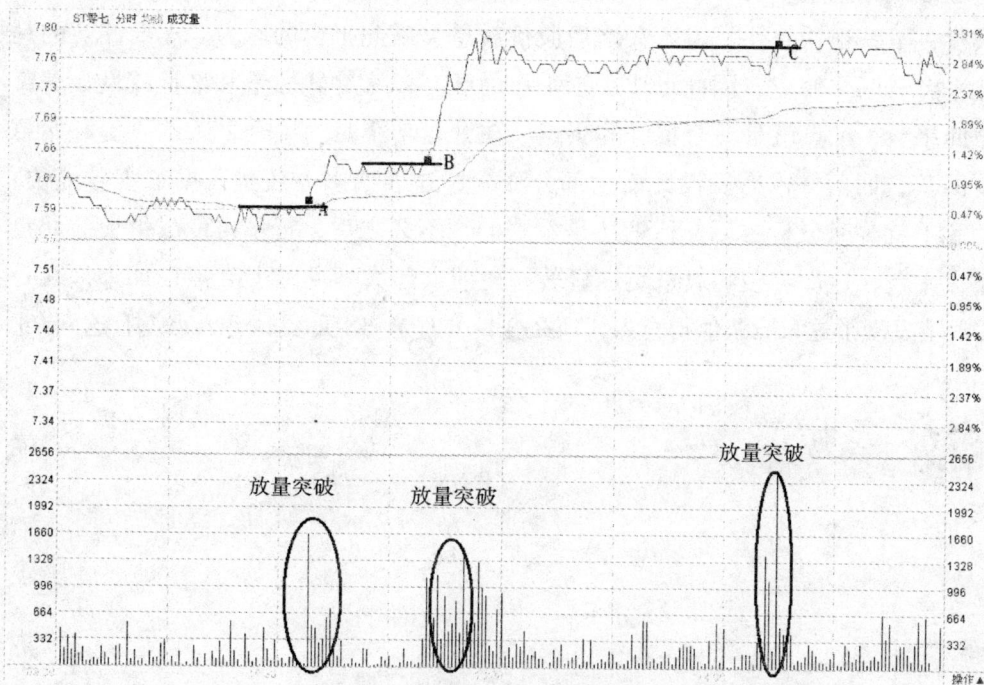

图1-13　ST零七升破水平压力线走势看盘和操盘（二）

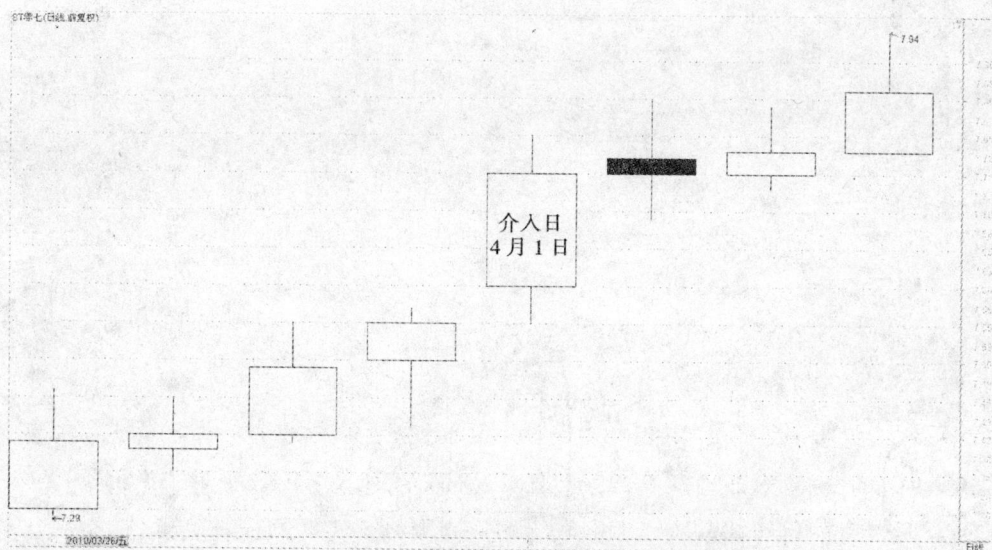

图1-14　ST零七升破水平压力线走势看盘和操盘（三）

　　经典分时走势看盘和操作策略解析： 如图1-15所示，S ST华新开盘后横盘整理形成一个较小的平台走势，期间还有一次小幅的下跌，但是买家很快入场吸货，下跌很快止住了，不久之后股价放量突破此平台的压力。需要注意的是此平台有两个峰点，因此形成了水平压力线。以脉冲式放量和堆量放量显著突破此平台，A点就是一个很好的买点。在开盘半小时内飙升之后，股价开始急剧回落，回落并没有吞没此前大部分涨幅，这表明多方还是占据了主导地位，因此单就分时分析的话，行情还是看涨的。不久之后，行情再度放量突破此盘整大平台，这次突破的放量更加显著，比前次还大，见图中B点。如果你在日K线上发现了这只股票值得介入，那么今日分时走势上的具体介入点就有这两个。

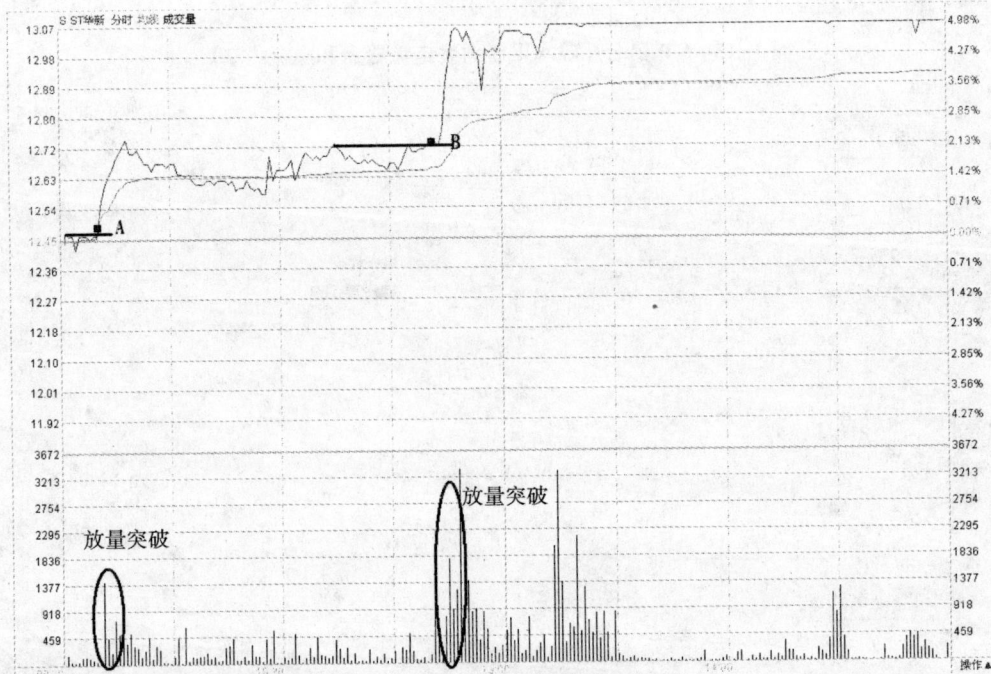

图1-15　S ST华新升破水平压力线走势看盘和操盘

　　经典分时走势看盘和操作策略解析： 如图 1-16 所示，南玻 A 开盘时成交很少，这表明散户很少关注这只股票，但是并不意味着主力没有关注这只股票。开盘有个小幅下探过程，很快止跌，开始凭借均线支撑以多波段的形式缓慢上冲，斜率合适，同时成交量逐步走高，这表明主力控盘程度较好，不用急拉，同时也不用担心上涨途中涌出的卖盘抛压。在 18.55 元附近形成小双顶，构筑了水平压力线，于是我们关注股价在此水平的表现，同时关注成交量的变化。不久之后，股价以天量脉冲突破此压力水平，突破放量更大，恐怕免不了调整，所以 A 这个买点并不是很好，果然突破之后股价迅速回落。天量见天价此言不假。更好的介入点是 B，放量适当的大，至少不是天量。

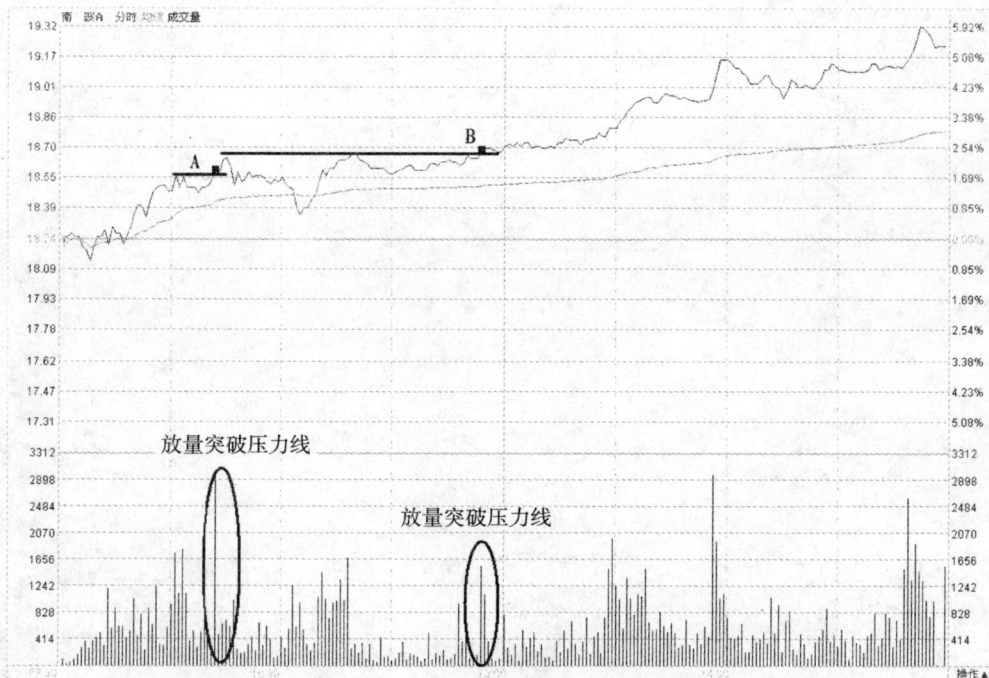

图 1-16　南玻 A 升破水平压力线走势看盘和操盘

经典分时走势看盘和操作策略解析：如图 1-17 所示，深康佳 A 开盘之后，一路盘跌走势，但是成交量却没有出货迹象，这表明要么主力控盘高，出货都是散户，要么根本没有主力。到了上午盘快要结束的时候，股价突然放量突破此前盘整形成的压力线，这个突破点 A 就是一个很好的买点。从此之后，成交量恢复到一个正常的水平，这表明要么主力来介入了，要么主力开始运作了。

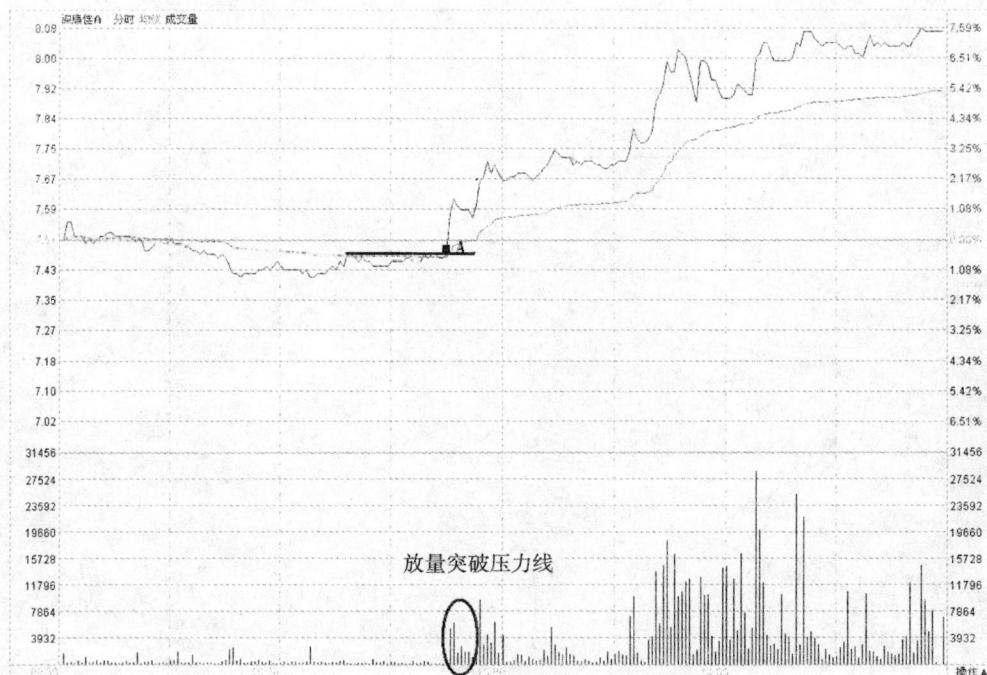

图 1-17　深康佳 A 升破水平压力线走势看盘和操盘

经典分时走势看盘和操作策略解析：如图 1-18 所示，*ST 中冠 A 持平开盘，表明市场情绪延续了昨日的水平，此后股价稍微盘整很快放量向上突破小平台压力线，这个 A 点就是一个很好的买入点。这是为什么呢？持平开盘，表明走势平稳，开盘成交量稀少，表明主力做盘的可能性很小，要么则是主力控盘程度高，浮筹很少。开盘没有下探，而是稳步上台阶，并没有呈现急拉的情况。综合这些来考虑，A 点是一个风险程度较低的良好买点。

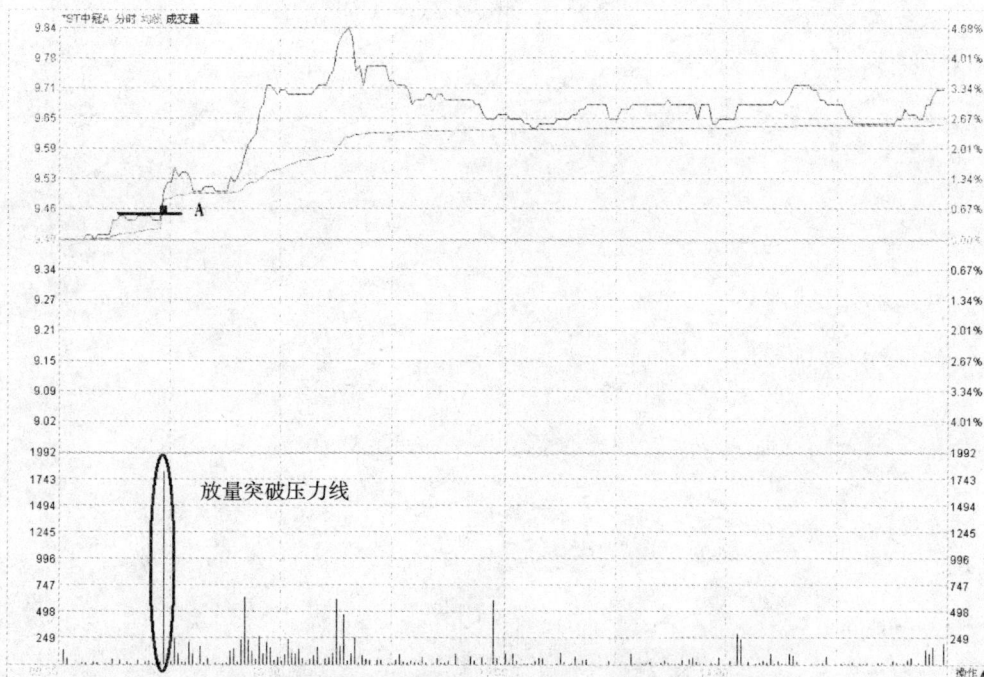

图 1-18　*ST 中冠 A 升破水平压力线走势看盘和操盘

经典分时走势看盘和操作策略解析：如图 1-19 所示，招商地产开盘之后一直在昨日收盘价附近横盘整理，成交量还算正常。到了 10:30 左右两次企图突破开盘价，但是没有成功。但是，需要注意的是成交量从这个时候开始逐步增加，放量突破水平压力线，所以 A 点是一个非常好的买点。此后，股价一路拉升，几乎没有什么像样的调整，但是也不是庄家故意拉抬的直线飙升，成交量逐步放大，这是一只真正的大牛股票。

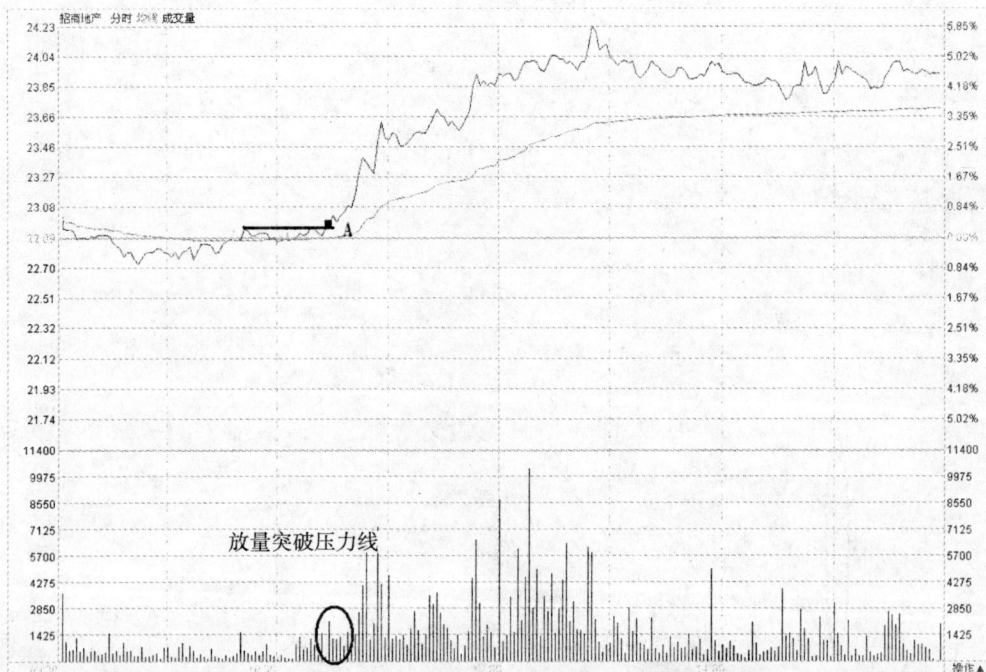

图 1-19　招商地产升破水平压力线走势看盘和操盘

　　经典分时走势看盘和操作策略解析： 如图 1-20 所示，深赛格开盘之后一路整理，价格在 1 毛钱之内震荡，成交量稀稀疏疏，只要有卖盘，下面的买盘更加厉害。不久之后，也就是在上午盘快要结束之前，突然有脉冲式放量帮助股价突破此长期盘整区域的水平压力线。股价飙升一小段之后，开始进入到横盘整理状态，同时成交量也萎缩了，在开盘半小时内也有这种情况，结合起来判断就是"涨时放量，调整缩量"，预示着后市继续上涨的可能性很大。

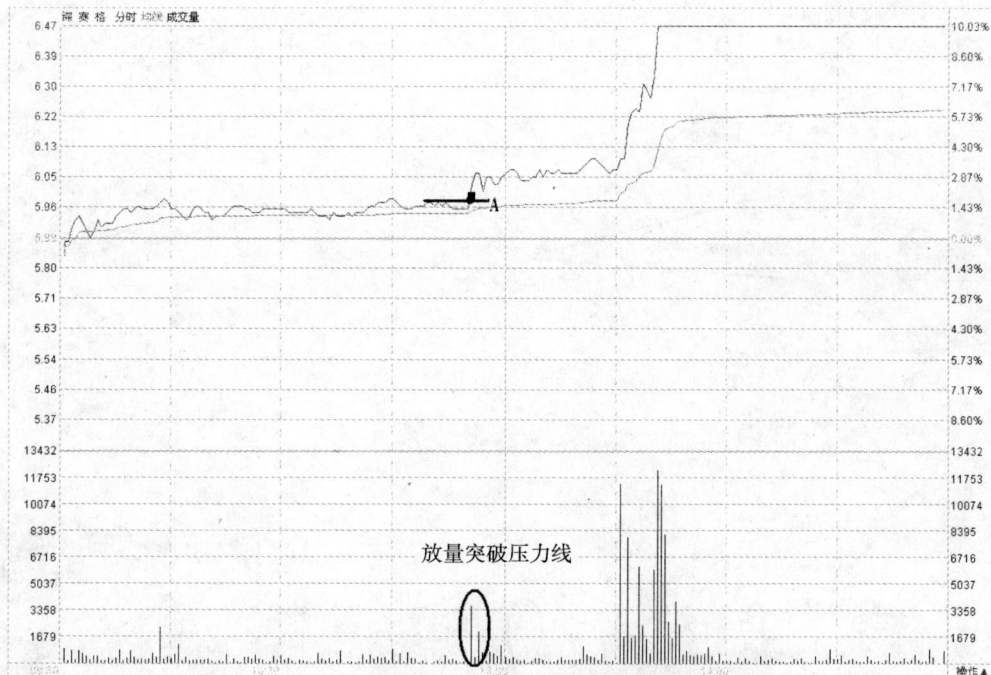

图 1-20　深赛格升破水平压力线走势看盘和操盘

第三节　升破形态边界线

分时走势中存在矩形、三角形、旗形、楔形、双顶和双底等各种形态，其中三角形是出现频率最高，同时也是最可靠的分时走势形态。三角形意味着股价开始进入调整期，也意味着力量在积蓄中，当三角形被突破之后，特别是放量突破之后，一般都有一波像样的走势，在权证 T+0 交易中，这样的机会很多，利润也很丰厚，所以本小节介绍的升破形态边界线分时买点策略主要围绕三角形边界线被升破展开。

经典分时走势看盘和操作策略解析：如图 1-21 所示，合肥百货开盘就一路下挫，形成小双底之后开始跌跌撞撞回升，之后顶部越来越低，底部越来越高，形成一个收敛三角形。在形成这个三角形的过程中，成交量逐步下降，幅度不是很明显，不过如果仔细观察还是可以看得出来。之后，股价突破此三角形上

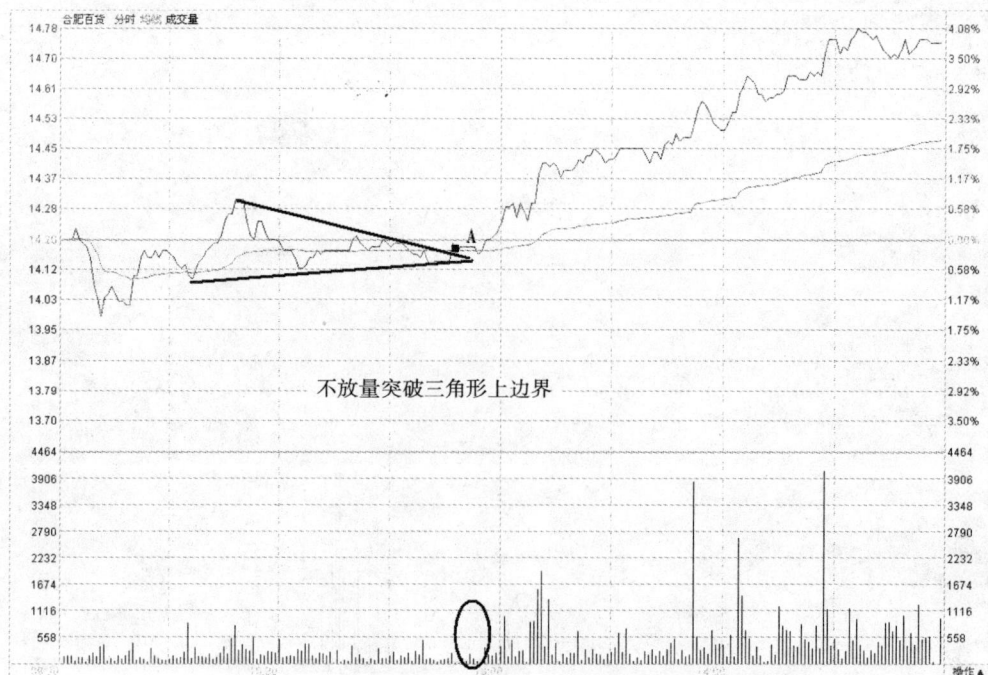

不放量突破三角形上边界

图 1-21　合肥百货升破形态边界线走势看盘和操盘

边界，同时还突破了均线，但是成交量并没有放大。因此，突破点 A 并不是一个最优的买入点，但却是一个次优的买入点。

经典分时走势看盘和操作策略解析： 如图 1-22 所示，泰山石油开盘之后两波小幅下跌，然后 V 字反转，可以看到这个反转过程中成交量有显著放大，如果是下跌途中放大，代表有股票供给增加，但是在 V 字头部放量，则表明供给增加转变为需求增加。开盘半小时内的股价走势形成了一个 V 字底，此后股价开始在稍高于开盘价横盘整理，形成一个典型的上升三角形，不久之后股价放量突破此三角形的上边界，于是一个极好的买点出现，如图中 A 点所示。

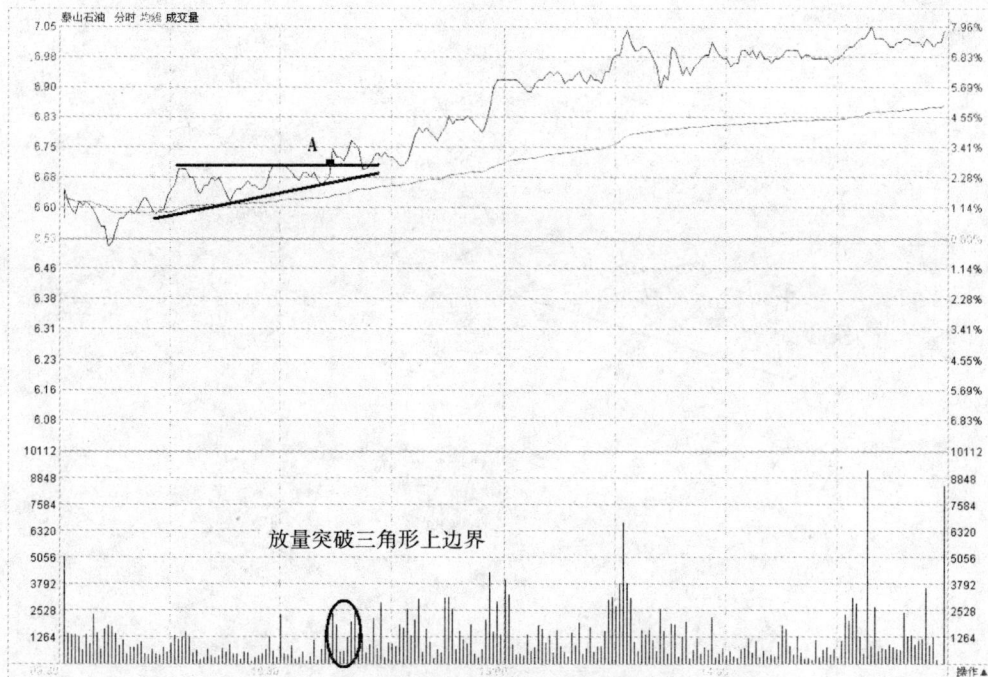

图 1-22 泰山石油升破形态边界线走势看盘和操盘

经典分时走势看盘和操作策略解析：如图 1-23 所示，ST 银广夏大幅上涨，开盘集合竞价的单子很大，所以开盘时的成交量非常大。但是开盘半小时内成交量逐步缩小，很小的买卖单就可以让股价上下跳动，这是主力控盘的特征。上午盘中股价开始逐步收敛，形成一个水平三角形，然后突破三角形上边界，突破的时候成交量没有一同放大，所以 A 点不是一个很好的买入点，不过可以轻仓试试。之后，股价在突破之后大幅拉升，但是很快又逐渐盘跌，成交量更加稀疏，看来主力并没有出逃，其意图明显。

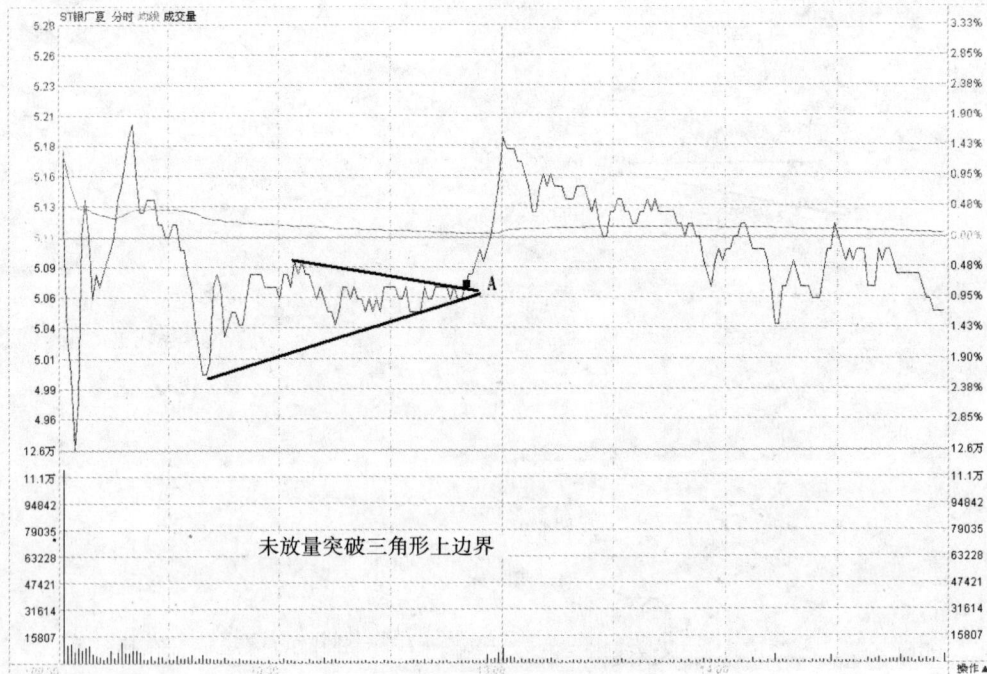

图 1-23　ST 银广夏升破形态边界线走势看盘和操盘

经典分时走势看盘和操作策略解析：如图 1-24 所示，开盘之后海德股份逐阶攀升，攀升到 10 元附近的时候，出现了长达一个半小时的横盘整理态势，而且股价波动幅度越来越小，成交量也显著缩小。之前价格上涨，成交量就相应地放大，而价格调整，成交量就相应地缩小。到了下午盘开盘半小时之后，股价突然放量突破此三角形上边界，这个 A 点就是一个极佳的买入点。

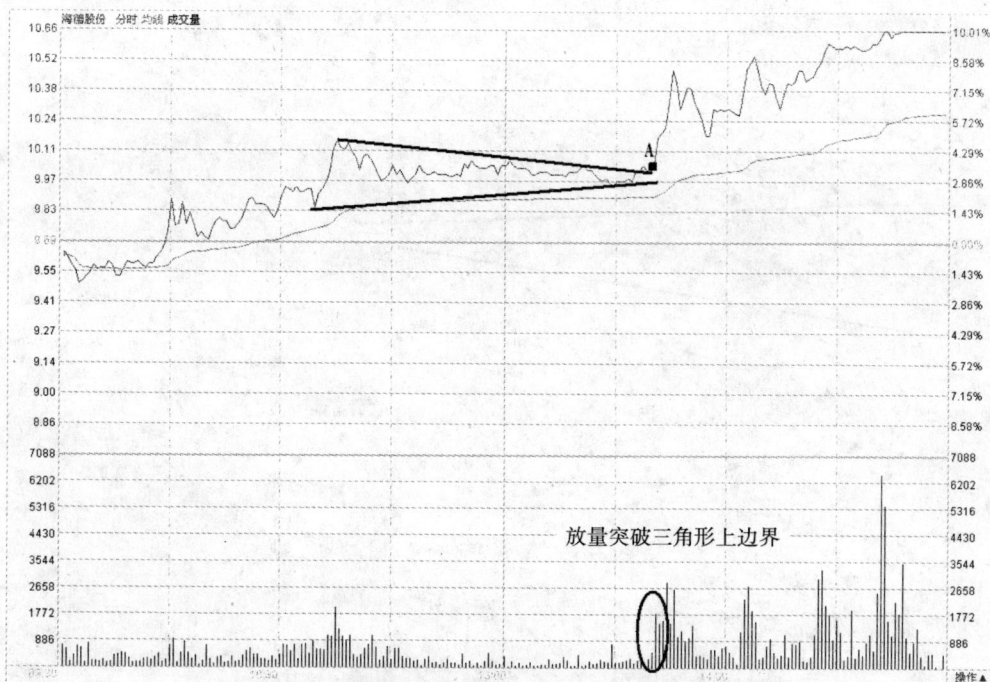

图 1-24　海德股份升破形态边界线走势看盘和操盘

经典分时走势看盘和操作策略解析：如图 1-25 所示，海马股份开盘之后，两波犀利上攻，然后形成一个三重顶，股价开始在一个压力水平内受到阻挡，而底部逐渐抬高，这表明虽然空头力量强大，但是多头的力量在逐步增强。整个早盘股价都在构筑一个三角形，到了午盘开盘的时候，股价放量突破此三角形的上边界，此突破点 A 就是一个很好的买入点。股价突破此三角形上边界之后，开始跌跌撞撞地上涨。

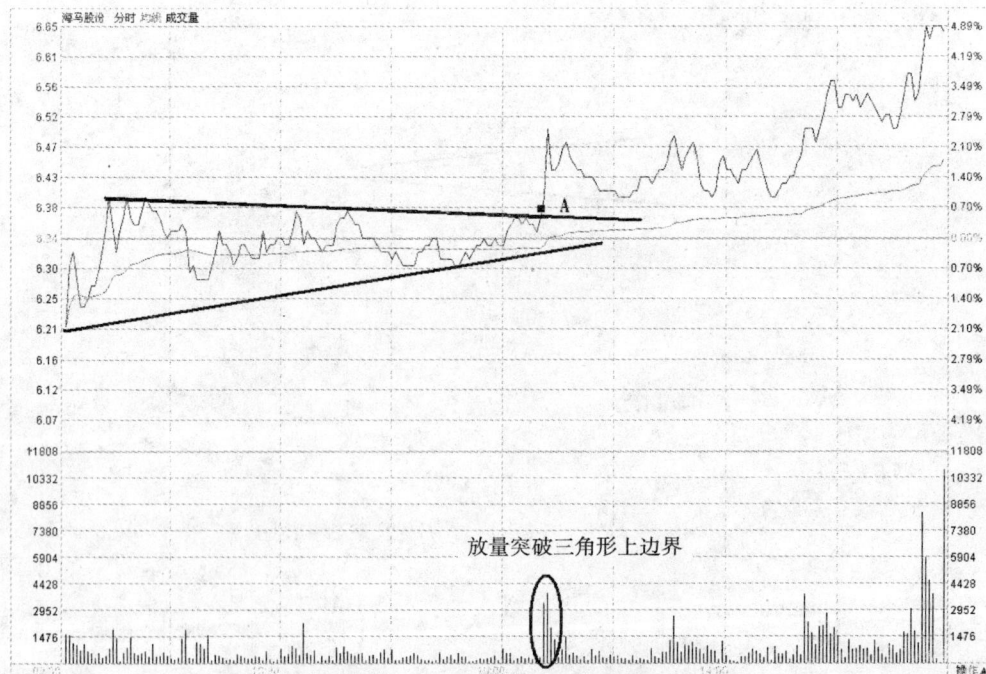

图 1-25　海马股份升破形态边界线走势看盘和操盘

星期二

第二章　分时玄机 2　分时突破卖出玄机

　　只是懂得何时买入并不能保证你成为一个持续盈利的投资者，只有掌握了何时卖出的具体技巧之后，才算得上一个赢家。在昨天的课程中，我们学会了如何把握分时升破均线、压力线和三角形上边界的买入点，在本课中我们要学习的则是跌破均线、支撑线和形态下边界的卖出点，当然你也可以将这个点用作融券做空交易。我们在 K 线走势中会确认一些卖出机会，但是真正要落实这些信号还需要在分时卖点上下手。不少股票炒卖书籍都谈到了分时买点，但是对于分时卖点却只字不提。毕竟，能恰当地卖出你手中的股票意味着能避免成为最终的输家。股票市场上最老的一句话是："会买的是徒弟，会卖的是师傅。"分时跌破可以作为买入后股票的卖出点，权证当然也可以这样操作，当然也可以作为融券做空点，随着融券业务的扩大和深化，卖空交易将比以前变得更加普遍和方便。

第一节　跌破分时均线

　　分时走势跌破分时均线，并不一定是可靠的卖点，特别是开盘半小时内的跌破均线点。即使是在开盘半小时之后的跌破点，也最好有相应的成交量放大情况。跌破的时候有恰当的放量表明该股的供给相对于需求在迅速放大，这意味着后市继续下跌的可能性很大。

　　经典分时走势看盘和操作策略解析：如图 2-1 所示，S*ST 光明开盘之后快速下探，下探之后形成 V 字形反转，成交量迅速放大，这表明需求相对于供给在放大。股价升到 15 元附近遭遇了阻力，这股卖压在开盘的时候就一直存在，股价稍微冲破开盘价就有大量的卖盘涌出，从天量脉冲就可以清晰地看到这一点。不久之后股价开始在开盘价附近整理，成交量急剧萎缩，这表明这个价位的均衡得不到市场上绝大多数参与者的认可，此处的平衡是脆弱的。果然，不久之后，股价放量跌破分时均线，这个 A 点就是一个极佳的卖出点。

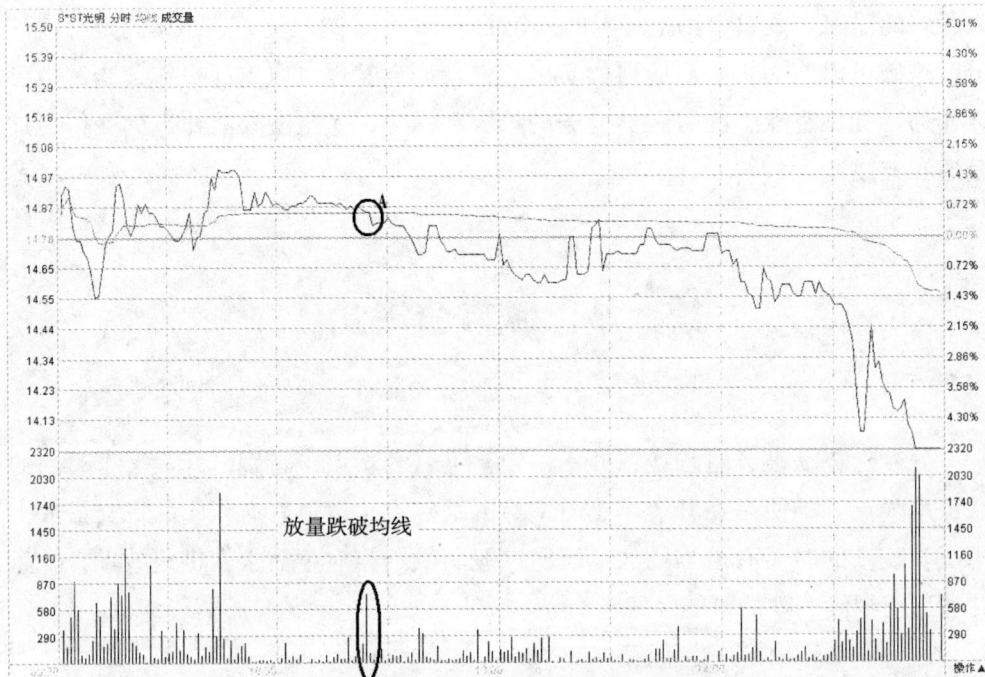

图 2-1　S*ST 光明跌破分时均线走势看盘和操盘

经典分时走势看盘和操作策略解析：如图 2-2 所示，中福实业开盘之后在成交量逐步走高的情况下分作两波爬升，但是爬到高位后开始拐头，拐头这个顶对应着一个很高的脉冲量。不久之后，股价跌破均线，同时放出了脉冲天量，这个放量有点过了，不过前后的成交量相对不足，所以 A 点也是一个次优的卖出点。为什么跌破的时候放量太大不好，因为放量太大一方面说明卖出力量增加，另一方面也说明接货的力量在增加，如果接货的是主力，那么股价就此反转或者反弹的可能性就很大。

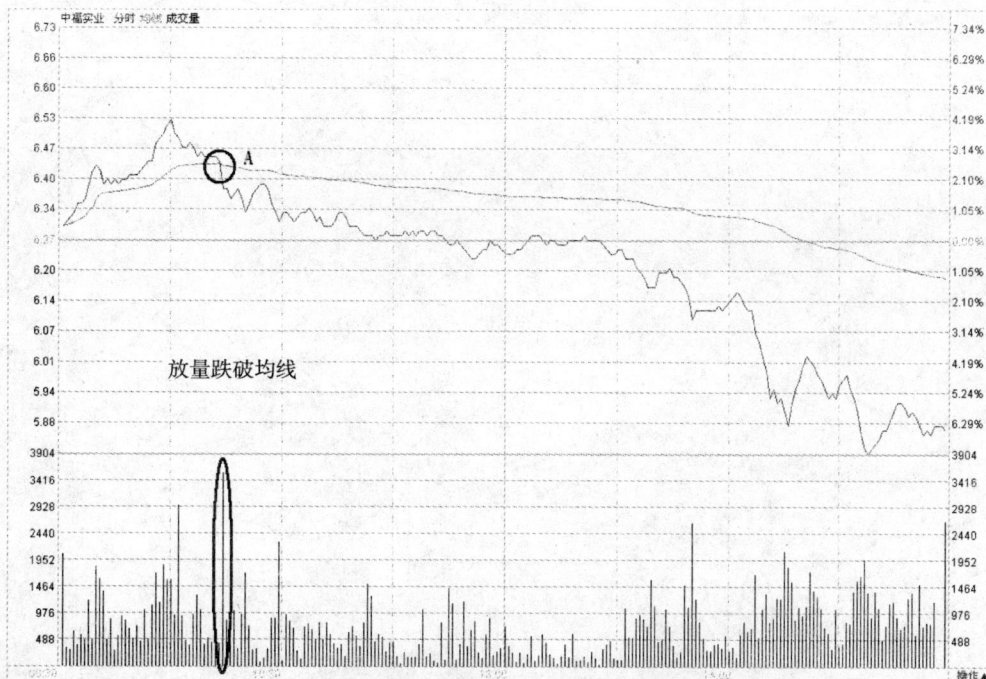

图 2-2　中福实业跌破分时均线走势看盘和操盘

经典分时走势看盘和操作策略解析：如图 2-3 所示，西北轴承开盘之后，跌跌撞撞地往上走，看起来不像是弱势股，但是不久之后，股价开始放量跌破均线。一直开盘走势平常的股票，开盘不久就下跌，这意味着该股并不是真正的强势股，果然，该点之后股价一路下挫。放量跌破均线的 A 点就是一个很好的卖出点。

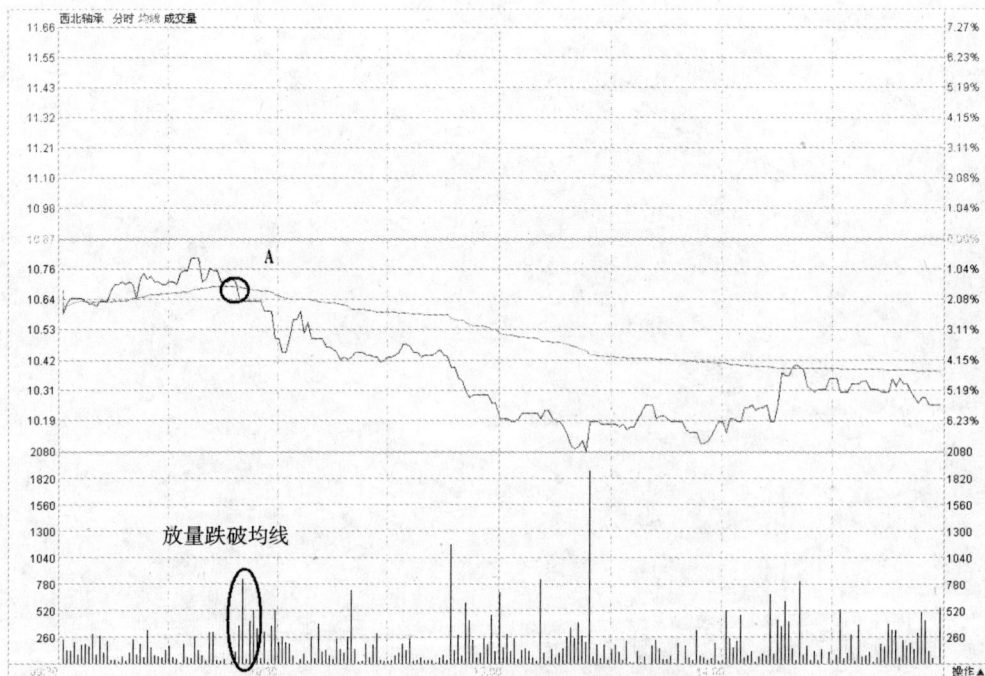

图 2-3　西北轴承跌破分时均线走势看盘和操盘

经典分时走势看盘和操作策略解析：如图 2-4 所示，*ST 清洗开盘后小幅下跌，下跌过程中成交量逐步缩小，然后形成了一个底部逐渐拉升的不标准小双底，不久之后股价开始突破均线，这个过程中也有放量，所以是一个比较好的买点。但是，我们的重点不在这个买点，而在于此后的卖点。上升不久之后，股价开始横盘整理，成交量也相应地缩小了，然后开始再度拉升。拉升之后，开始盘跌，成交量反而缩小，这意味着下跌不是卖单增加导致的，而是买单减少导致的。股价在跌破均线的同时跌破了前期整理平台，跌破过程中有放量的表现，这个跌破点 A 就是一个极好的卖点。

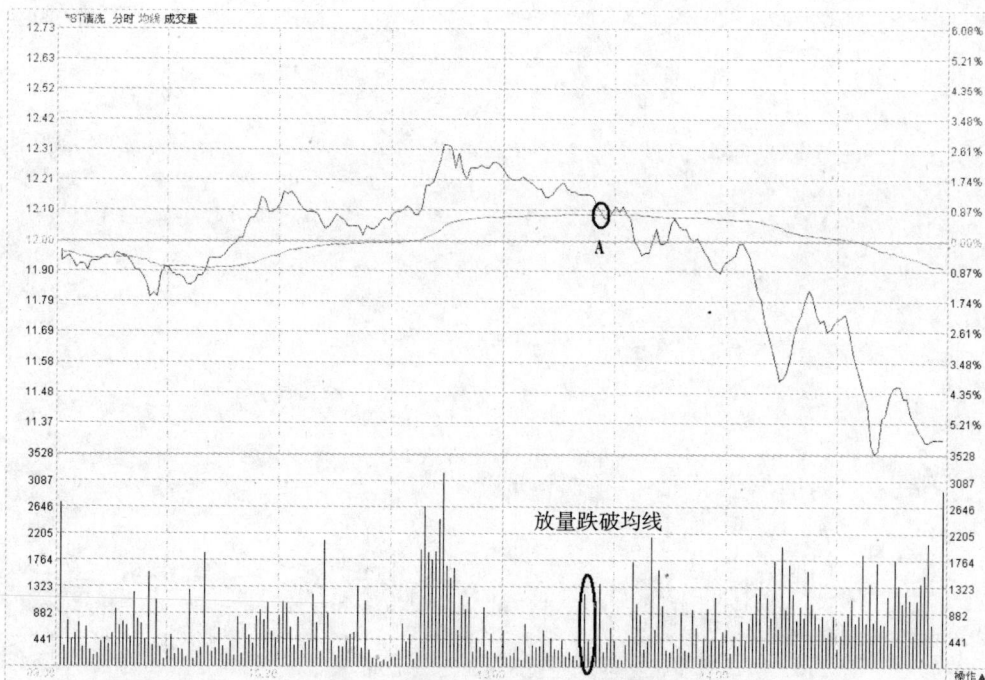

图 2-4 *ST 清洗跌破分时均线走势看盘和操盘

经典分时走势看盘和操作策略解析：如图 2-5 所示，石油济柴开盘之后小幅拉升，形成一个小双顶之后，立即放量下跌，跌破均线，这个跌破点在开盘半小时快要结束的时候，且成交量也有显著的放大，所以相比那些开盘后不久就跌破的情况而言，这种情况下的 A 点还是一个比较不错的卖出点。

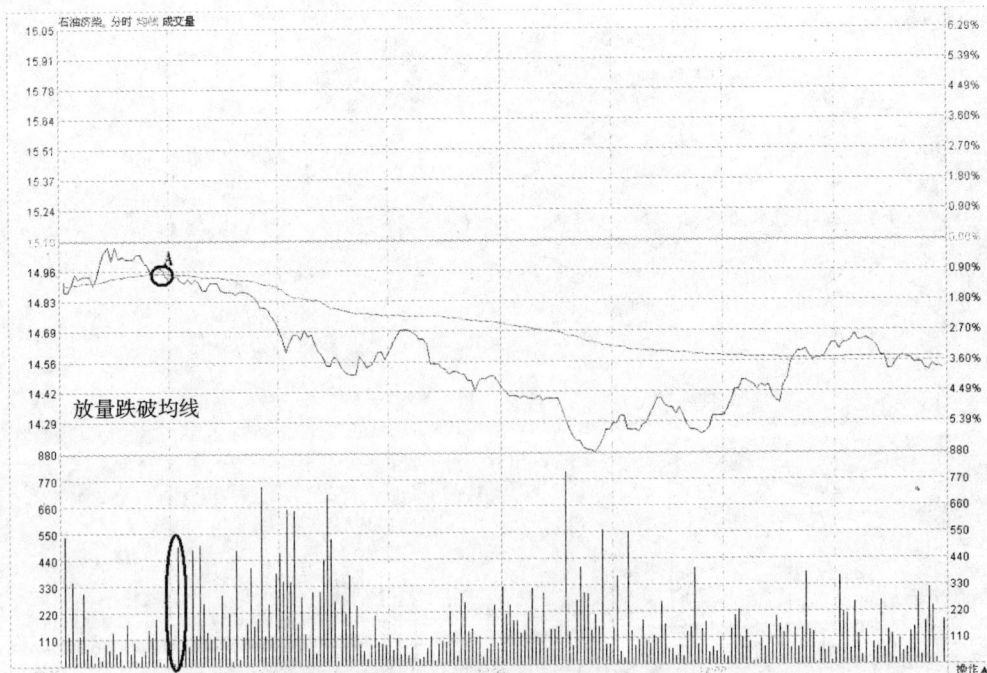

图 2-5　石油济柴跌破分时均线走势看盘和操盘

　　经典分时走势看盘和操作策略解析: 如图 2-6 所示,西藏发展开盘时有上冲的欲望,但是很快遭到空头的无情打压,下跌过程中逐步缩量,这表明进场的买家并不积极,只是卖家持仓不肯卖出的表现。开盘半小时内股价转而再度上攻,形成一个头肩顶之后同时跌破颈线和均线,跌破的时候有较为显著的放量情况,这个 A 点就是一个不错的卖点。

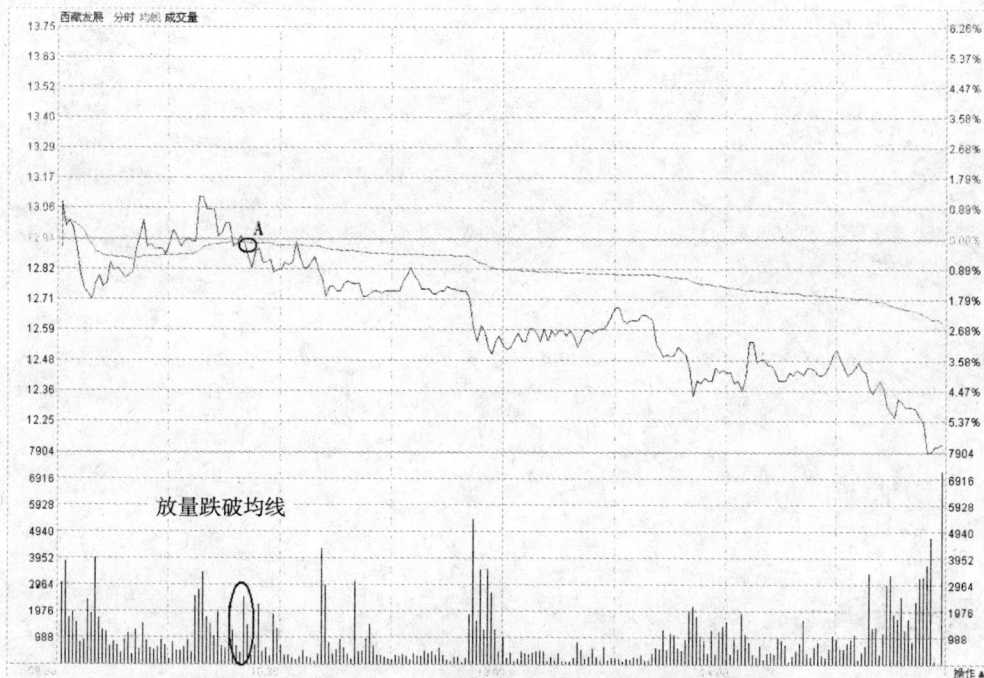

图 2-6　西藏发展跌破分时均线走势看盘和操盘

经典分时走势看盘和操作策略解析：如图 2-7 所示，武汉中百开盘后横盘整理，这个横盘整理过程中成交量都偏小，但是还算比较正常，不久成交量突然放大，股价跌破均线，A 点这个卖点不是那么可靠，但是对于手中持有这只股票的短线客而言，这个卖出信号就不能忽视了。果然，此后股价一路盘跌，成交量也比开盘十来分钟显著增加，这表明卖出意愿在增加。

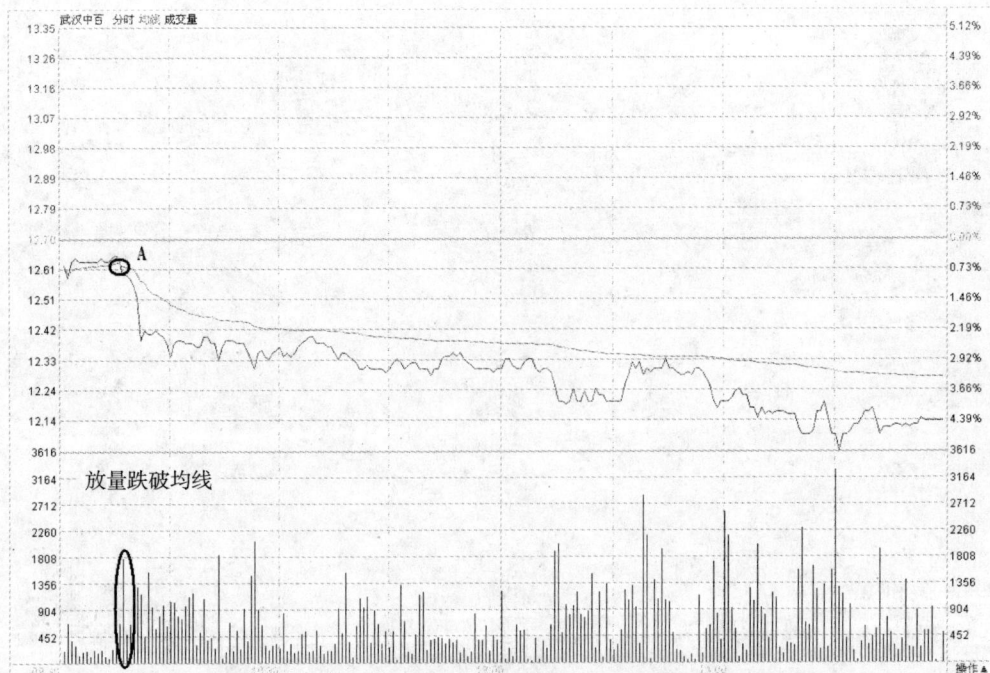

图 2-7　武汉中百跌破分时均线走势看盘和操盘

第二节　跌破水平支撑线

在现价之上的水平趋势线被称为水平压力线，而在现价之下的水平趋势线则被称为水平支撑线。水平压力线之前一课我们已经介绍了，在本小节我们介绍跌破水平支撑线的卖点技巧。水平支撑线应该由两个低点确定，这与大家从其他教材上面看到的提法存在差别，一般而言，一个小双底提供一条水平支撑线。

经典分时走势看盘和操作策略解析： 如图 2-8 所示，西藏矿业开盘之后处于宽区间整理状态，整理持续了整个早盘，整理期间成交量显著缩小，交投意愿下降，这表明这个区间的均衡是不稳定的。到了午盘开盘，股价跌破了前期区间的四个低点价位，跌破的同时还有成交量放大情况，A 点成了极佳的卖出点。

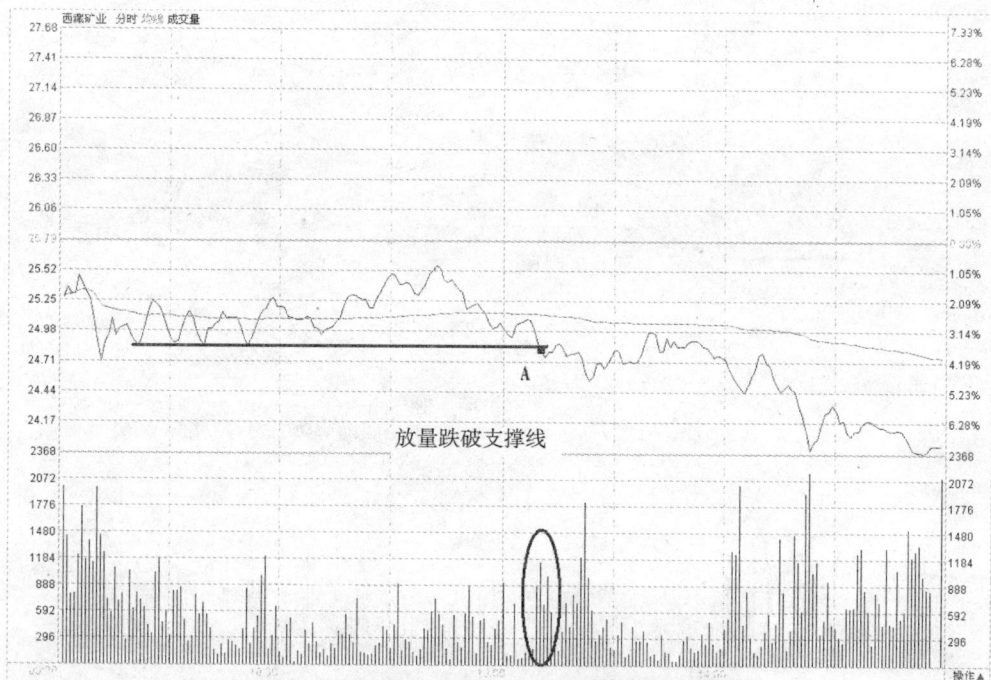

图 2-8　西藏矿业跌破水平支撑线看盘和操盘

　　经典分时走势看盘和操作策略解析： 如图 2-9 所示，武汉中商开盘就小幅下跌，跌到 11.47 元附近持续横盘了半个小时，形成了三个低点，这三个低点构成了水平支撑线。不久之后，股价跌破此水平支撑线，跌破的同时还有显著的放量，因此这个 A 点就是一个较好的卖点。

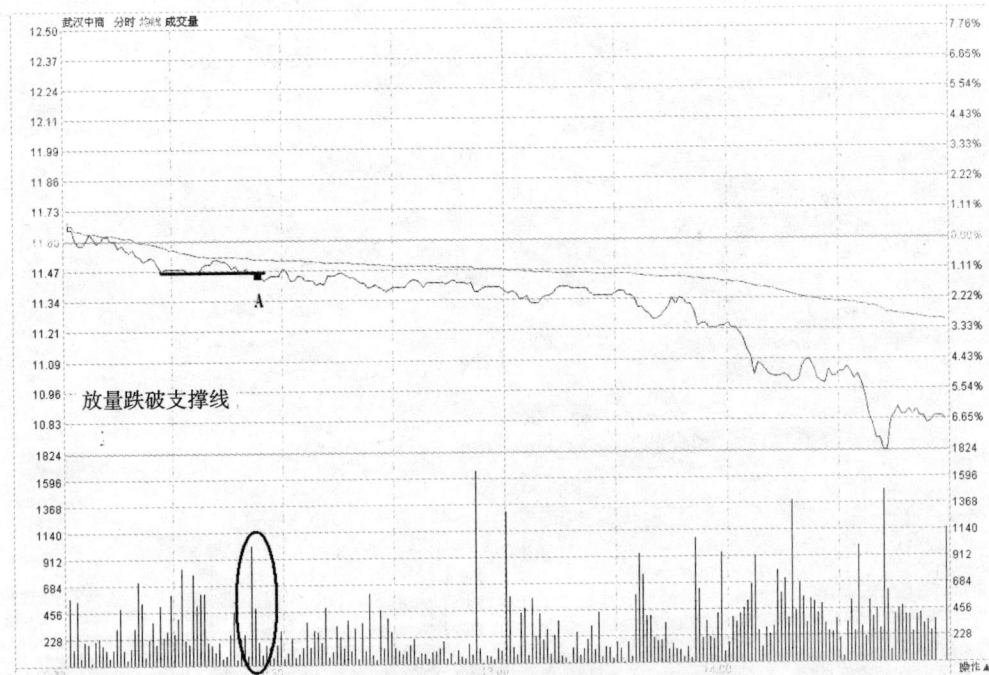

图 2-9　武汉中商跌破水平支撑线看盘和操盘

经典分时走势看盘和操作策略解析：如图 2-10 所示，宝商集团开盘后缩量上攻，因此显得动量不足，之后回调，回调底部出现放量，代表买家积极入场。但是突破前高后，逐步回落，由此开始了一个小时的调整。开盘之后一个半小时跌破均线，逐步走低。午盘开始的半小时内一直在 7.91 元附近横盘整理，显示此处存在支撑。此后，股价显著放量跌破此水平支撑，A 点成为较好的卖点。

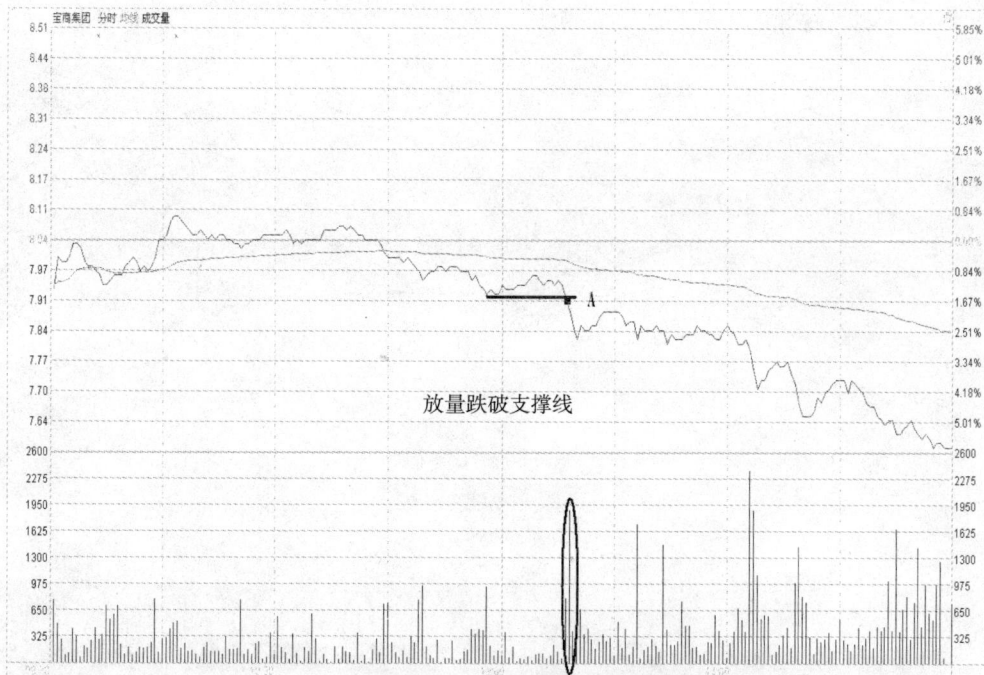

图 2-10　宝商集团跌破水平支撑线看盘和操盘

经典分时走势看盘和操作策略解析：如图 2-11 所示，金宇车城开盘后稍微抬头就逐步走低，下跌幅度不大，但是成交量规则性放大，代表主力可能在出货，采用盘跌的方式不容易引起散户的防备心理。到了午盘，开盘半小时内股价横盘整理，几乎与早盘后半段波动价位一致。不久之后，股价放量跌破此横盘整理的两个低点，这个 A 点就是很好的卖出点。

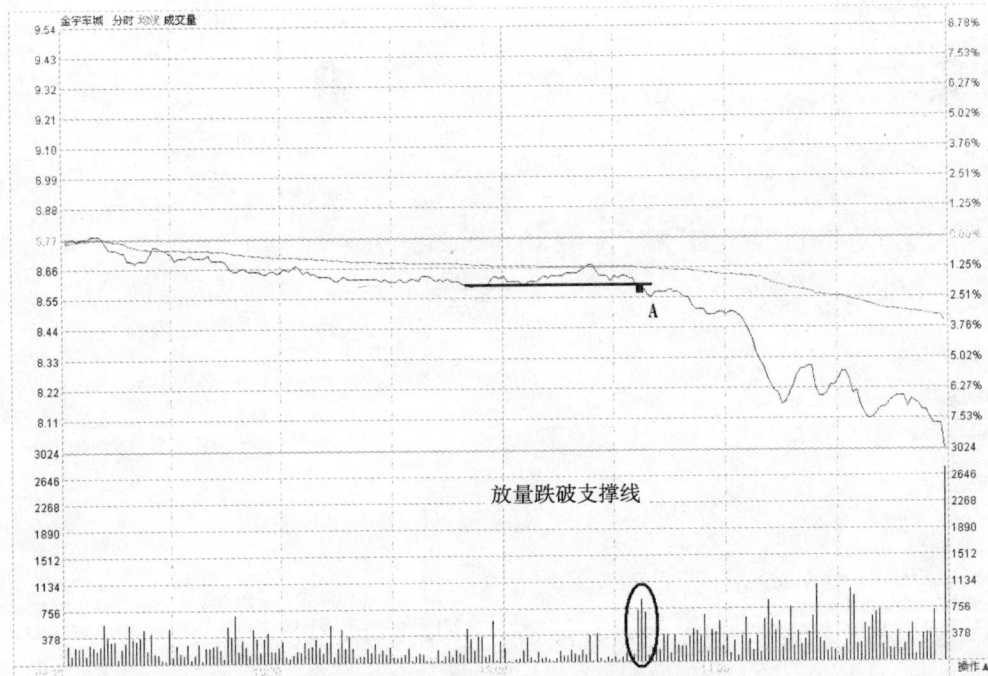

图 2-11 金宇车城跌破水平支撑线看盘和操盘

　　经典分时走势看盘和操作策略解析: 如图 2-12 所示,天山纺织开盘后显著放量上攻,放量放得太大,缩量后,股价就开始阴跌,首先是跌破了均线。可以看到,下跌过程中每次反弹,都会引来成交量的放大,意味着出货的意愿增加了,由于卖压太重,自然很难承受得住上涨带来的抛盘。股价在 4.09 元附近形成两个低点,然后放量跌破两低点构成的水平支撑线,这个 A 点就是非常好的卖点。

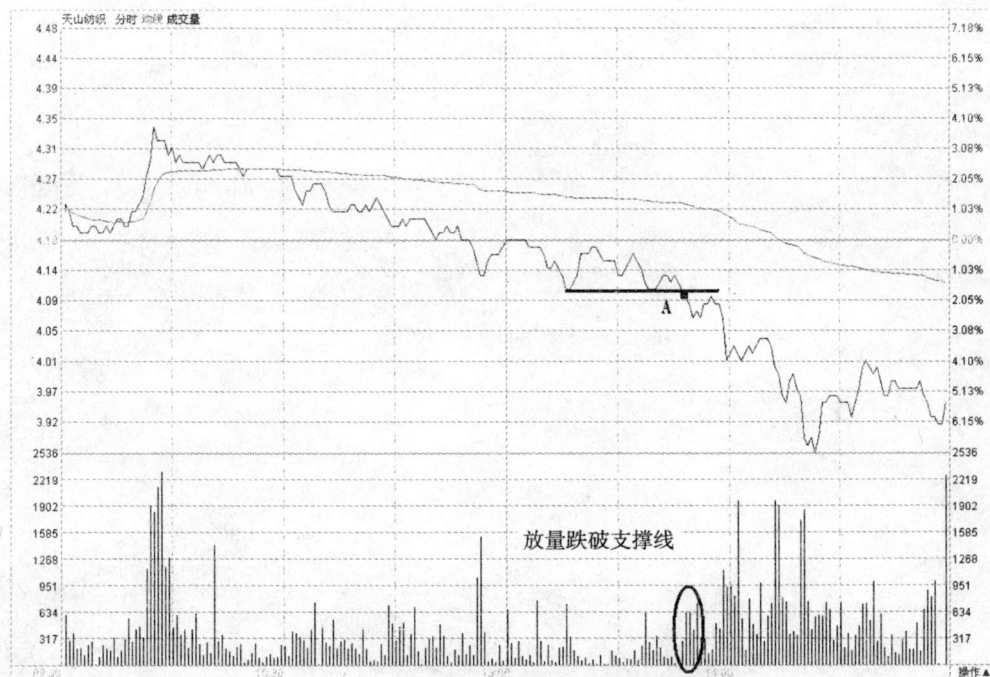

图 2-12　天山纺织跌破水平支撑线看盘和操盘

经典分时走势看盘和操作策略解析：如图 2-13 所示，江钻股份开盘成交量非常正常，价位却不正常，基本上处于 12.9 元~12.5 元徘徊，变动幅度相当小，这个过程可能是大量的散户在参与，交投热情很高，但是方向却不明确。开盘一个小时之后，股价放量跌破此区间低点构成的支撑线，跌破过程中有放量，A点是一个很好的卖点，此后股价如行云流水般下跌，大跌了 7%。

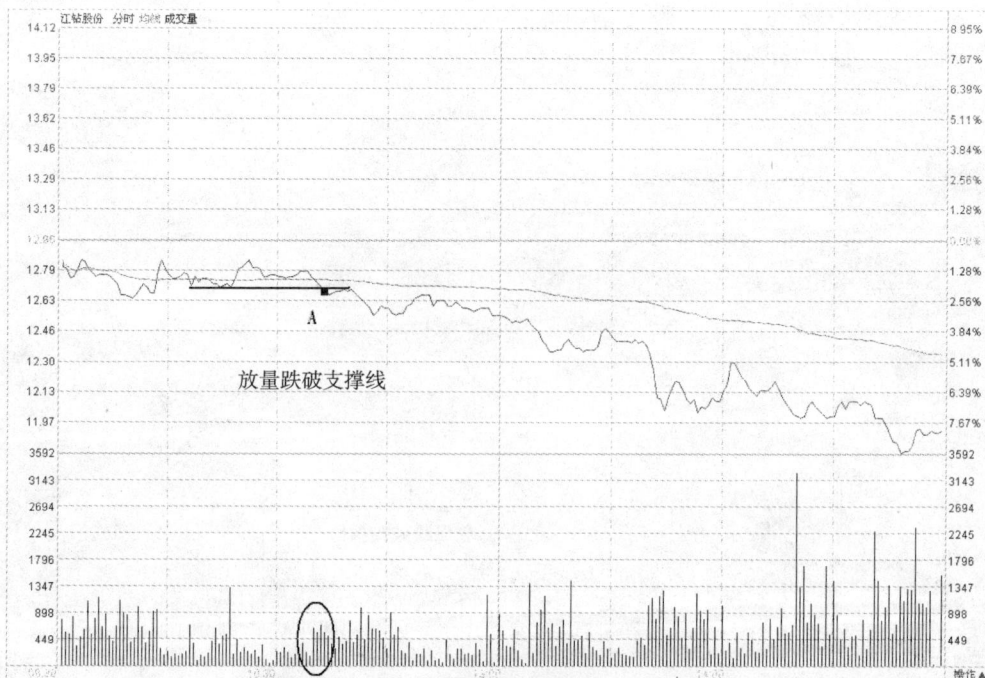

放量跌破支撑线

图 2-13 江钻股份跌破水平支撑线看盘和操盘

经典分时走势看盘和操作策略解析：如图 2–14 所示，五粮液开盘后成交量很正常，按照前几日的平均水平甚至有点偏大，股价一波三折下跌。然后在 27.6 元附近横盘整理，在 10:30 的时候放量跌破此整理区域的四个低点构筑的支撑。跌破点 A 是非常好的卖点。

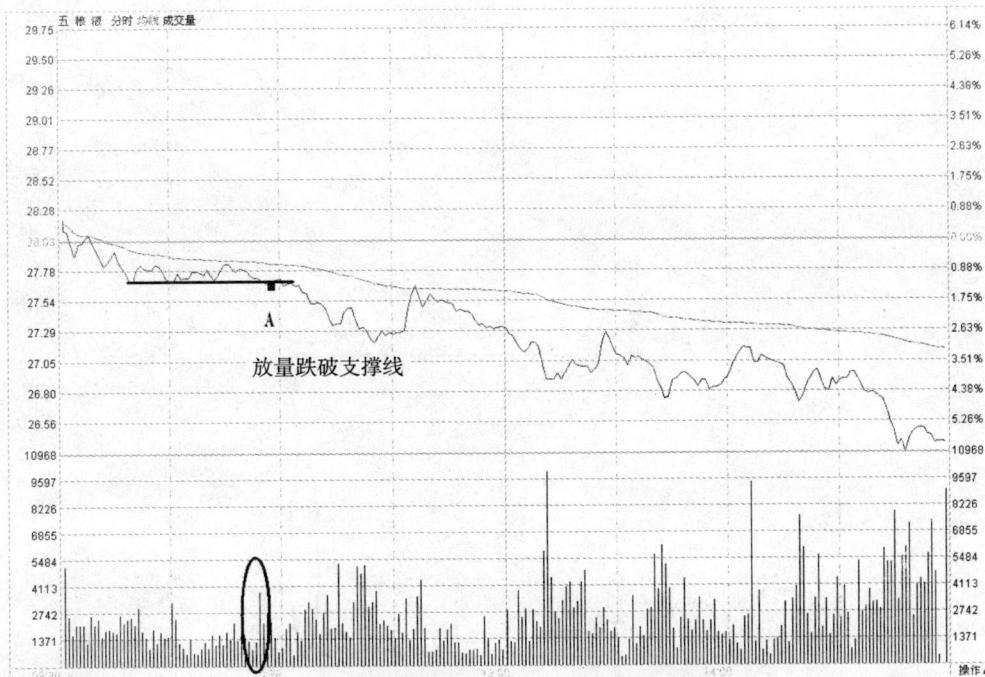

图 2–14　五粮液跌破水平支撑线看盘和操盘

经典分时走势看盘和操作策略解析：如图 2-15 所示，法尔胜开盘后一路滑跌，下跌初期成交量不大，跌到 6.33 元附近成交量开始放大，股价停滞，表明有大量的买家入场兜货，股价由此进入长达两个半小时的横盘整理走势，一直持续到午盘。不久之后，股价跌破此横盘整理区间，跌破的时候放出脉冲量，跌破点 A 是非常好的卖出点。

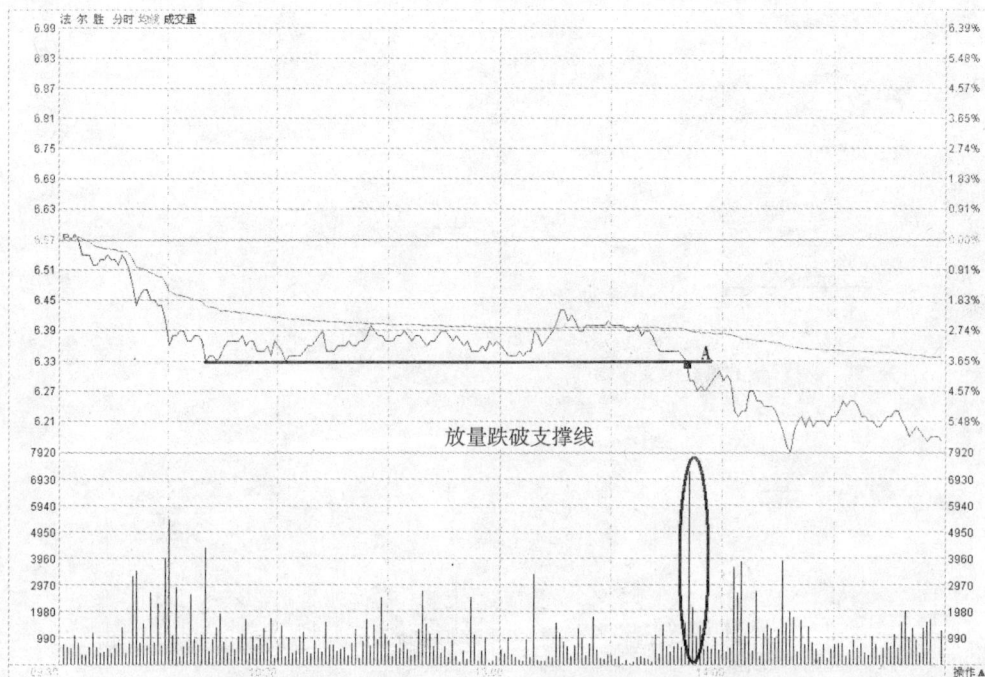

图 2-15 法尔胜跌破水平支撑线看盘和操盘

第三节　跌破形态边界线

在上一课我们已经详细教授和演示了升破形态边界的操作策略，那是一种非常好的买点，现在我们要介绍的则是一种非常好的卖点。当你在日K线上发现股价走势可能发生变化的信号后，就需要落实到分时操作上。更为重要的是，如果你是一个权证短线客，那么本节介绍的卖点就非常重要。即使你不是一个日内短线客，本小节的卖点也能够作为一种很好的融券做空点。

经典分时走势看盘和操作策略解析： 如图 2-16 所示，美的电器开盘之后一路走跌，中间还有主动性大卖单，股价看似横盘整理，其实是在阴跌。不久之后，股价形成一个长三角形，成交量也逐步缩小，这意味着市场进入到了犹豫状态，一轮单边走势正在酝酿中。三角形一直持续到早盘结束，午盘一开始股价就开始放量，不久就跌破了三角形下边界。

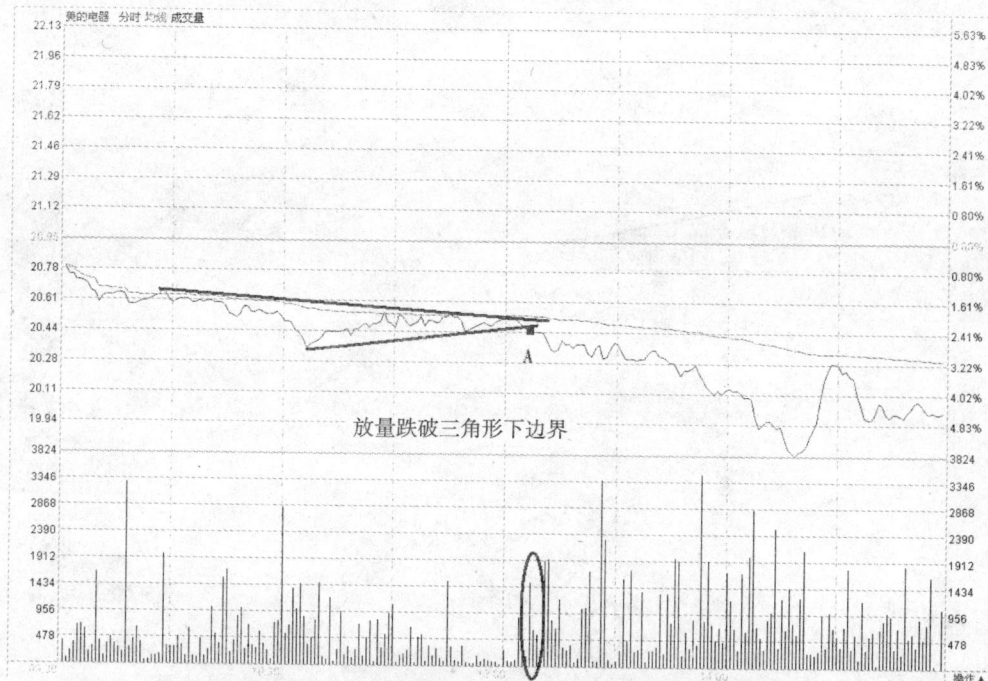

图 2-16　美的电器跌破形态边界线看盘和操盘

经典分时走势看盘和操作策略解析：如图 2-17 所示，云南白药开盘之后几乎没有什么成交量，很快股价就下挫，跌到 55.24 元附近获得支撑。股价继而上扬，但是到了开盘价附近受到卖盘打压，此时成交量仍旧不是很大，可见市场惜售心理严重，同时买家也不太愿意进场。从 10:00~11:00 这一个小时的交易时间内，股价形成了三角形。当股价基本完成三角形尾部的时候，放量跌破此三角形上边界，跌破处是一个很好的卖出点。

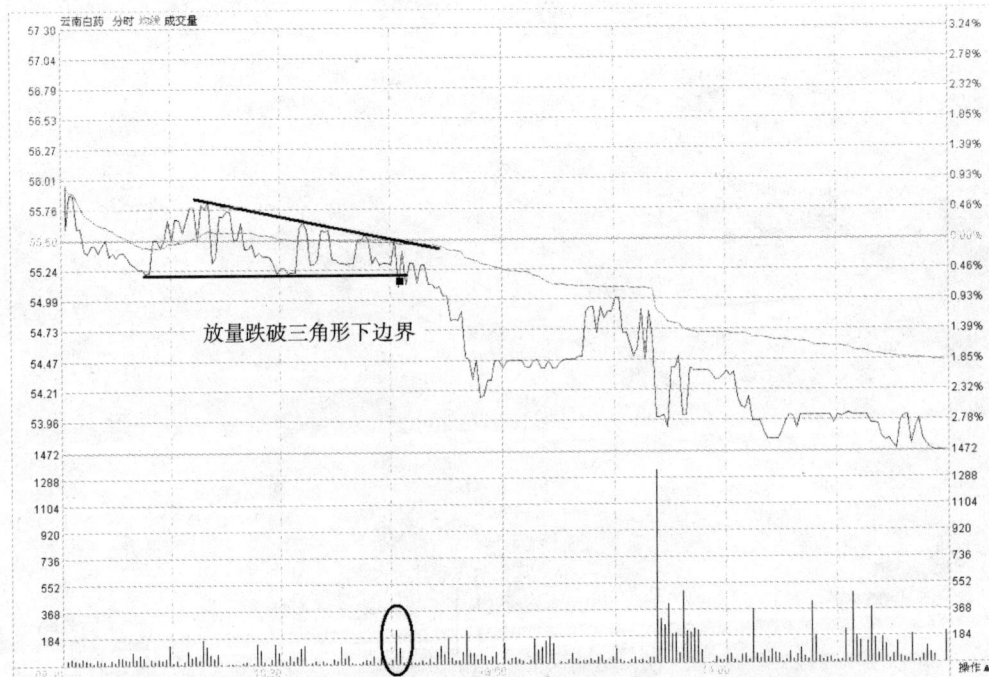

图 2-17　云南白药跌破形态边界线看盘和操盘

　　经典分时走势看盘和操作策略解析：如图 2-18 所示，佛山照明开盘半小时内成交量都比较显著，但是股价运动在一个狭窄的区间内，为什么会这样呢？就我们的经验来看，这是一个主力自己对倒，制造繁荣交易假象，以吸引买家进场接盘，然后再偷偷出货的伎俩。果然，从 10:30 开始，股价逐渐从高位跌落，一直跌到午盘开始。午盘股价止跌，开始盘整形成了三角形，跌破了三角形下边界，跌破的时候有显著的放量，放量程度与之前情况比起来也是排第二的。跌破点 A 是一个很好的卖出点。

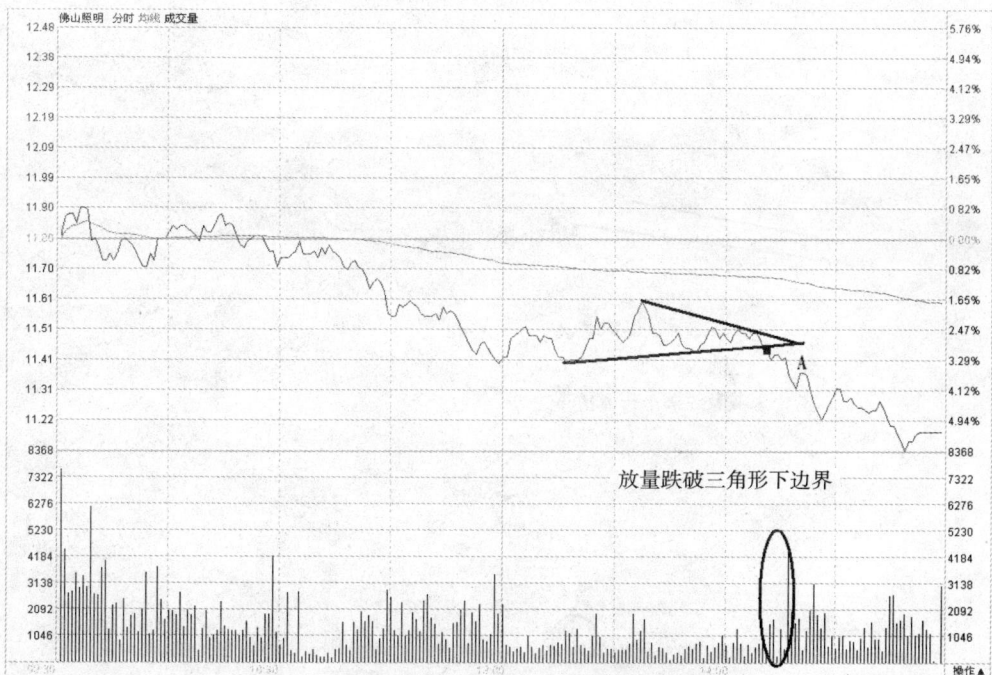

图 2-18　佛山照明跌破形态边界线看盘和操盘

经典分时走势看盘和操作策略解析：如图 2-19 所示，江铃汽车开盘之后逐步走低，但是成交量呈现锯齿状，不久之后股价沿着上升通道运动，成交量有放大迹象。到了 11:00，股价跌破了此上升通道，但是成交量却没有显著放大，而是无量下跌，所以 A 点是一个不那么好的卖出点。

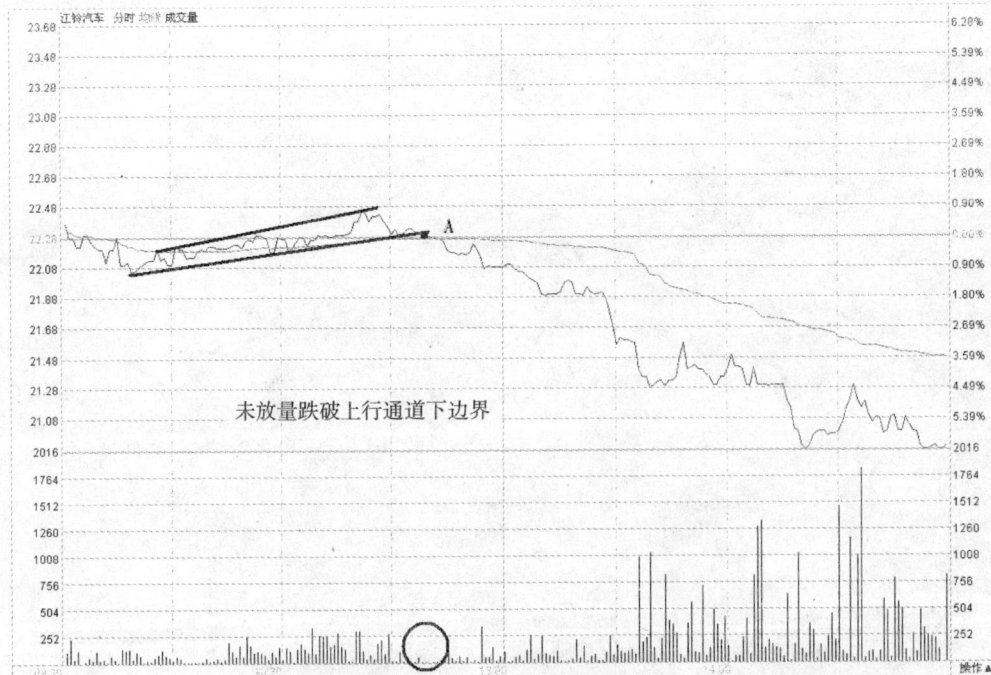

未放量跌破上行通道下边界

图 2-19 江铃汽车跌破形态边界线看盘和操盘

经典分时走势看盘和操作策略解析：如图 2-20 所示，昆百大 A 开盘上冲，失败之后再度上冲，形成小双顶，然后跌破颈线继续下跌，跌破颈线之前先跌破了均线。开盘半小时内跌到 13 元附近，出现了脉冲式放量，但是股价未见止跌，继续下跌。股价跌到 12.82 元附近出现了整理走势，最终形成了一个三角形。11:00 股价跌破三角形下边界，同时放出更高的脉冲量，A 点成为了一个很好的卖出点。

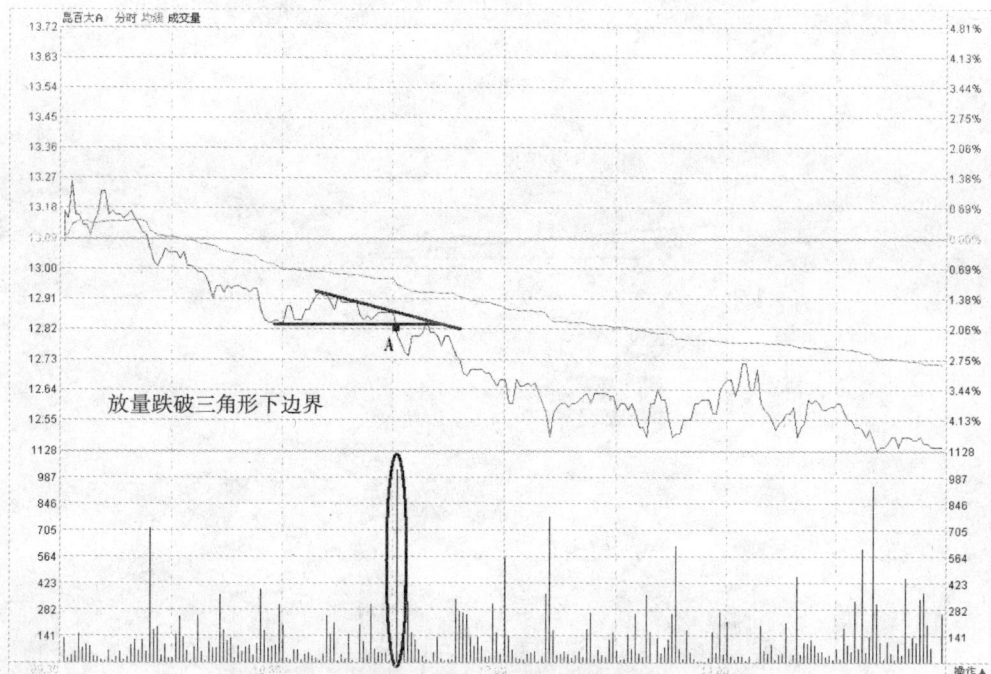

图 2-20　昆百大 A 跌破形态边界线看盘和操盘

　　经典分时走势看盘和操作策略解析：如图 2-21 所示，新大洲 A 开盘后一直呈现横盘整理走势，成交量比较正常，但是股价却并没有单边移动，这可能是主力的伎俩，打消散户的防备心理。整个早盘，股价都维持在一个狭窄的区间内运动。但是，我们仔细观察就会发现股价在阴跌，由于跌得慢，会使得持仓的散户抱有侥幸心理，总以为会反弹，所以错过了最佳的出场时机。午盘开始后，股价构筑的长三角形比较显著了，最终在 13:30 放量跌破此三角形下边界。放量跌破点 A 就是一个非常好的卖出点。

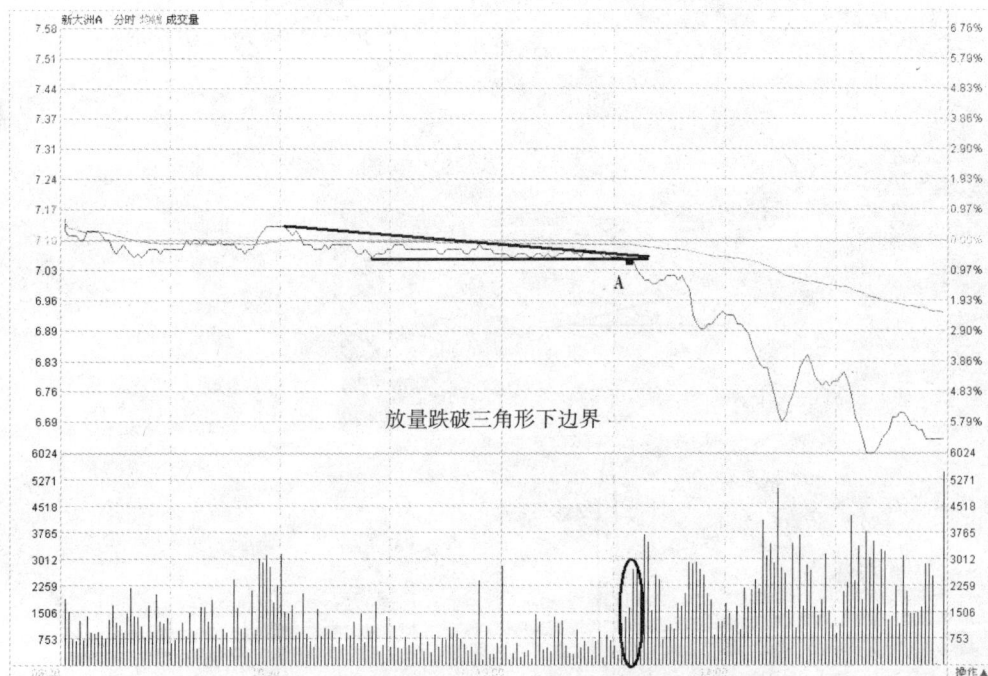

图 2-21　新大洲 A 跌破形态边界线看盘和操盘

　　经典分时走势看盘和操作策略解析： 如图 2-22 所示，国恒铁路开盘之后一路下跌，几乎没有反弹，只有横盘整理，下跌四段。跌到 5.9 元附近成交量突然放大，股价也止住下跌了，这表明买家力量增加了。股价开始沿着上升通道运动，一直延续到午盘。13:30 股价跌破均线的同时跌破了上升通道下边界，于是一个很好的卖出点 A 出现了。

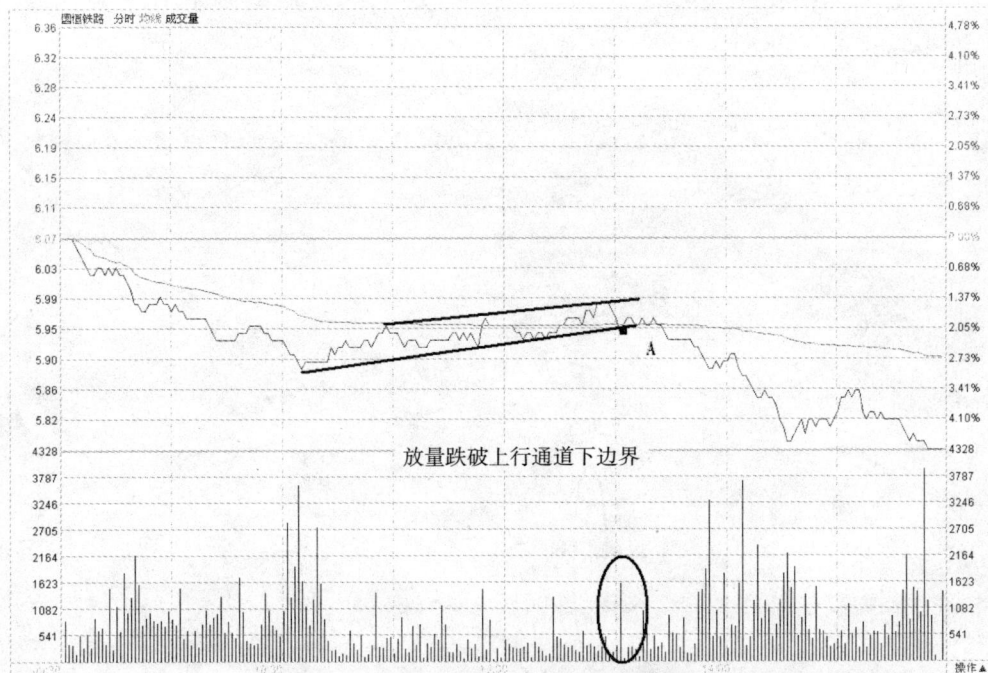

图 2-22　国恒铁路跌破形态边界线看盘和操盘

经典分时走势看盘和操作策略解析：如图 2-23 所示，石油济柴开盘后一路走跌，成交量逐步放大，这表明供给在增加，需求却几乎没有变化，跌势将延续。不久之后，股价反弹到均线附近，但是对应的成交量却缩小了，这表明反弹无力，后市继续看跌。股价再度下跌之后，逐步走高，但是却很难回到开盘价附近，于是再度盘跌，形成了一个小三角。之后，股价跌破了此小三角形的下边界，跌破的时候显著放量，具体而言是脉冲量。跌破点 A 是一个很好的卖出点。

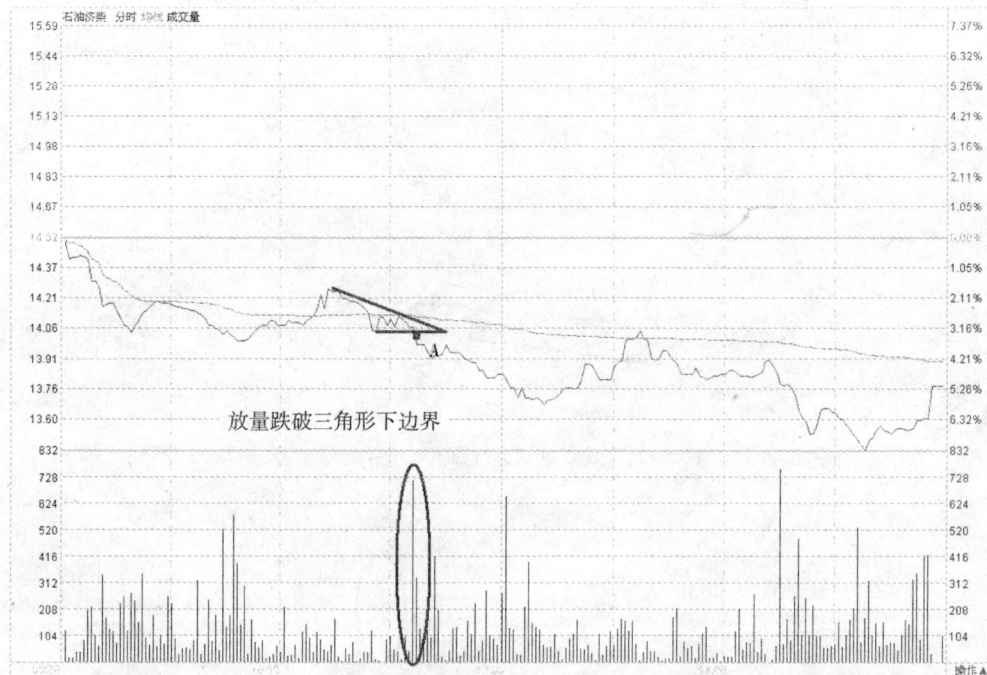

放量跌破三角形下边界

图 2-23　石油济柴跌破形态边界线看盘和操盘

星期三

第三章　分时玄机3　分时不破买入玄机

　　分时不破均线是分时图中选择强势股的基本要素，也是涨停股票的主要特征之一，是盘面语言中必须掌握的秘诀。分时不破均线就是指分时图中的白色分时线和黄色均价线同时同方向上涨，且分时线在回调过程中轻易不穿过均价线，基本上是一碰到黄色均价线就快速拉起，再创新高。如果是一只非常强势的股票，那么基本上2次回调后就马上涨停。这种图形在实战中非常有用，一只股票能不能成为强势股、涨停股，基本上都要具备这一特征。即使这类股票不能涨停，今天也会有不错的表现。本课我们不仅仅介绍分时不破均线，还要介绍其他比较有效的分时不破买点。另外，这里要附带补充的一点是对待盘口出现的现象要具体问题具体分析，不能死套理论，要活学活用才行。

　　如股票被庄家控盘，庄家不想放过这一重要价位，我想，不管你用多大的单子把股价拉上去，都不可能引起股价的上涨，反而可能由于庄家"报复"引起股价下跌。当然，如果正好庄家要把股价打上去，你的行动对他来说是求之不得的。下面，我们就落实到具体的盘口语言中——分时不破买点。

第一节　不破分时均线买入

　　分时价线运行在均线之上，当股价跌向均线的时候，成交量相应地萎缩，这表明价格下跌是由于需求阶段性减少导致的，而不是供给增加导致的，随着需求再度增长，股价将继续昂头向上。如果下跌低点能够出现一些确认分时均线支撑的形态，比如小双底等，那么这些下跌不破均线的价位就是较好的买入点。

　　经典分时走势看盘和操作策略解析：如图 3-1 所示，石油济柴开盘之后大幅拉升，成交量也随着股价的起伏而起伏着。不久之后，股价跌破了均线，然后又重新回到了均线之上，由于没有显著的成交量变化，我们一般不操作开盘半小时内的均线升破情况。10:30 之后，股价再次跌向均线，更为重要的是成交量显著萎缩，股价在均线之上形成小双底，于是一个很好的买点形成了。在这个例子中，均线附近形成小双底，成交量萎缩同时出现了，所以 A 点是一个很好的买点。

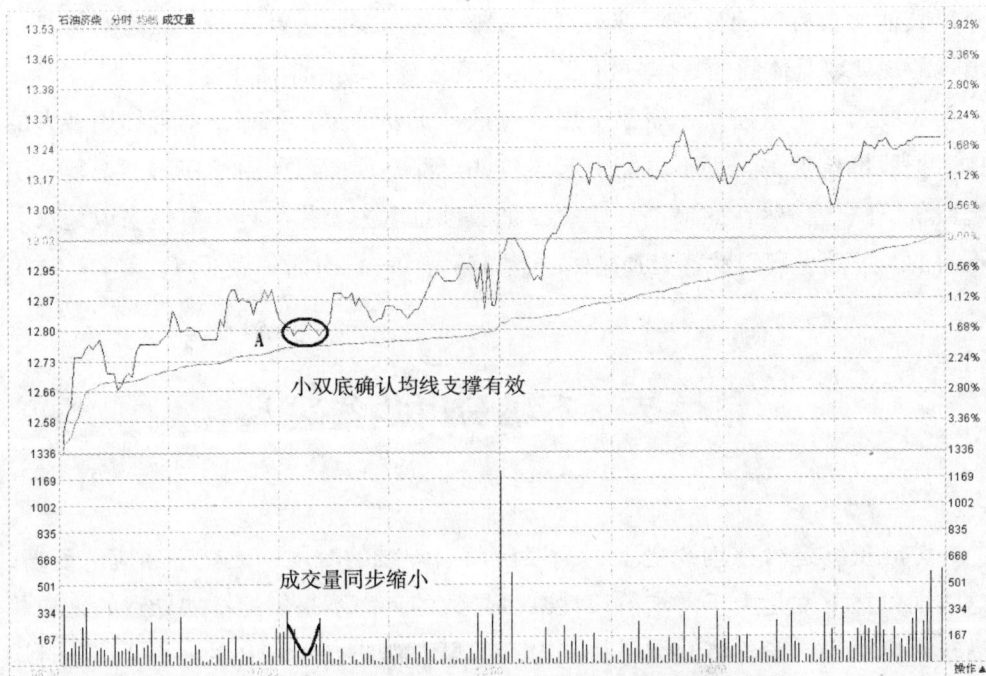

图 3-1　石油济柴不破分时均线买入走势看盘和操盘

　　经典分时走势看盘和操作策略解析：如图 3-2 所示，长安汽车开盘之后，股价做了一小段爬升就出现整理，整理到均线附近出现了显著的成交量萎缩，但是由于这种情形出现在开盘半小时内，所以 A 点并不是一个非常好的买入点，但是可以轻仓操作。后市走势中，股价仍旧大幅向上。

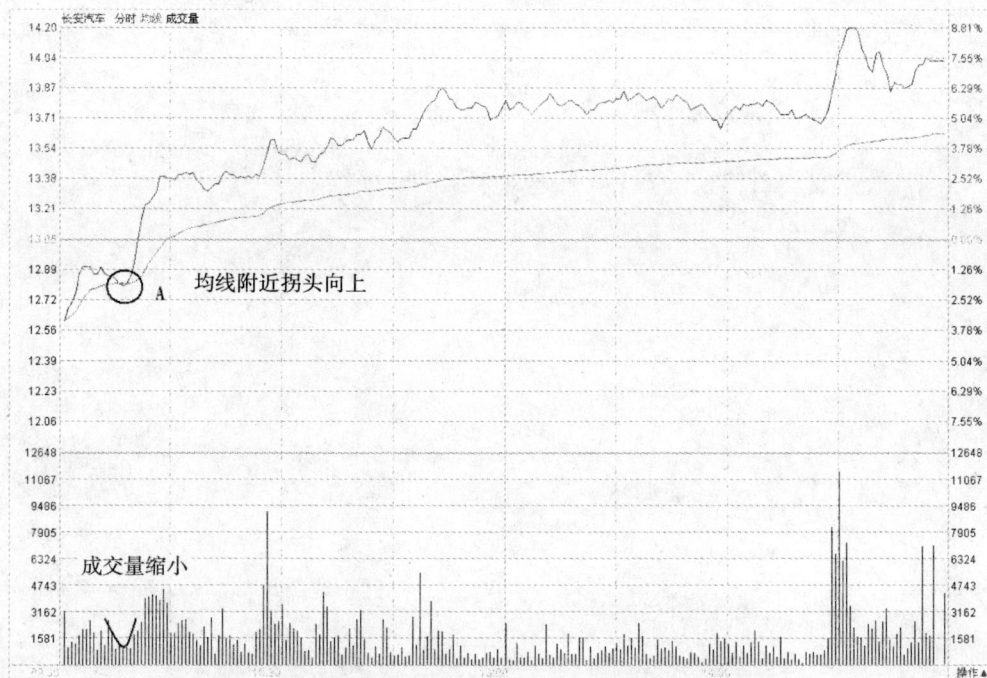

图3-2　长安汽车不破分时均线买入走势看盘和操盘

经典分时走势看盘和操作策略解析：如图 3-3 所示，英力特开盘之后一波三折上升，然后股价开始整理，持续了一个小时，整理过程中股价跌至均价线，这里注意一个关键点，什么关键点呢？就是这个整理过程中股价快速跌破了均线，然后又升破了均线，为什么不算跌破卖出点和升破买入点呢？因为成交量是萎缩的，这就是关键。加上跌破的幅度很小，所以我们将其认定为不破分时均线买入点，A 点构成了一个小双底，所以是一个非常好的买点。

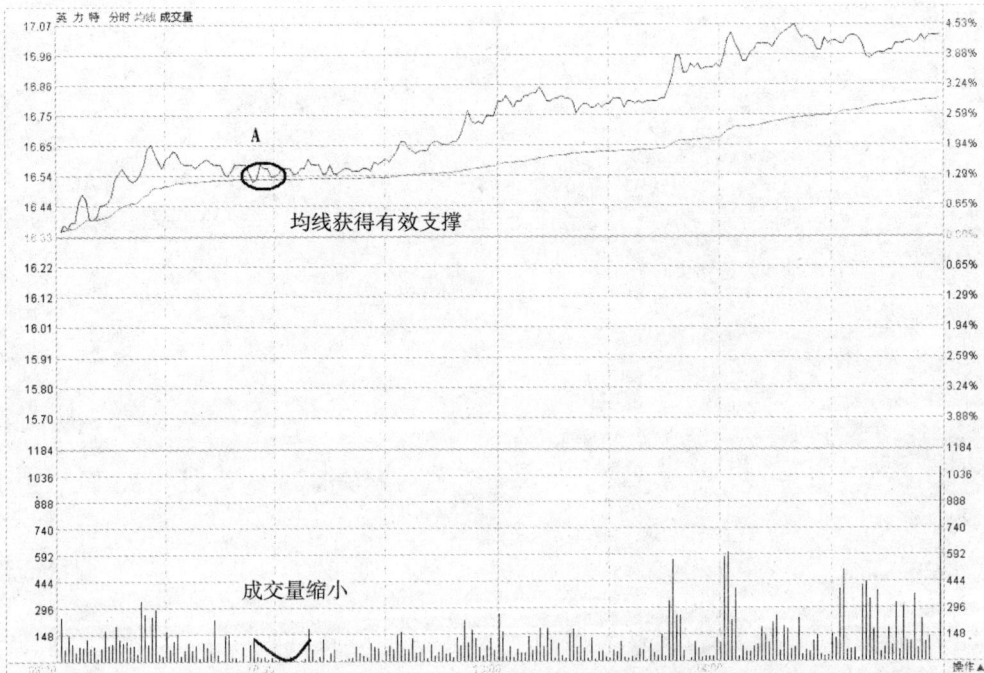

图 3-3 英力特不破分时均线买入走势看盘和操盘

　　经典分时走势看盘和操作策略解析：如图 3-4 所示，万方地产开盘后，小幅下跌形成了一个小双底，之后缓慢爬升，10:00 之后再度回落整理形成三角形，这个三角形整理的末端在均线附近，准确地说是在均线之上。三角形调整到均线末端出现了成交量萎缩，A 点是一个非常好的买点。不过，这个例子中不止这一个买点，当三角形上边界被突破的时候，成交量也显著地放大了，所以 B 点也是一个很好的买点。

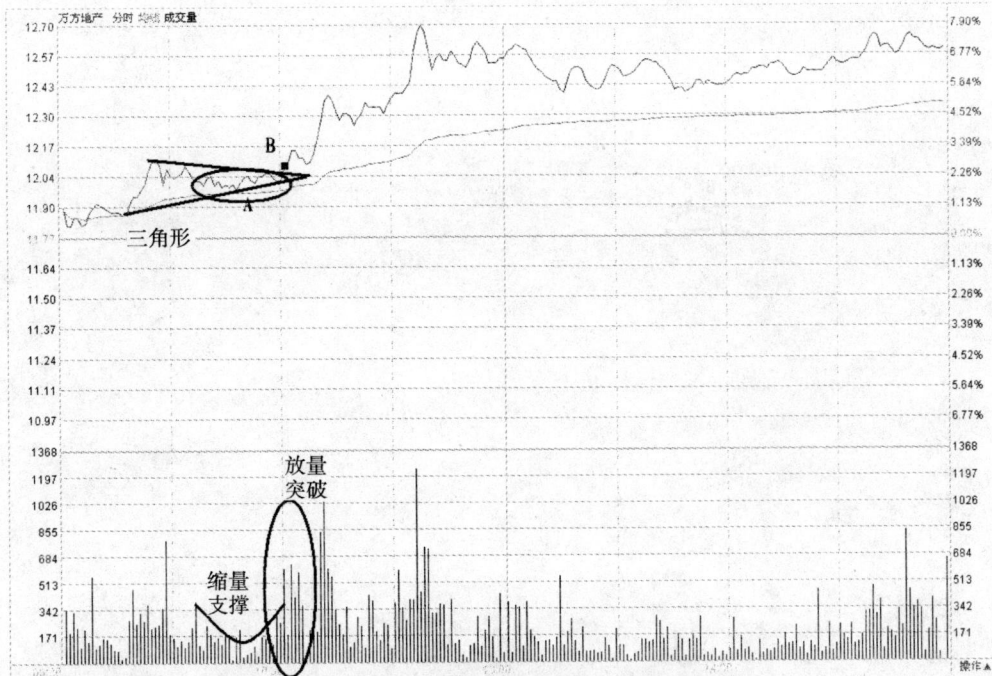

图 3-4　万方地产不破分时均线买入走势看盘和操盘

经典分时走势看盘和操作策略解析：如图 3-5 所示，大连友谊开盘半小时内缓慢下跌，成交量相当稀疏，下跌缺量，主力没有出逃，后市上涨可能性较大。不久之后，股价在放量后呈 V 字形反转，股价重回上升走势。然后在开盘价下方整理，整理的时候靠近均线，形成一个右底高于左底的小双底，同时成交量出现了萎缩，A 点是一个不错的不破均线买点。不久之后，股价开始拉升，放量突破水平压力线，所以 B 点是一个不错的升破压力线买点。

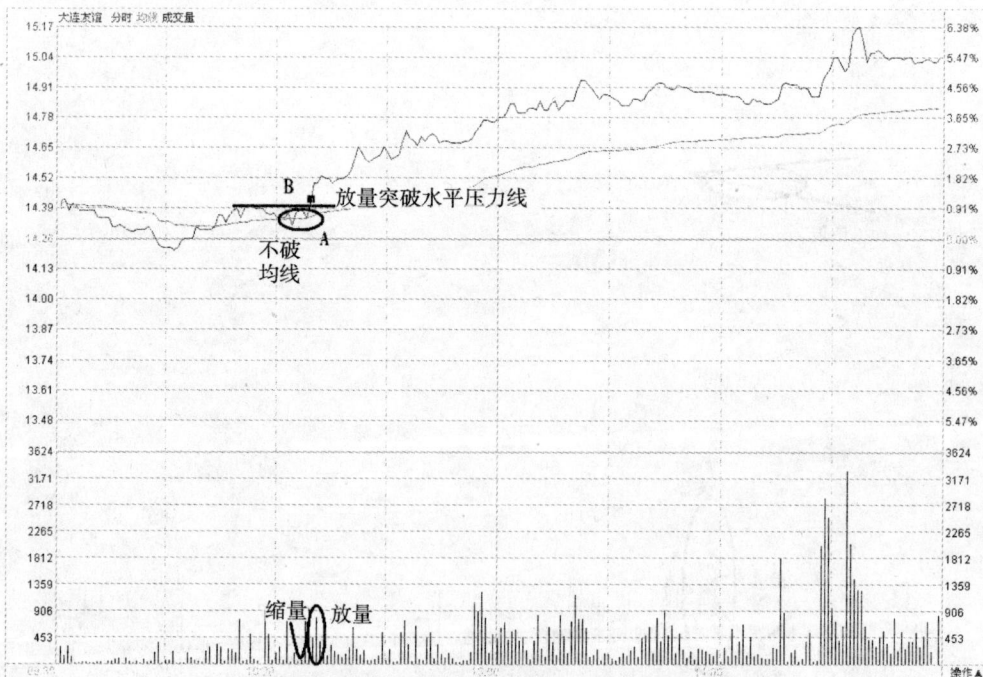

图 3-5　大连友谊不破分时均线买入走势看盘和操盘

经典分时走势看盘和操作策略解析：如图 3-6 所示，保定天鹅开盘后一波小幅上涨，然后进入三角形调整，调整中成交量没有显著变化，这种情况下不论是不破买点还是升破买点都无法确认，因为不破买点要求成交量萎缩，而升破买点要求成交量放大，与此同时跌破卖点也要求成交量放大。这次调整之后，股价开始再度上升，这种上升被认为是波浪理论中的第三波，是上涨幅度最大的一波，同时可以看见成交量开始逐步放大。第二波调整到第三波上升的临界点是一个三角形，这里面存在一个升破三角形上边界的买点。10:30 起股价开始调整一直持续到 14:30，调整末期出现了显著的缩量，这时候股价三次跌向均线，构成一个三重底，由于不破均线，所以这是一个很好的买点。另外，整理区间高点构成了水平压力线，股价放量突破了此压力线，所以 D 点也是一个很好的买点——升破水平压力线。

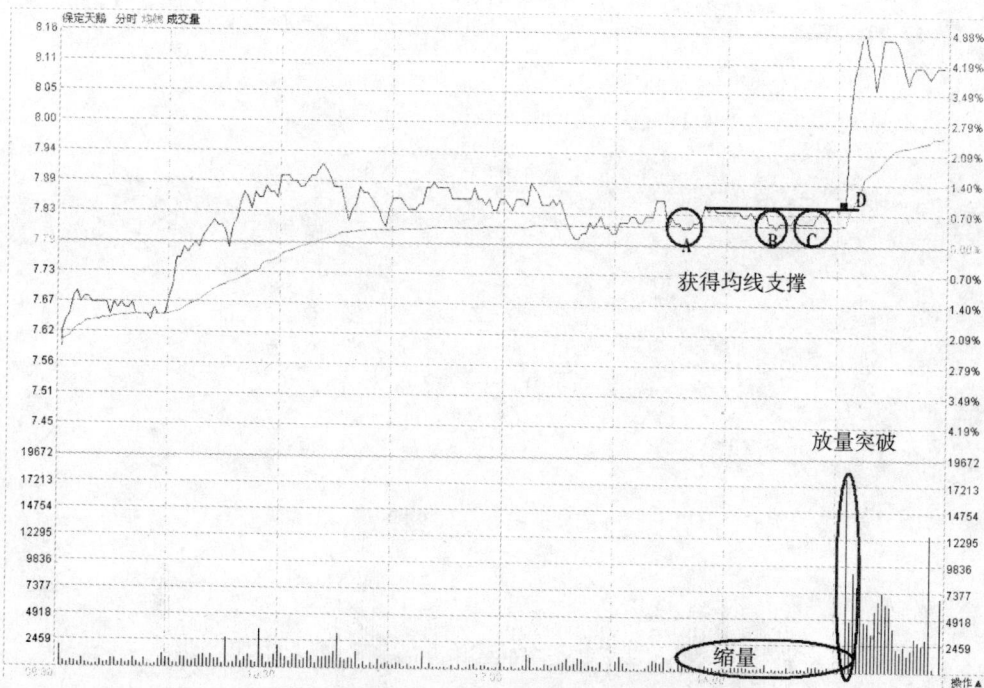

图 3-6　保定天鹅不破分时均线买入走势看盘和操盘

经典分时走势看盘和操作策略解析：如图 3-7 所示，ST 惠天开盘之后成交量逐渐放大，而股价也逐步走高，然后横盘整理。在整理过程中，股价第一次接近均线时，出现了放量，跌破均线放量，但是这次放量并不显著，更为重要的是发生在开盘半小时之内，所以更不能作为卖出点。在整理过程中第二次跌至均线时，成交量显著缩小，表明均线支撑有效，所以 B 点是一个很好的买入点。

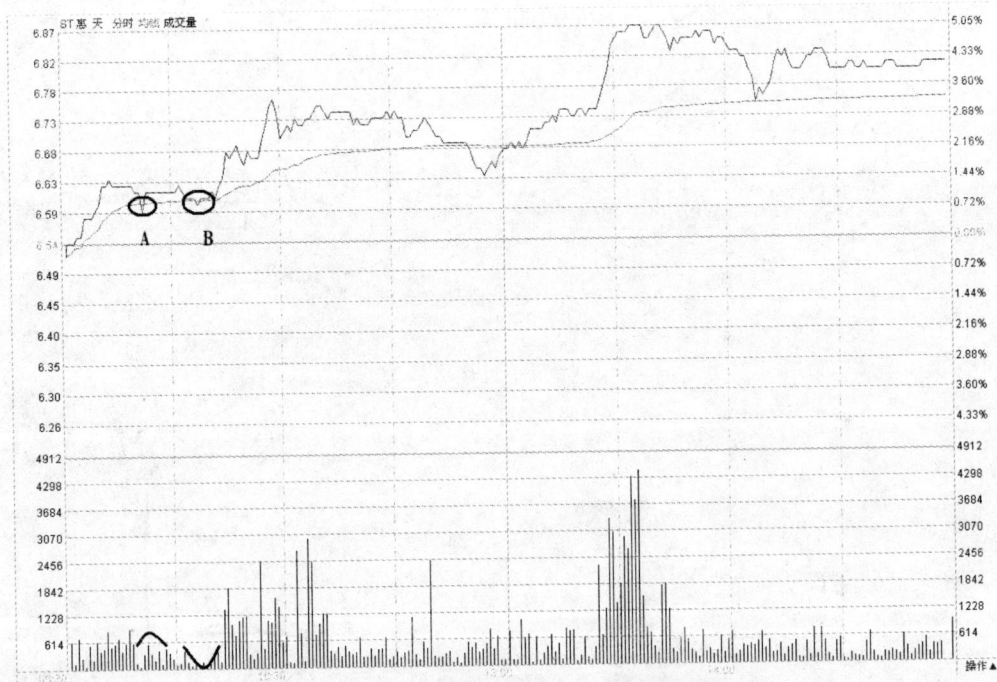

图 3-7　ST 惠天不破分时均线买入走势看盘和操盘

经典分时走势看盘和操作策略解析：如图 3-8 所示，厦门信达开盘之后，股价出现了一波三折的上升，很快进入调整，调整走势中股价逼近均线，成交量显著缩小，所以 A 点是一个很好的不破均线买点，此后股价大幅拉升，所以 B 点是一个很好的升破水平压力线买点。

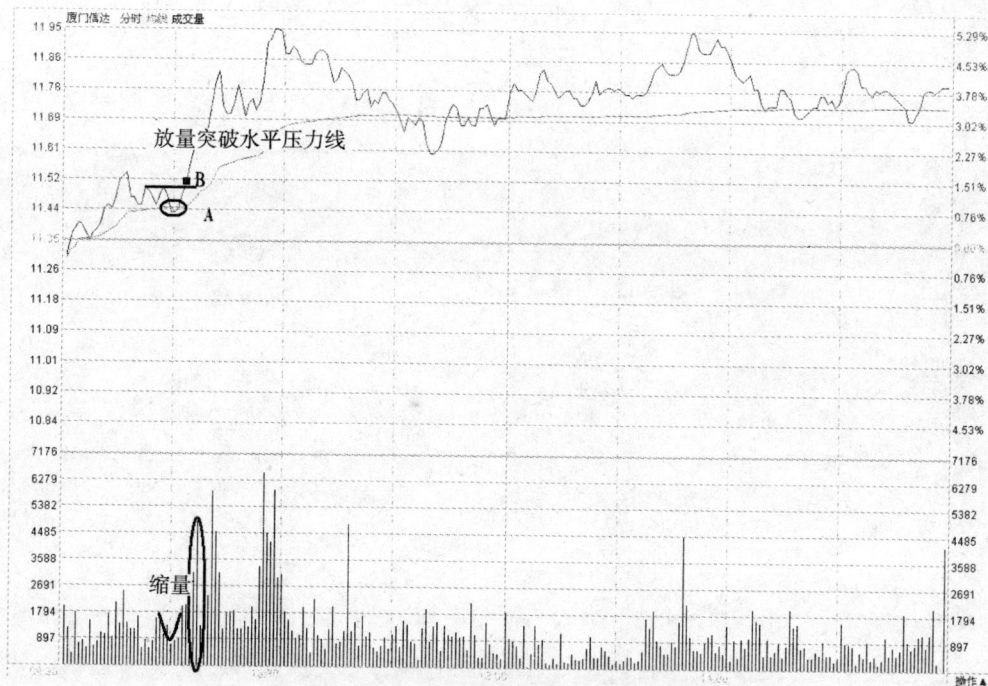

图 3-8　厦门信达不破分时均线买入走势看盘和操盘

经典分时走势看盘和操作策略解析：如图 3-9 所示，ST 宇航开盘横走，然后呈阶梯状下跌，跌到 10.7 元附近开始横盘整理，整理了一个小时之后，股价开始拉升，呈现阶梯状上涨，重要的是成交量显著放大，突破平台的时候，由于显著放量所以存在很好的买点，大家在下图中自己找出这样的买点试试看。股价升至 10.93 元附近受到了很大的阻力，开始较长时间的横盘整理，在这个过程中股价逐渐靠近均线，不久之后均线小幅跌至均线之上，对应成交量萎缩了，所以 A 点是一个很好的不破均线买点。在确认不破均线买点的时候，股价和均线的位置没有相应成交量萎缩这个条件重要。

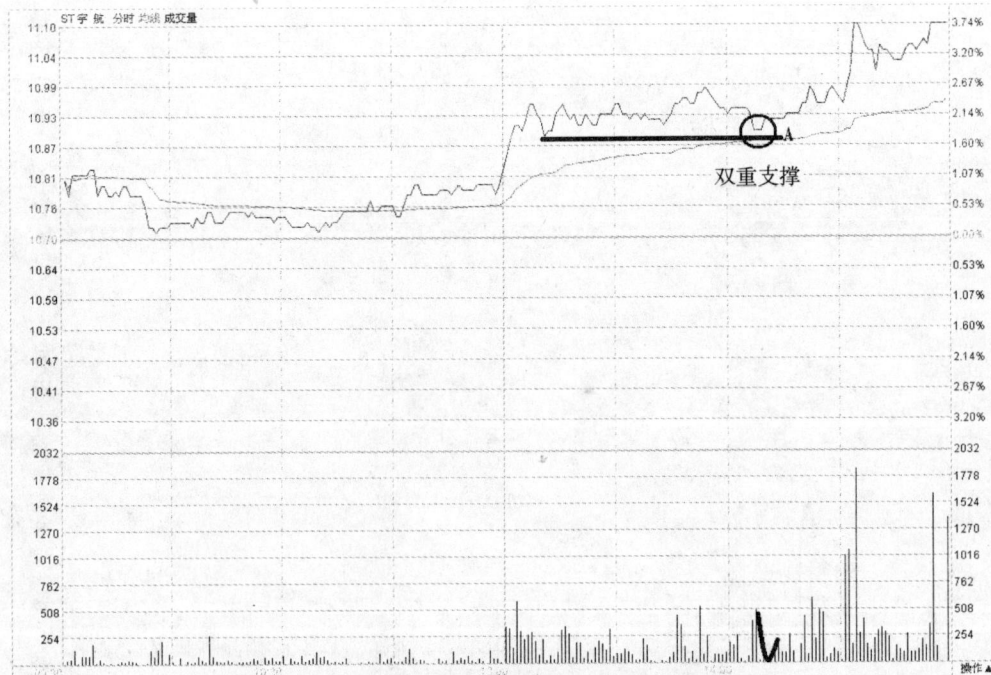

图 3-9　ST 宇航不破分时均线买入走势看盘和操盘

经典分时走势看盘和操作策略解析：如图 3-10 所示，新华制药开盘之后微幅下跌，形成小双底之后大幅拉升，构成了两段小波走势。开盘半小时之后，股价阴跌回落，但是成交量并没有显著放大，这表明主力没有出逃，后市涨势可期。早盘快要结束的时候，股价两次下探均线，对应的成交量萎缩，所以 A 点和 B 点都是很好的不破均线买入点。

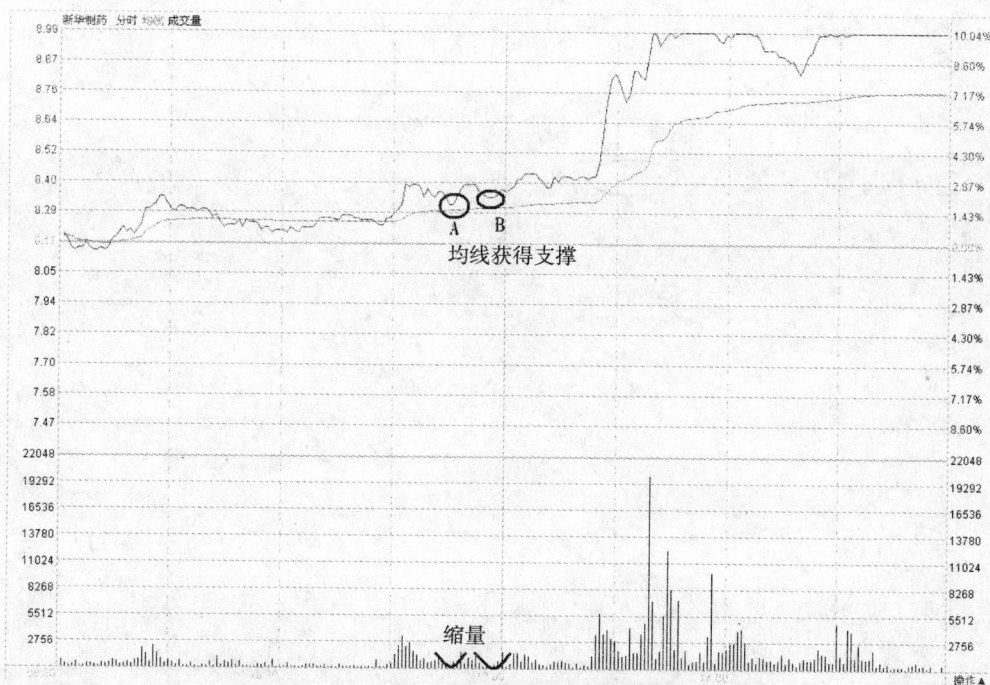

图 3-10　新华制药不破分时均线买入走势看盘和操盘

经典分时走势看盘和操作策略解析：如图 3-11 所示，长江证券开盘之后，上冲下洗试探，成交量也比较正常，不多不少，这表明不仅仅是散户在参与。横盘整理一直持续到了 11:00，此后股价回调到均线附近，成交量相应地缩小了，这小段走势给出了一个非常好的不破均线买点。此后，股价放量突破整理区间，这里面也存在一个很好的升破水平压力线买点，大家可以找找看。

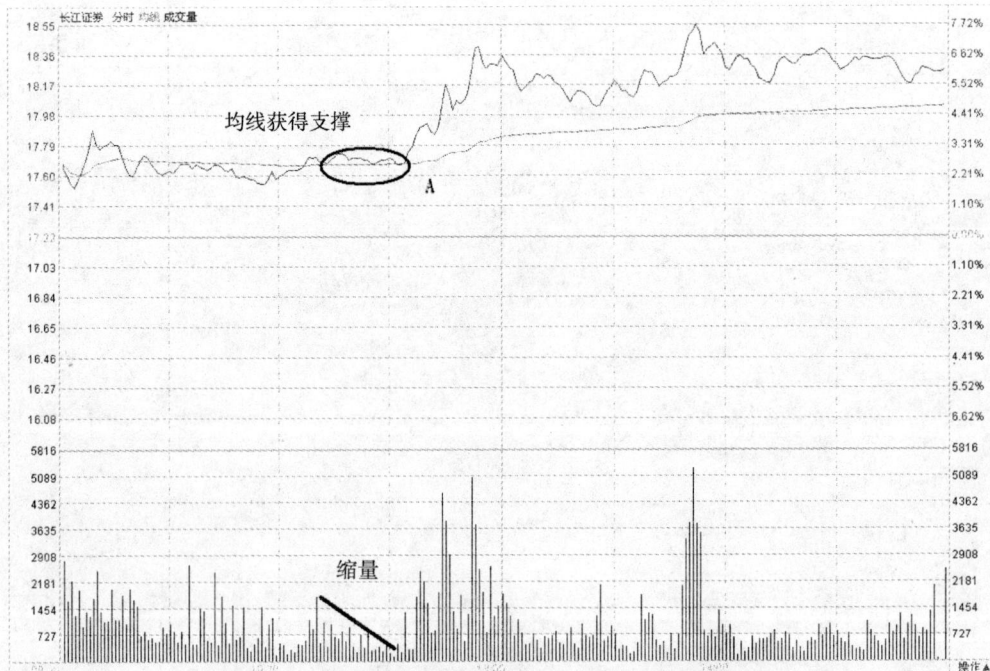

图 3-11　长江证券不破分时均线买入走势看盘和操盘

经典分时走势看盘和操作策略解析：如图 3-12 所示，金宇车城开盘之后稍作横盘，然后快速拉升，拉升过程中有显著放量，然后股价横盘整理，在整理过程中股价跌到均线之上，同时成交量出现了萎缩。但是，这个买点出现在开盘半小时之内，而且成交量萎缩也不是很明显，所以最好不参与，即使参与的话也应该采用轻仓。在早盘剩下来的时间里面，股价形成了三角形，然后放量了该三角形的上边界，所以 B 点是一个很好的升破形态边界买点。

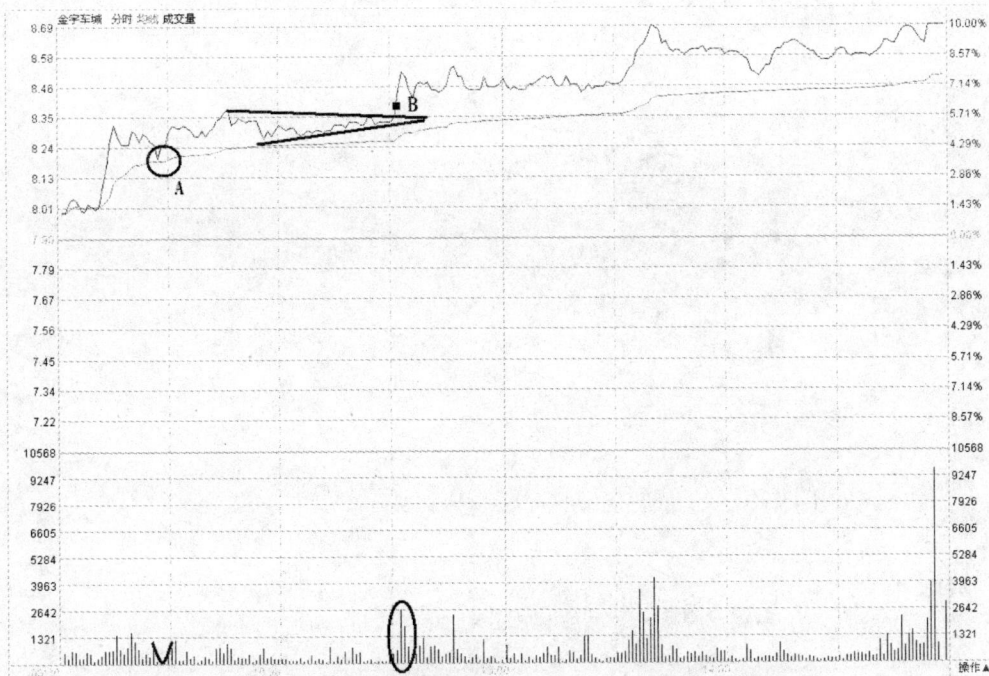

图 3-12　金宇车城不破分时均线买入走势看盘和操盘

经典分时走势看盘和操作策略解析：如图 3-13 所示，超声电子开盘之后成交量稀疏，但是价格却不断走高，这说明庄家控盘程度较高，至少说明筹码集中程度很高。股价升至 8.87 元附近开始回落，跌到均线附近出现了小双底，对应的成交量也呈现显著的萎缩，因此 A 点是一个很好的不破均线买点。不久之后，该股逐渐放量拉升到涨停价位。

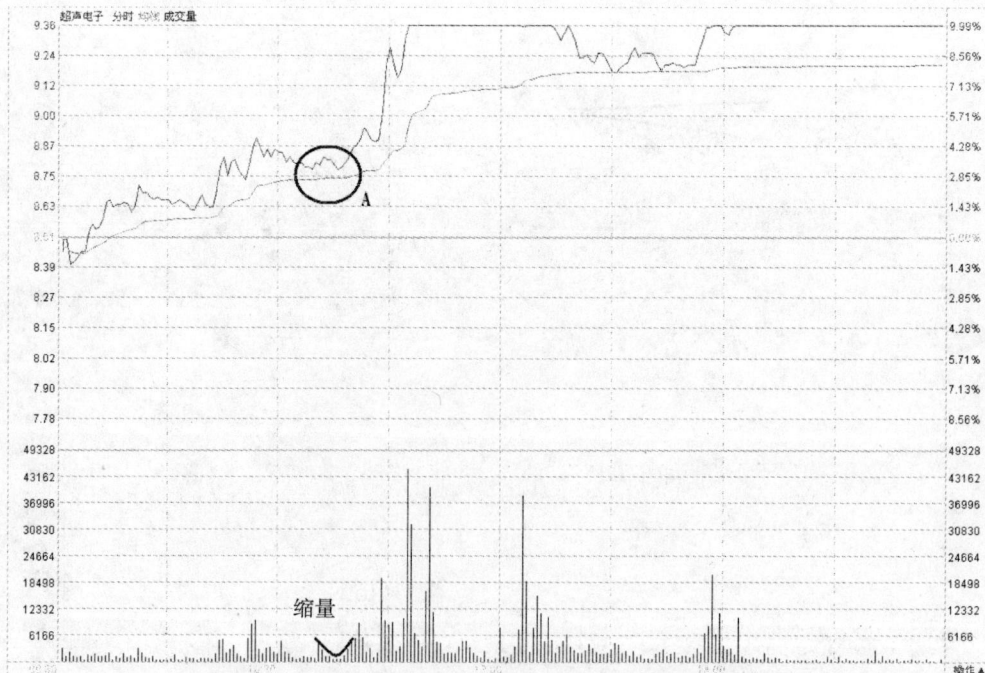

图 3-13 超声电子不破分时均线买入走势看盘和操盘

第二节　不破前低买入

　　分时走势图上我们需要注意价格和成交量两方面的信息，而对于价格走势而言，我们需要注意均线和价格之间的位置关系，以及价格和价格之间的位置关系。前期低点，特别是非常显著的低点往往成为此后价位走势的参照点，如果股价跌到此低点之上，出现了放量，那么就是买入的机会；如果成交量跌破了此低点同时出现了缩量，那就是很好的卖出机会。在本小节中我们将教授不破前低买入点的相关技巧。

　　经典分时走势看盘和操作策略解析：如图 3-14 所示，沙隆达 A 开盘之后一波三折下跌，跌到 B 点放出大量，然后股价企稳回升，这表明 B 点处有大量的买盘进场。然后股价开始在 10.4~10.28 元整理徘徊，午盘中段股价跌至 B 点价位水平之上，同时成交量显著放大，放大的同时股价拐头，这时候的 A 点就是一个很好的买入点。

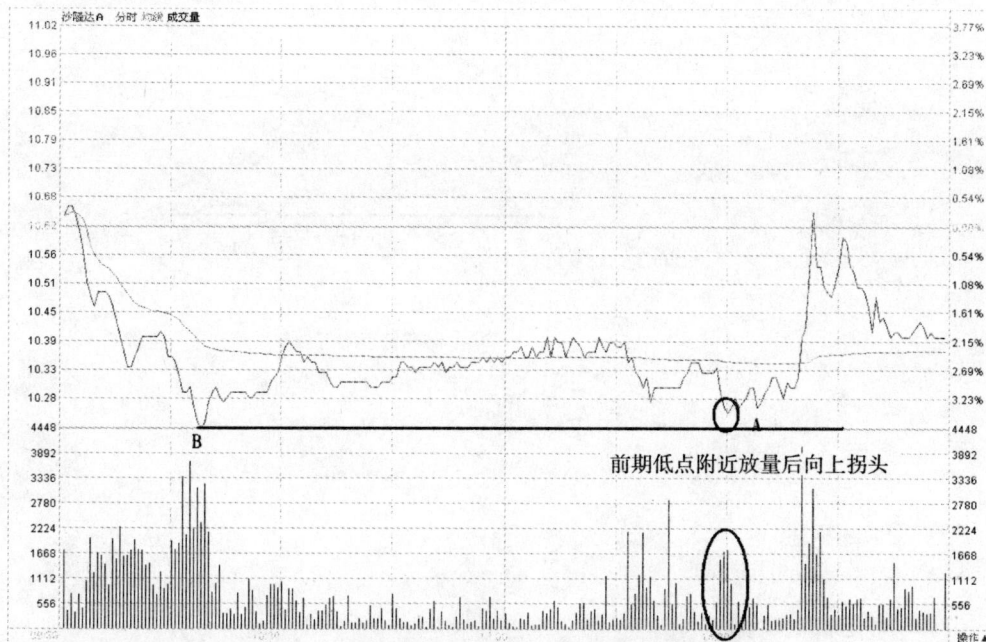

图 3-14　沙隆达 A 不破前低买入走势看盘和操盘

经典分时走势看盘和操作策略解析：如图 3-15 所示，ST 银广夏开盘之后走势曲折，成交量逐渐缩小，到了 10:30 才开始放量上扬，之后从高位回落，回落到 5.29 元附近开始窄幅整理。在这个整理区间中形成了最低点 B，然后股价在午盘开始时还是处于窄幅整理，到了 14:00 之后，股价三次跌至前期低点之上，同时成交量显著放大，所以 A 点是一个非常好的不破前低买入点。此后，股价突破此整理区间上边沿，同时成交量显著放大，此为破水平压力线买入点。

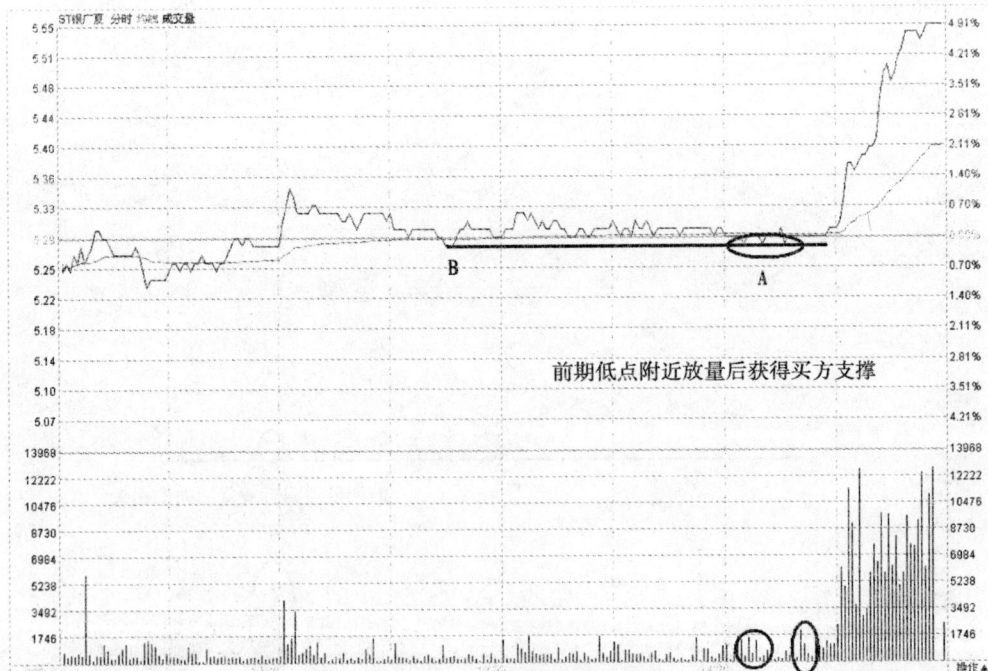

前期低点附近放量后获得买方支撑

图 3-15   ST 银广夏不破前低买入走势看盘和操盘

　　经典分时走势看盘和操作策略解析：如图 3-16 所示，昆百大 A 开盘之后下探，很快止住跌势开始拉升，拉升过程中成交量逐渐放大。在 11.90 元附近遭受到了强大阻力，但是由于均线的支撑维持在 11.75 元之上。随后股价横盘整理一个小时，在此过程中，股价形成了一个小双底 B。早盘快要结束的时候，股价开始上扬。午盘开始之后，股价逐渐回落。回落到了 B 点价位附近出现了放量，注意放量的时候，价格拐头了，而不是继续下跌，这表明 A 点是一个很好的不破前低买点。

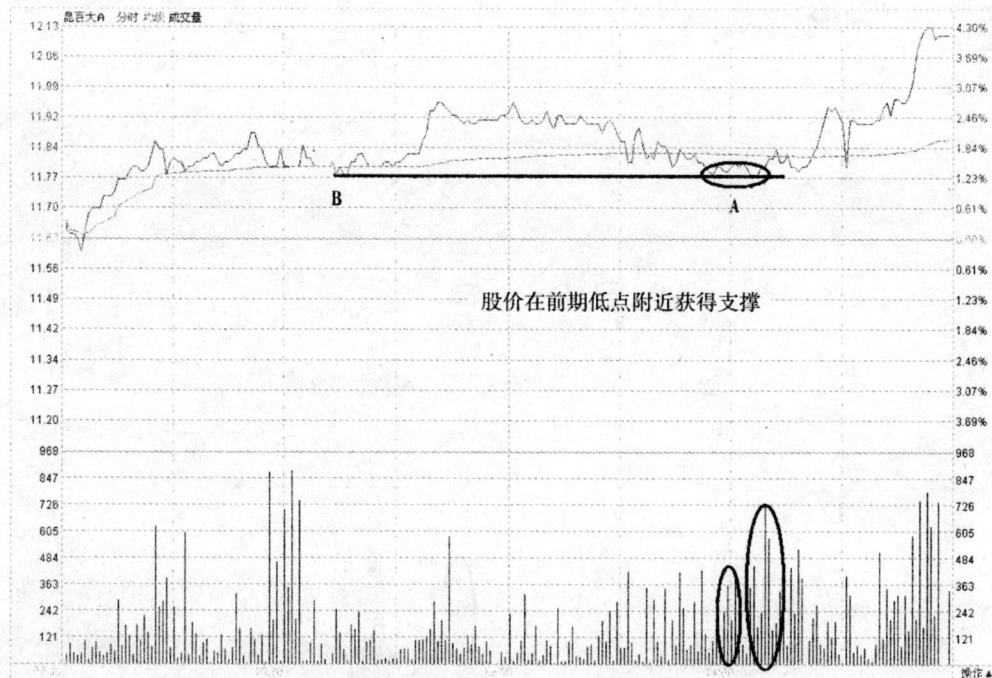

图 3-16　昆百大 A 不破前低买入走势看盘和操盘

　　经典分时走势看盘和操作策略解析：如图 3-17 所示，宏源证券开盘之后一路走跌，然后反弹，不久再度下挫，跌到 20.53 元附近出现了区间整理走势，B点是一个小双底，C 点不显著放量是一个次优的不破前低买入点，而 A 点则是显著放量的最优不破前低买入点。整体来看，股价在 20.53 元附近形成了三重底部，股价突破颈线后大幅飙升。

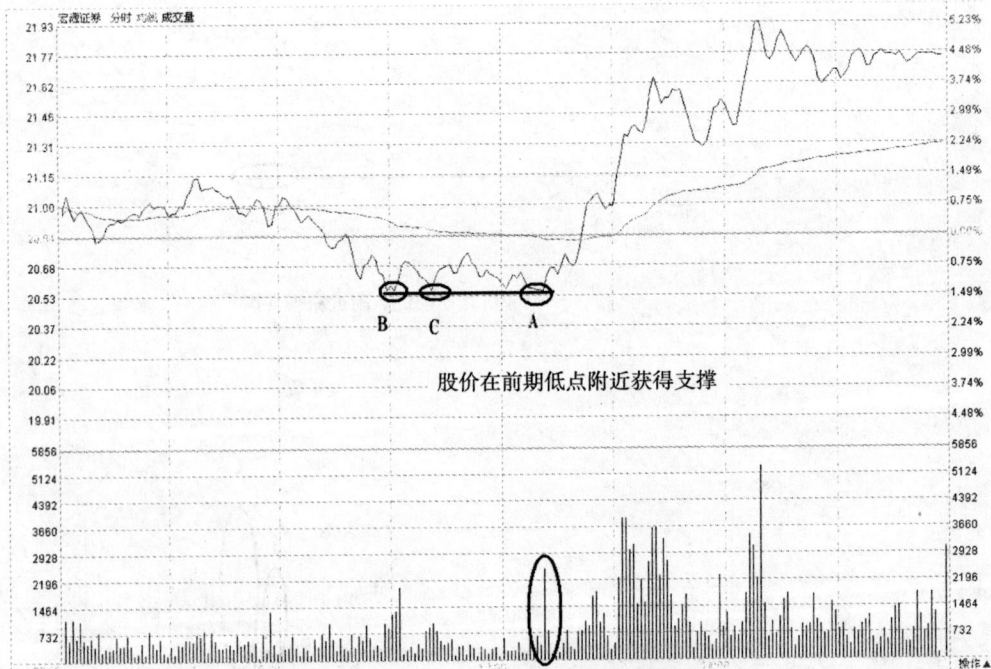

图 3-17　宏源证券不破前低买入走势看盘和操盘

经典分时走势看盘和操作策略解析： 如图 3-18 所示，西北轴承开盘之后处于上冲下洗状态，不久之后股价滑落到 9.85 元水平（B 点），然后掉头向上，上涨到 10.24 元附近下跌，当股价再度来到 9.85 元附近的时候，成交量开始放大，所以 A 点是一个比较好的不破前低买入点。注意，此后股价再度下跌（C 点），这次在前期低点附近却不是缩量跌破，这种情况下则是卖点，缩量下跌，代表需求较少导致的下跌，这点与跌破均线卖出点要区别清楚，两者的成交量特征是不一样的。

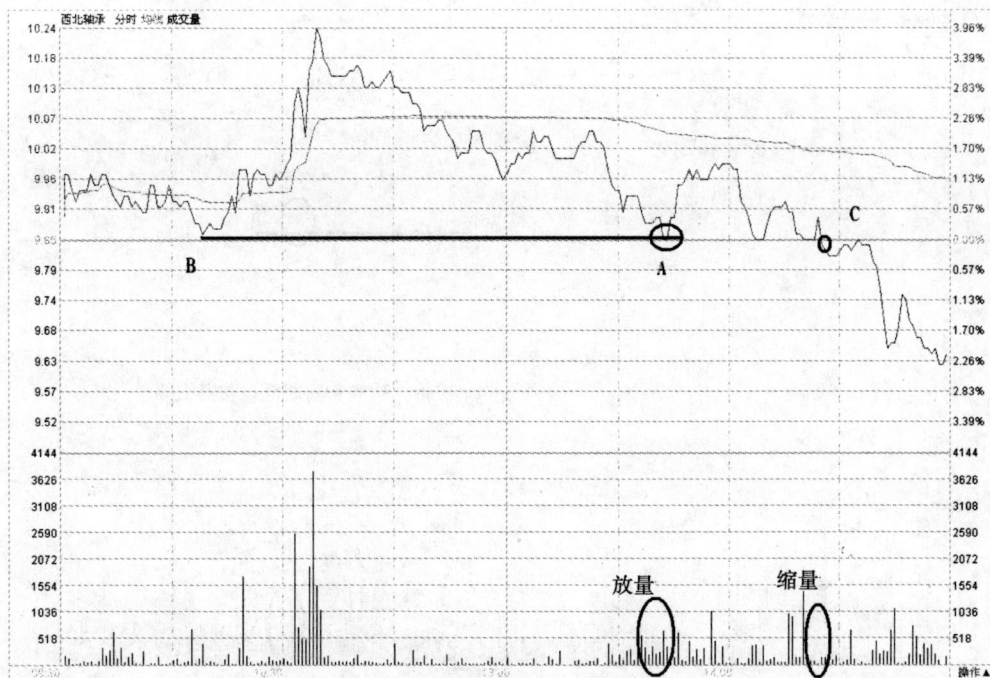

图 3-18　西北轴承不破前低买入走势看盘和操盘

　　经典分时走势看盘和操作策略解析：如图 3-19 所示，华立药业开盘之后快速上冲，然后下探，反复几次，然后下跌到 7.30 元附近，之后股价慢慢上升，在 B 点附近获得均线支撑。随后股价继续上涨然后回落，不久跌至 A 点附近获得支撑，这个支撑点既有均线支撑，又有前期低点支撑，同时成交量放大，所以这是一个不错的买入点。后市果然有很大程度的升幅。

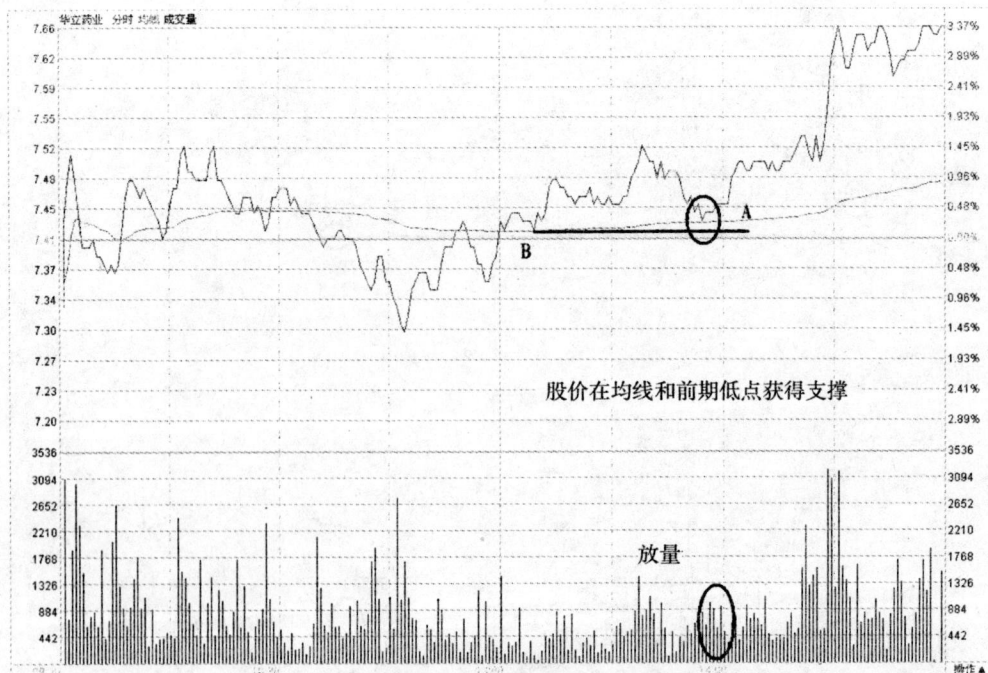

图 3-19　华立药业不破前低买入走势看盘和操盘

经典分时走势看盘和操作策略解析：如图 3-20 所示，国电南自从 22.37 元开盘价往上走，在 23.28 元附近形成整理走势，整理过程中跌到均线附近，成交量没有显著缩小，与不破均线的成交量要求相去甚远，所以不敢介入，况且是开盘半小时内。此后，股价继续上涨，然后逐步回落，午盘开始时回落到前期成交密集区附近，同时出现了放量，所以 A 点是一个很好的买点。当然，这里大家又多了一个新的技巧，那就是除了前期低点，前期股价成交密集区也是非常好的不破买点。前期股价成交密集区主要看两个方面，一个方面是成交量密集（持续放量），另一个方面是价格反复在一个区间内波动。

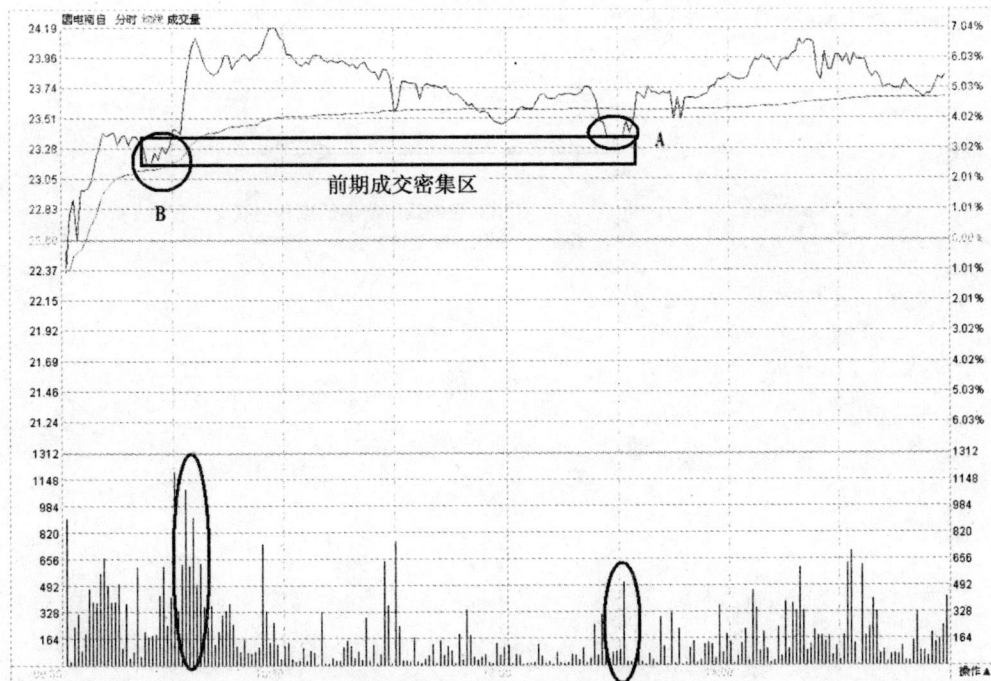

图 3-20　国电南自不破前低买入走势看盘和操盘

经典分时走势看盘和操作策略解析：如图 3-21 所示，北方股份开盘之后凭借均线支撑一路爬升，涨时放量，跌时缩量。此后股价开始在 12.64 元附近横盘整理，成交量缩小，下跌过程中形成 B 点，此后股价区间盘整，在 A 点处股价跌至均线和 B 点价位水平之上，成交量比较杂乱，但是因为形成了小双底，所以支撑还是明显的，所以 A 点是一个比较明显的买入点。

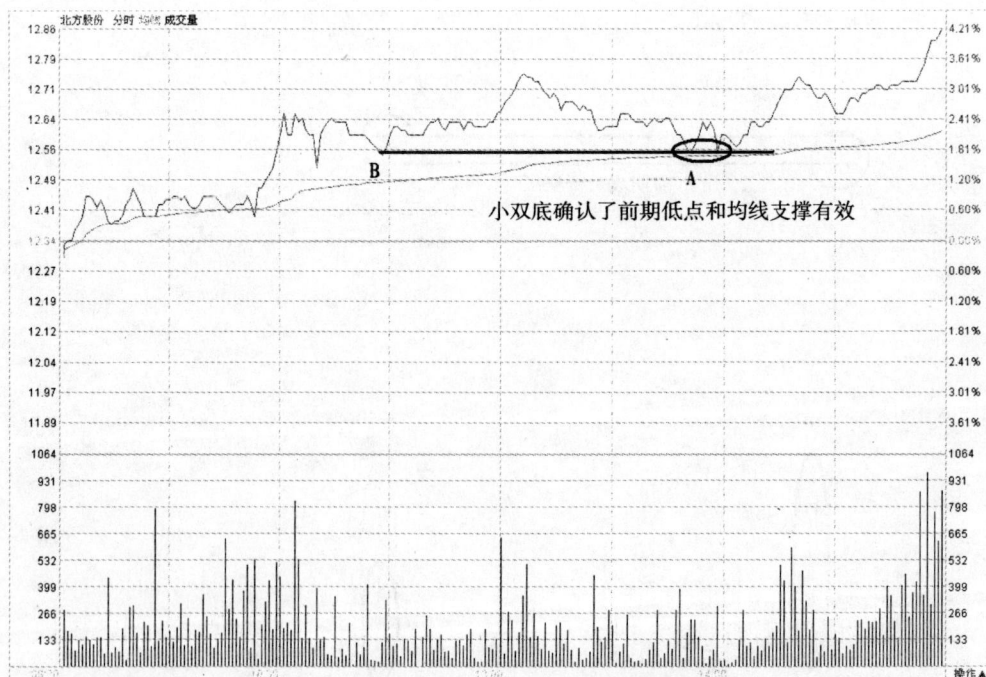

图 3-21　北方股份不破前低买入走势看盘和操盘

　　经典分时走势看盘和操作策略解析：如图 3-22 所示，开开实业开盘之后两小波下跌到 9.93 元附近，然后放量拉升，开盘半小时内上演了精彩的 V 字反转。不久之后，股价回落，在 B 点形成小双底，然后回升。午盘开盘半小时的时候，股价再次回落到 B 点价位水平附近，成交量放大，这表明在前期低点附近获得了买盘支持，所以 A 点是一个很好的买入点。

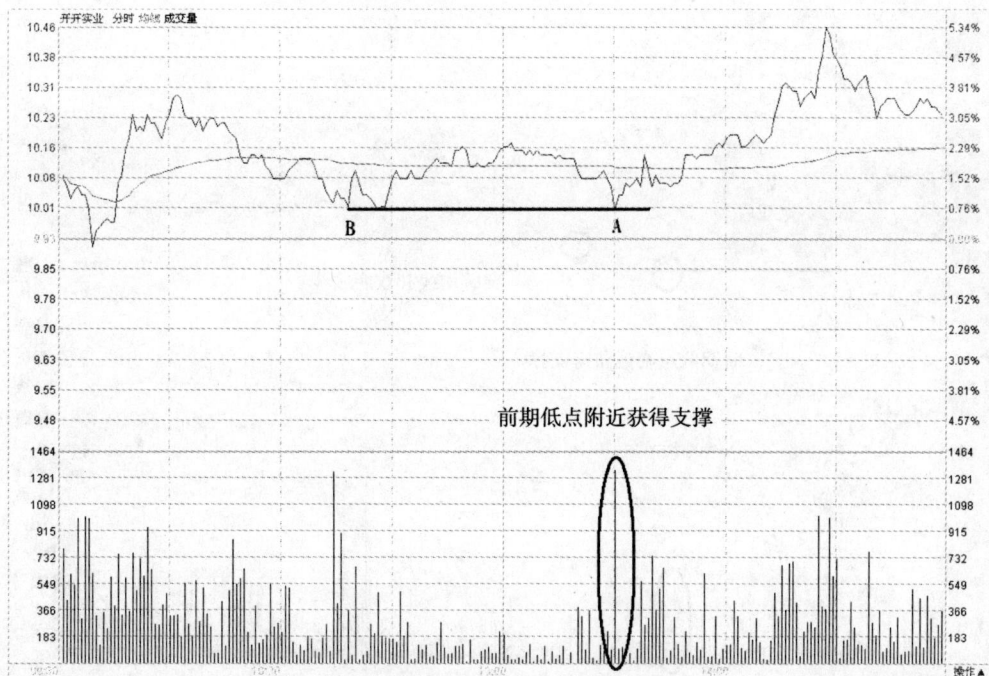

图 3-22　开开实业不破前低买入走势看盘和操盘

经典分时走势看盘和操作策略解析：如图 3-23 所示，华仪电气开盘之后跌破小平台之后稍微放量下跌，由于放量不是很大，所以可以断定主力并没有出逃，后市上涨的可能性很大。下跌低点为 B，这个点 B 附近有一些放量，表明有不少炒家进场买入。然后，股价反弹到均线附近受到阻力，于是再度下跌，在前期低点 B 价位水平拐头，同时有显著放量，所以 A 点是较好的不破低点买入点。不久之后，股价上冲均线和 AB 双底颈线，同时有放量，所以 C 点是一个较好的升破均线和形态边界买点。

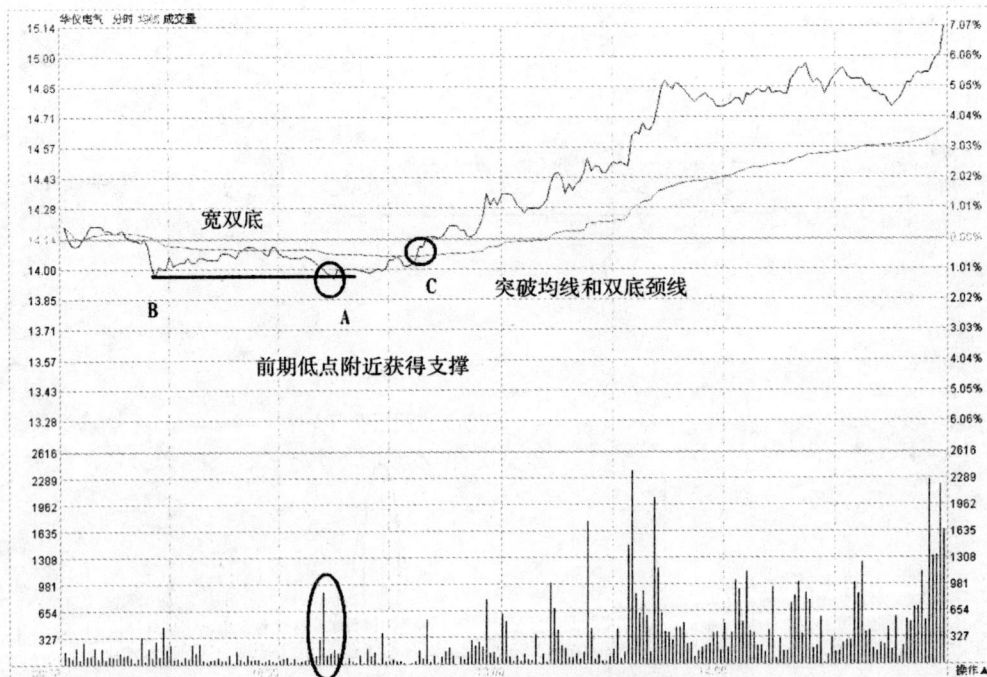

图 3-23 华仪电气不破前低买入走势看盘和操盘

    经典分时走势看盘和操作策略解析：如图 3-24 所示，三峡新材开盘就拉升到 15.47 元附近，然后形成整理三角形，之后放量升破三角形上边界，进入长期盘整状态。盘整前期构成一个价格和成交量密集区，不久股价上冲，但是成交量下跌，价量背离出现，恐怕还要跌一下。果然，股价再度下跌，在均线附近，具体而言是前期成交密集区附近拐头，同时成交量放大，所以 A 点是一个较好的买点。另外，本例中的 C 点也是一个较好的买点，大家看一下是什么理由呢？

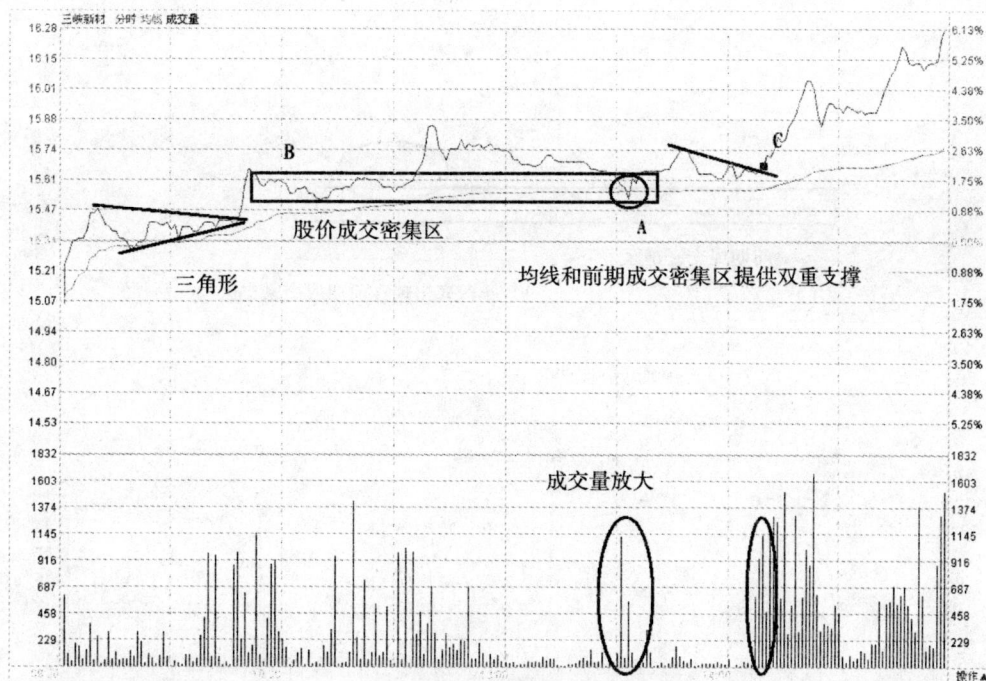

图 3-24　三峡新材不破前低买入走势看盘和操盘

经典分时走势看盘和操作策略解析：如图 3-25 所示，南化股份开盘艰难爬升了几个价位然后开始横盘整理。在早盘快要结束的时候快速拉升，这个地方存在一个重要买点，大家用笔在图上勾出来。早上尾盘的飙升在午盘开盘时转为下跌走势，下跌到前期成交密集区附近出现一个非常标准和显著的双底，虽然成交量没有显著变化，但是这也是一个值得介入的点，可以在小双底颈线被突破时买入。

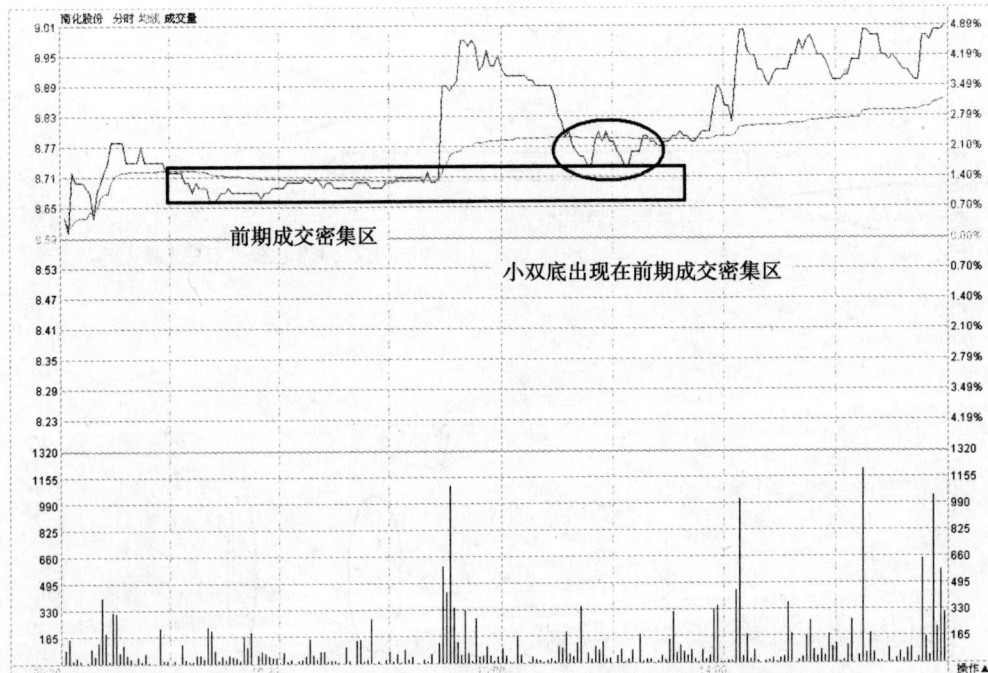

图 3-25　南化股份不破前低买入走势看盘和操盘

经典分时走势看盘和操作策略解析：如图 3-26 所示，通葡股份开盘之后上冲下洗，但是绝对波动并不大，成交量相比平常显得正常，开盘半小时内形成的高点 D 成为后来的行情发展的阻力水平，比如此后的 E 点和 F 点，以及 G 点就受制于此阻力水平。另外，早盘 10:00~11:00 出现了不标准的头肩底形态。右肩顶点为 C 点。午盘开盘后，股价从 F 点回落，跌到前期低点 C 附近拐头，同时有微弱放量，不明显，此后股价反弹后再度下跌，形成一个不标准的小双底，价格受到 CB 水平线的支撑，所以 A 点是一个较好的不破前低买点。

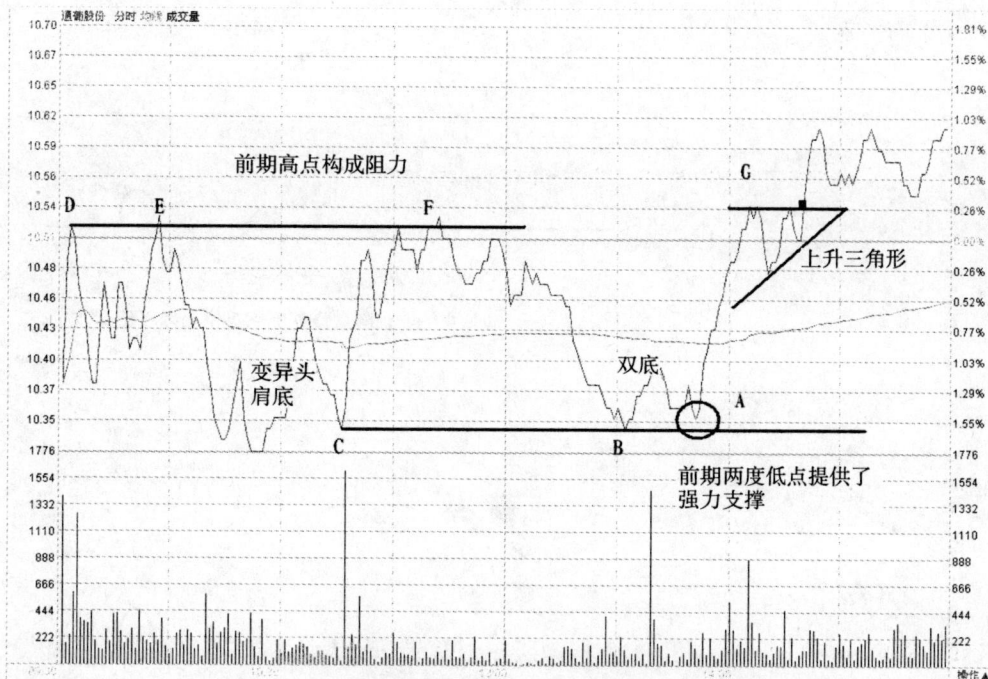

图 3-26 通葡股份不破前低买入走势看盘和操盘

经典分时走势看盘和操作策略解析：如图 3-27 所示，五洲交通开盘之后大幅拉升，成交量陡然上涨，涨幅高达 8%，开盘半小时内完成了这种大幅拉升目标，主力意图非常明显，就是吸引买盘，逐步出货，因此此后参与买入的风险较高。果然股价此后缩量下跌，这个缩量的过程非常慢，与主力控盘调整的情况存在很大差别。如果主力控盘，下跌初期放的量不应该太大。下跌形成低点 B，然后股价似乎反弹，在 B 点吸货应该不是以前的主力，可能是大户或者是散户，因为成交量放大，但没有开盘半小时内的成交量大。然后，股价反弹，成交量很小，股价也一直受制于均价。在均线之下调整一段时间之后，再度跌落到 B 点价格水平附近，同时成交量放大，说明这一线有炒家进场兜货，A 点就是一个较好的买点。

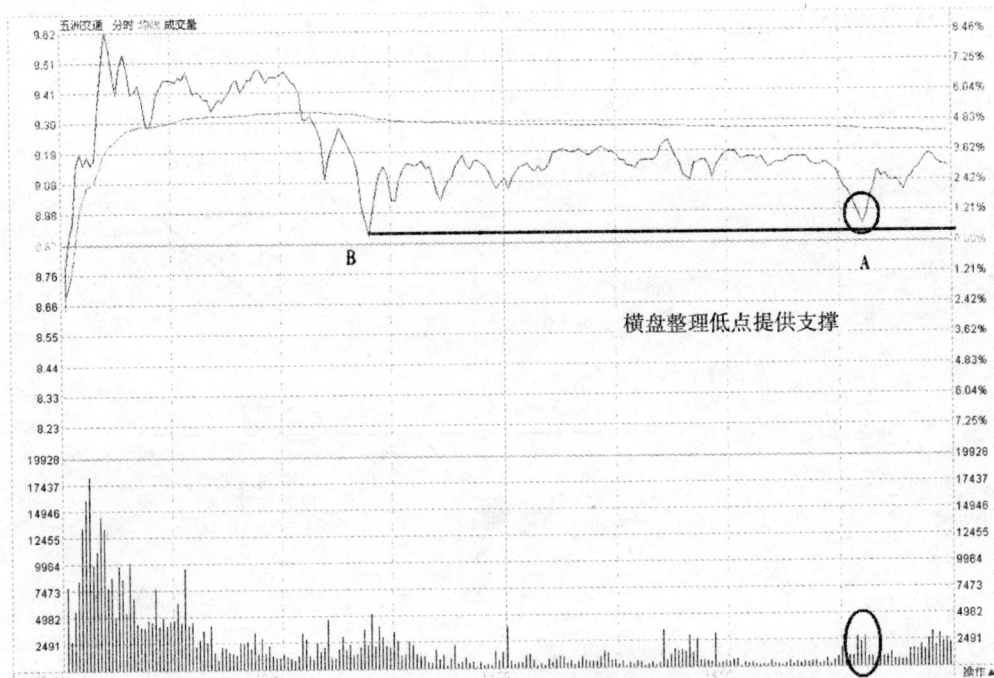

图 3-27 五洲交通不破前低买入走势看盘和操盘

星期四

第四章 分时玄机4 分时不破卖出玄机

股价反弹的时候是卖出的机会，什么是反弹，什么是上升走势，如果是K线的话，可能要容易区别得多，但是在分时走势中，则需要观察价格和均线的关系、价格和价格的关系、价格和成交量的关系。从这三个关系中，我们就可以区分绝大部分的反弹和回升。在本课中，我们着力介绍分时反弹不破均线卖点和分时不破前高卖点，这两种卖点都要求成交量相应萎缩，这点与上面一课的情况存在差别。不破均线买点要求成交量萎缩，而不破前低买点要求成交量放大；不破均线卖点和不破前高卖点都要求成交量缩小。

第一节 不破分时均线卖出

在分时下跌的情况中，每次股价反弹都是卖出和减仓的时机，也是融券做空的时机。如何鉴别反弹呢？利用均线和成交量我们就能部分做到这一点。一般而言，如果股价靠近均线就拐头，同时成交量萎缩，那么这就是很好的卖出点，这就是反弹。

　　经典分时走势看盘和操作策略解析：如图 4-1 所示，三房巷开盘之后一路走跌，在 A 点处反弹，注意这是一个小头肩顶，出现在均线之下，对应的成交量也是缩小了的，所以这是一个卖点。不久成交量在 7.19 元附近横盘整理，然后放量跌破此小平台，B 点是一个跌破水平支撑的卖出点，此后 D 点是一个反弹高点，同样缩量，所以也是反弹不过均线卖点。不久之后 C 点则受到 D 点价位和均线的双重阻挡，相应成交量缩小，这是一个反弹卖点。

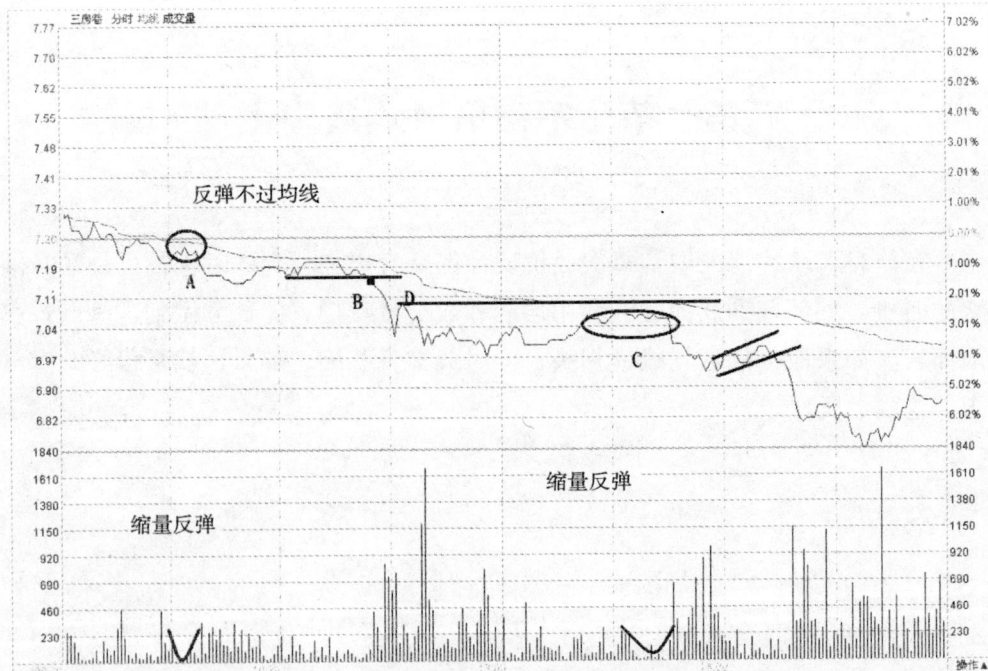

图 4-1　三房巷不破分时均线卖出走势看盘和操盘

经典分时走势看盘和操作策略解析：如图 4-2 所示，新世界开盘之后不久就形成一个显著的小双顶，这一线构筑了强大的抛压。小双顶形成后不久股价大幅下跌，跌至 16.62 元附近开始上涨，上涨到均线附近形成不明显的三重顶，同时对应的成交量也缩小了，所以 A 点是一个不破分时均线卖出点。

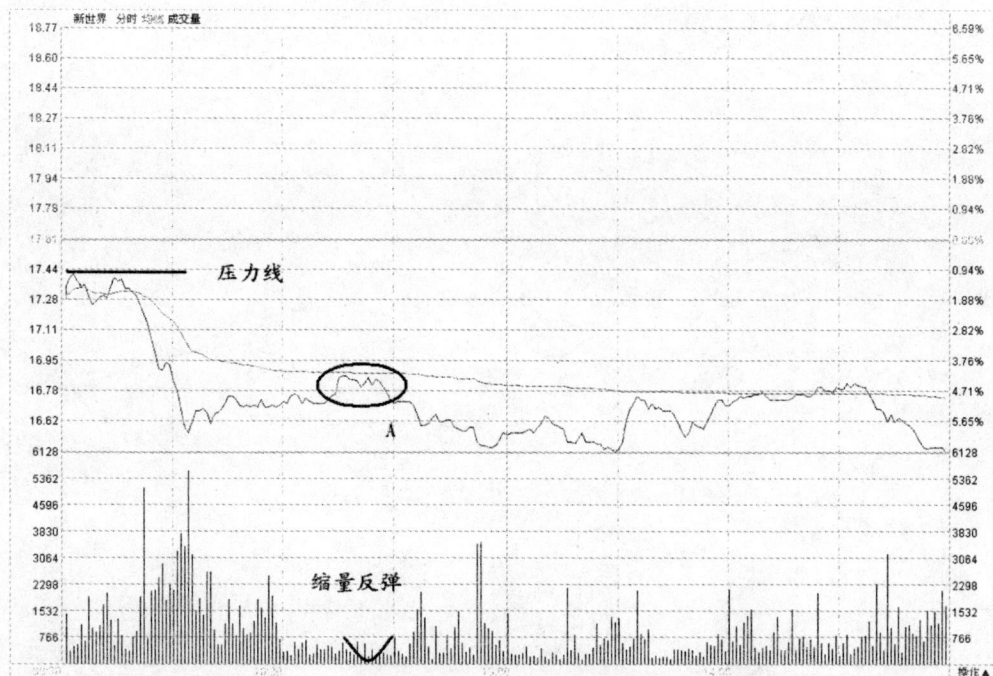

图 4-2　新世界不破分时均线卖出走势看盘和操盘

经典分时走势看盘和操作策略解析：如图4-3所示，外高桥开盘的时候价格走势很曲折，跌时放量涨时缩量，不久构成了小双顶，这个小双顶在16.90元附近，股价很快回落，股价下跌到开盘前期低点16.56元附近后开始上涨。上涨到均线附近拐头，同时成交量萎缩，所以A点是一个很好的反弹不破卖点。此后，股价在午盘发展过程中又形成了一些形态，其中涉及一些关键点，大家可以自己结合前面教授的知识揣摩。

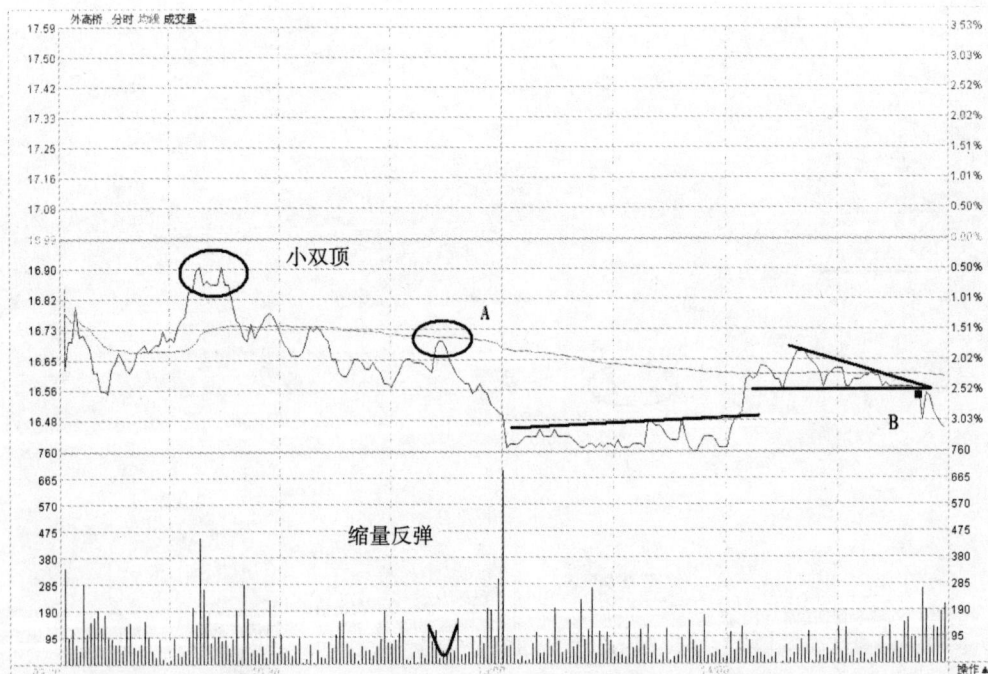

图4-3　外高桥不破分时均线卖出走势看盘和操盘

经典分时走势看盘和操作策略解析：如图 4-4 所示，ST 珠峰开盘之后一路下挫，走走停停，早盘股价整体呈现下跌走势。午盘开始，股价继续下跌，然后反弹形成小双顶，注意小双顶对应的成交量缩小，所以 A 区域附近是很好的卖出点。不久股价在 14.61 元附近窄幅整理，期间成交量稀疏，随后股价放量跌破此整理区间下边沿，B 点也是一个非常好的卖出点。

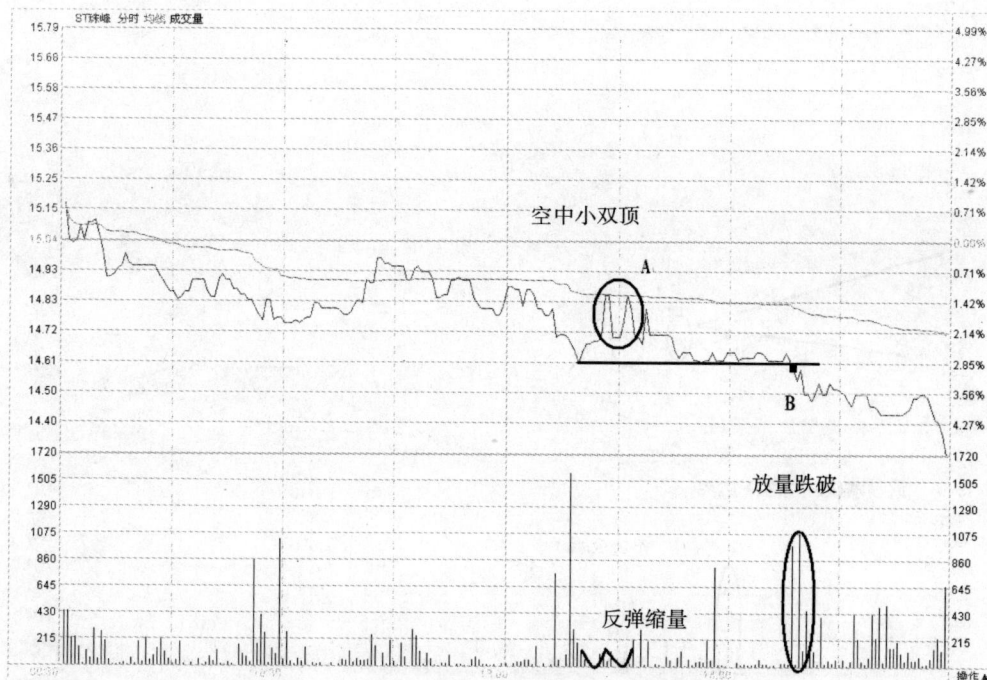

图 4-4　ST 珠峰不破分时均线卖出走势看盘和操盘

经典分时走势看盘和操作策略解析：如图 4-5 所示，国阳新能开盘之后一路下挫，然后股价振幅逐渐收缩，在开盘一小时内形成一个三角形。10:30 股价放量跌破此三角形下边界，于是 C 点为一个非常好的卖出点。此后，股价两次反弹到均线附近，期间都伴随着缩量，所以 A 点和 B 点是两个非常好的卖出点。

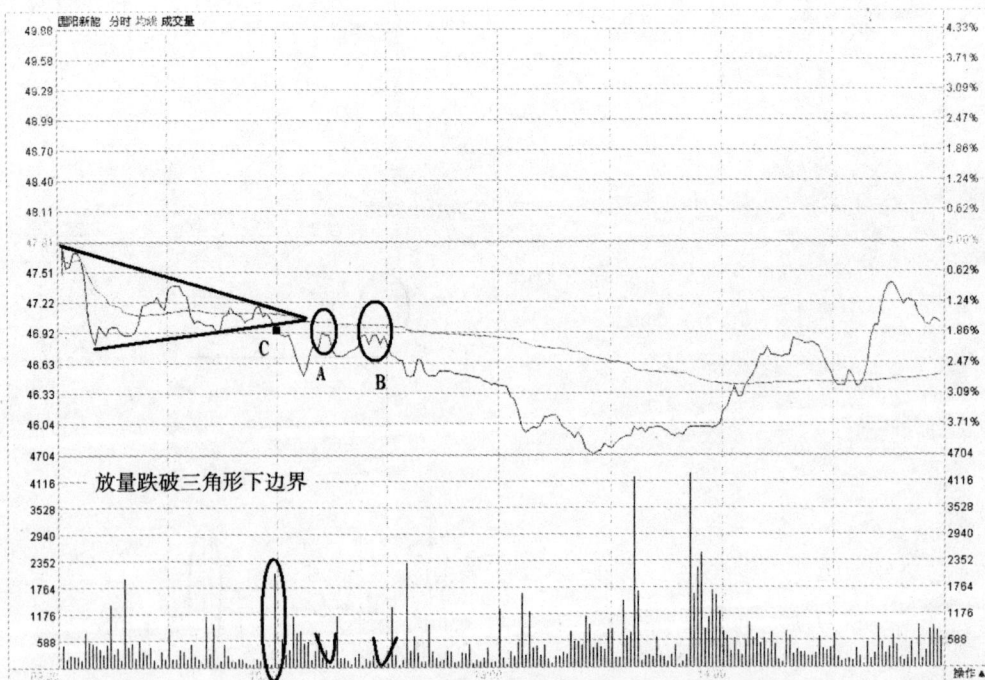

图 4-5　国阳新能不破分时均线卖出走势看盘和操盘

经典分时走势看盘和操作策略解析：如图 4-6 所示，恒丰纸业开盘半小时成交量与平时相比还算比较正常，股价开盘后一路阴跌，连一次像样的反弹都没有，由于成交量没有萎缩，可以断定是主力在出货，后面走势不容乐观。股价在 10:40 左右又一次反弹，这次反弹的高点是 B，成交量也相应地萎缩，所以这是一个很好的卖出点。股价再度下跌，然后在午盘 13:30 左右形成一个新的反弹，股价达到均线附近拐头，成交量也缩量，所以 A 点也是一个很好的卖出点。

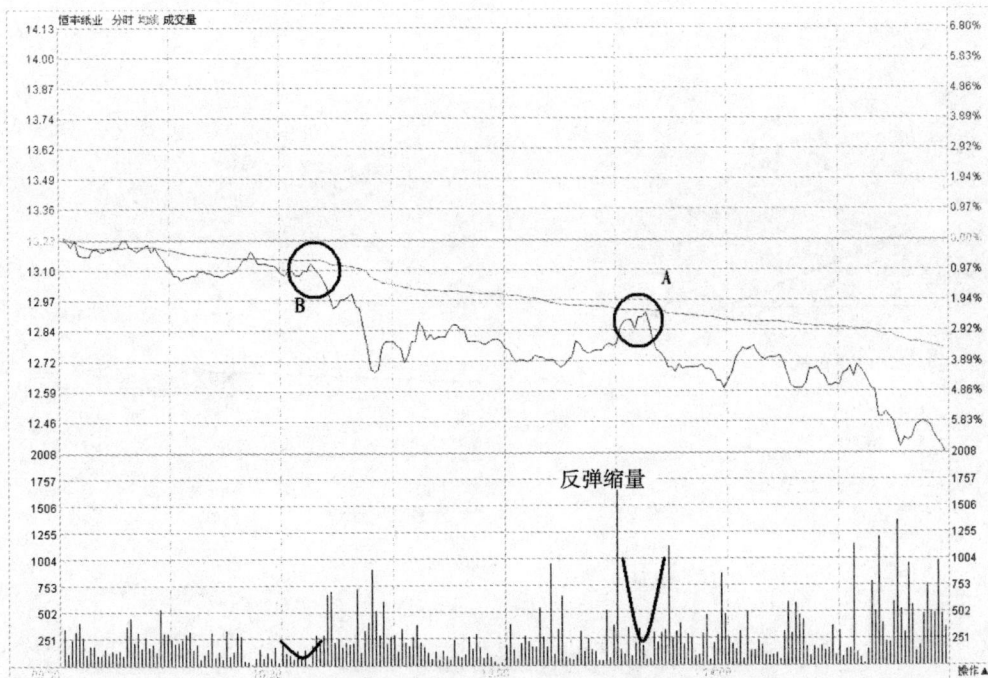

图 4-6　恒丰纸业不破分时均线卖出走势看盘和操盘

经典分时走势看盘和操作策略解析：如图 4-7 所示，新农开发开盘之后呈现三角形收敛走势，不久跌破此下降三角形（下降三角形是下边界水平，上升三角形则是上边界水平），下降趋势形成。开盘放量很大，下跌过程中成交量逐渐缩小，下跌有阶段性的放量，可能是主力盘跌出货，但幅度不大以免引起散户的注意。股价在 10:45 左右反弹到均线附近，缩量不明显，所以单就 A 点而言，这不是一个很好的卖点，但是结合此前开盘放量以及跌破三角形等情况来看，A 点还是可以作为一个合格的卖点。午盘开始之后，股价一直在 20.21 元附近整理，在 14:30 放量跌破此整理区间下边水平支撑，同时有放量，所以 B 点是一个不错的卖出点。

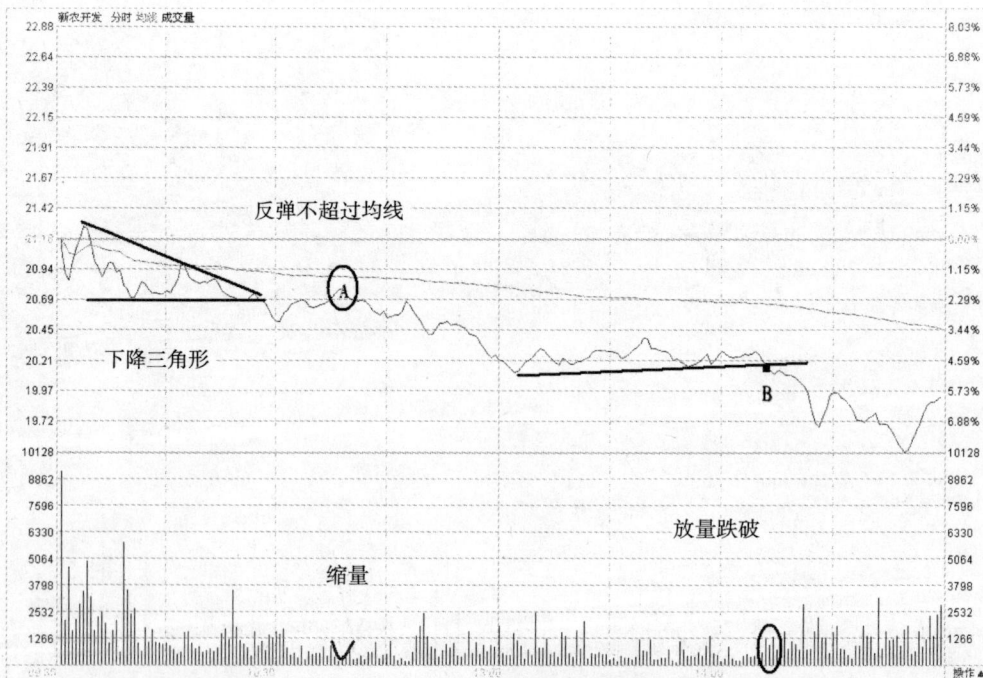

图 4-7　新农开发不破分时均线卖出走势看盘和操盘

经典分时走势看盘和操作策略解析：如图 4-8 所示，华联综超开盘之后向上试探，形成小双顶之后快速回落，一般而言开盘半小时内我们不操作，所以 C 点的小双顶颈线被跌破我们也没有准备参与。但是从这个信息看，我们知道了此股属于弱势，后市继续看跌。股价下跌图中放出更大的量，这是主力出货的典型特征，放量下跌后主力又利用散户不肯割肉的心理，支撑住股价以便为下次出货做好准备。股价企稳后散户忍不住进场补仓，股价反弹到均线附近，反弹缩量，所以 A 点是一个很好的卖出点。反弹结束之后，股价继续下跌，准确讲是阴跌，下跌幅度很小，一直很难觉察，不久股价放量跌破水平支撑位置，B 点是一个很好的卖出点。

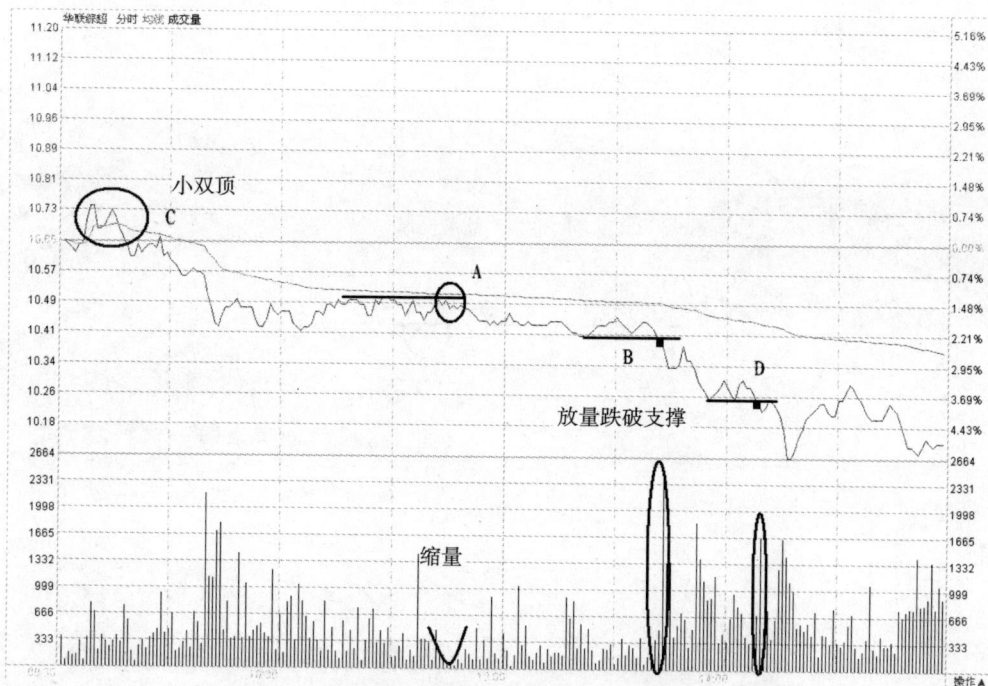

图 4-8 华联综超不破分时均线卖出走势看盘和操盘

经典分时走势看盘和操作策略解析：如图 4-9 所示，万向德农开盘成交量稀疏，但是股价却小幅向下挪动，然后在 12 元附近形成横盘走势，一度有拉升迹象，吸引散户注意。整个早盘股价都维持一种快要拉升的假象。午盘一开盘股价就大幅下跌，之后快速反弹到均线附近，但是却没有成交量相应的放大，所以 A 点是一个很好的卖出点。

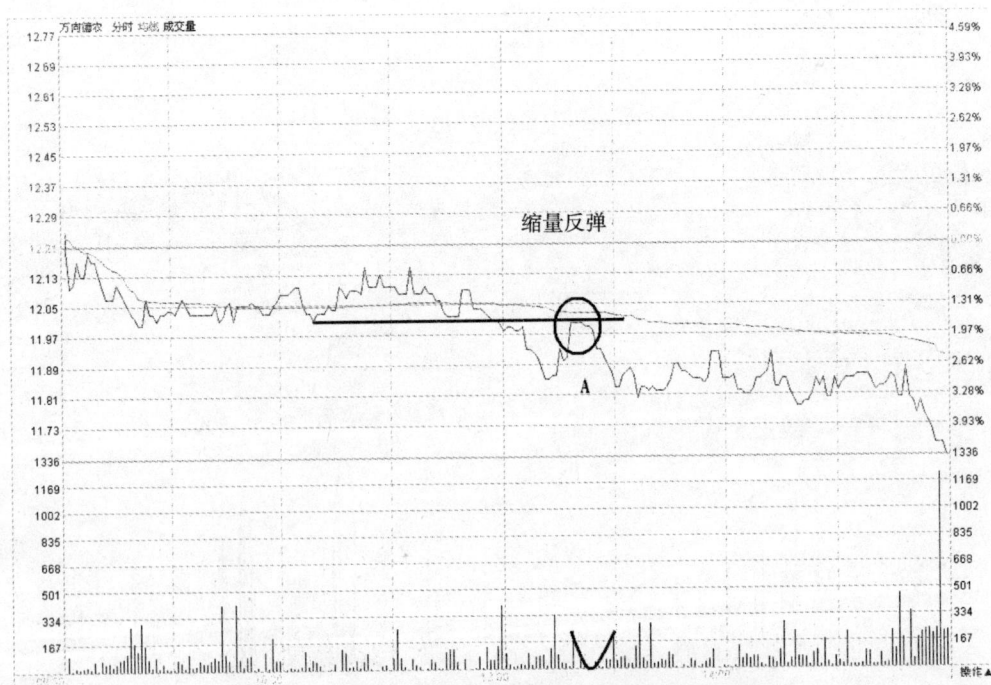

图 4-9　万向德农不破分时均线卖出走势看盘和操盘

　　经典分时走势看盘和操作策略解析： 如图 4-10 所示，欣网视讯开盘缩量，但是下跌却放量，主力有出货的嫌疑。当成交量萎缩之后，股价开始回升，看来主力抛盘减轻之后，散户买盘还是相对较大的。不久股价在 C 点形成小双顶。然后，股价开始横盘整理，午盘开始再度下跌。下跌到前期小双底附近出现反弹，反弹出现小头肩顶，相应的成交量缩小，所以 A 点是一个较好的卖出点。

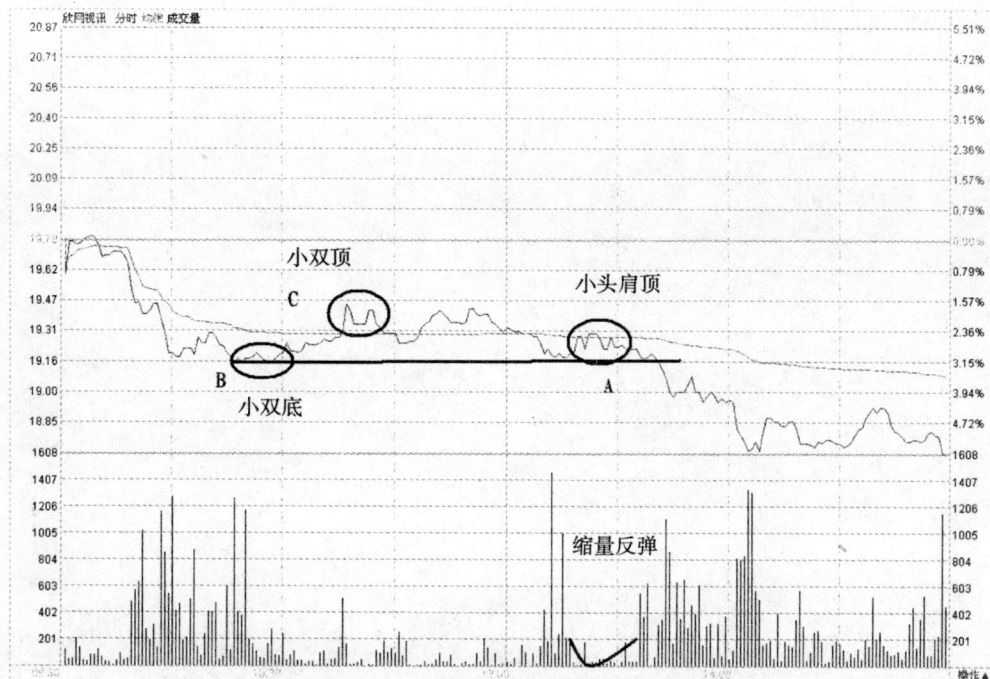

图 4-10　欣网视讯不破分时均线卖出走势看盘和操盘

　　经典分时走势看盘和操作策略解析：如图 4-11 所示，国电南瑞跳空高开，引起买盘兴趣，随后大跌，然后再拉升，开盘之后股价形成对称三角形，也就是上下边界都是斜线的三角形。不久，股价跌破三角形下边界，放量跌破，然后股价快速回抽，在均线附近拐头，反弹时缩量。无论是跌破点，还是反弹高点都是很好的卖出点。后市该股大幅走低。

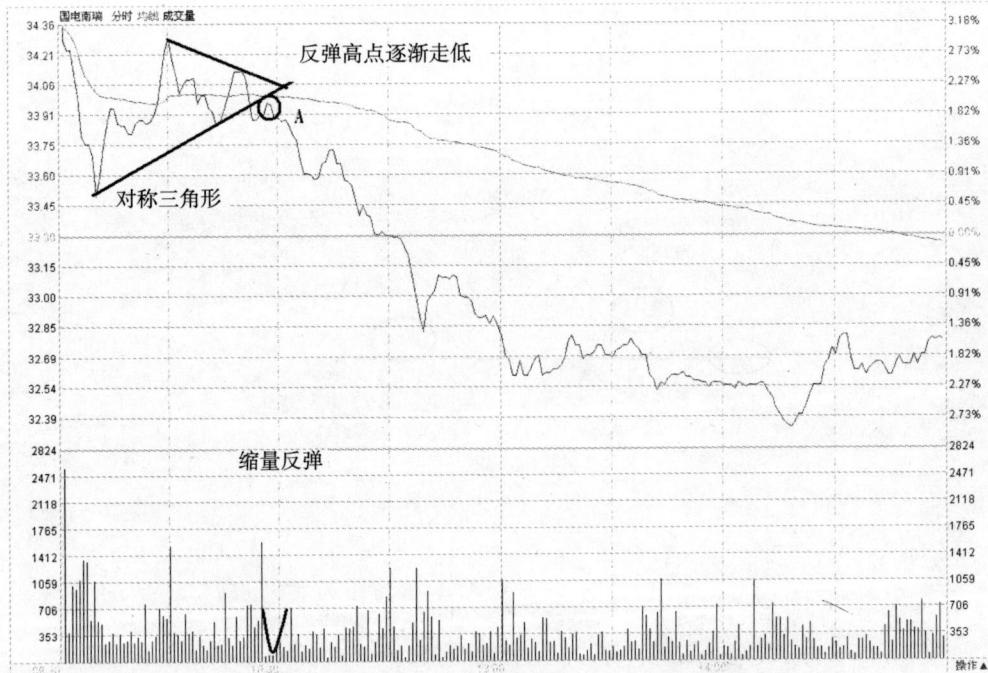

图 4-11　国电南瑞不破分时均线卖出走势看盘和操盘

　　经典分时走势看盘和操作策略解析：如图 4–12 所示，中远航运开盘后快速上攻，但很快就被前日收盘价附近的卖盘打压，之后股价曲折下跌，随后反弹，然后在开盘价之下几次试图上攻均告失败。早盘快要结束的时候，股价开始再度下跌，午盘开始股价继续下跌，然后股价有一波缩量上涨，但是一到均线和前期低点附近就止步拐头了，这个地方是一个很好的卖出点。

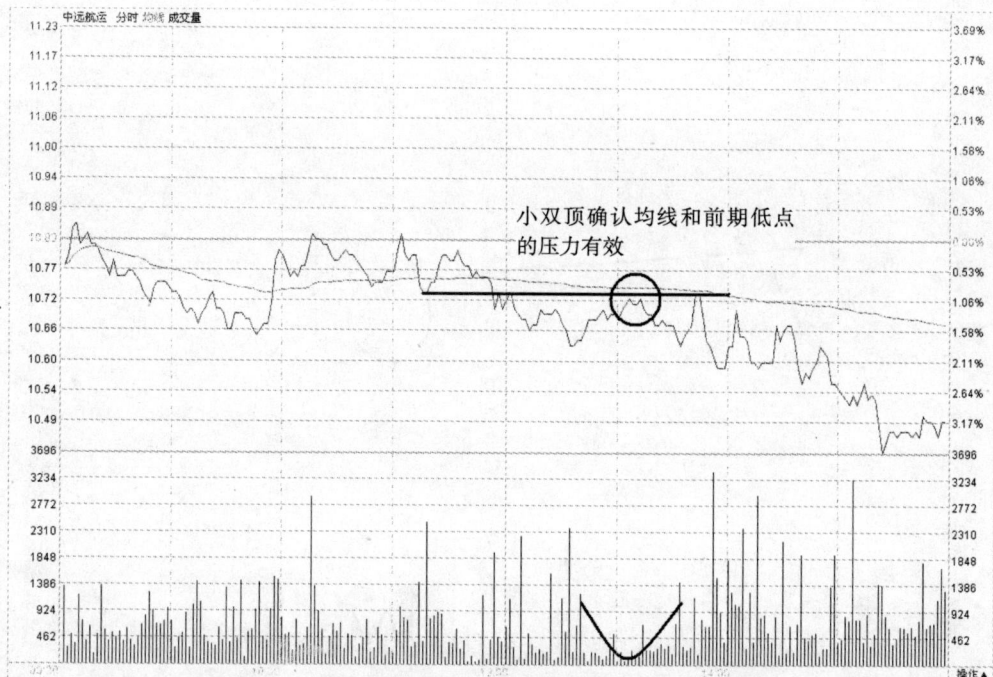

图 4–12　中远航运不破分时均线卖出走势看盘和操盘

　　经典分时走势看盘和操作策略解析：如图 4-13 所示，涪陵电力开盘之后快速下跌，但是成交量却比较小，然后一笔很大的主动性买单将股价往上抬，由此来看是主力想出货，但是没有多少人愿意接盘，所以成交量不大股价却直线下跌，而主动性买单拉抬是为了吸引买单。此后，股价横盘整理，买单增加同时成交量放大，主力压着出货量，并将股价维持在 9.8 元附近。到了早盘快要结束的时候，股价放量跌破三角形下边界。放量跌破点 A 是一个很好的卖出点。股价跌到 9.5 元附近开始反弹，反弹明显缺量，而且在均线附近形成了双顶，所以这是一个很好的卖出点。

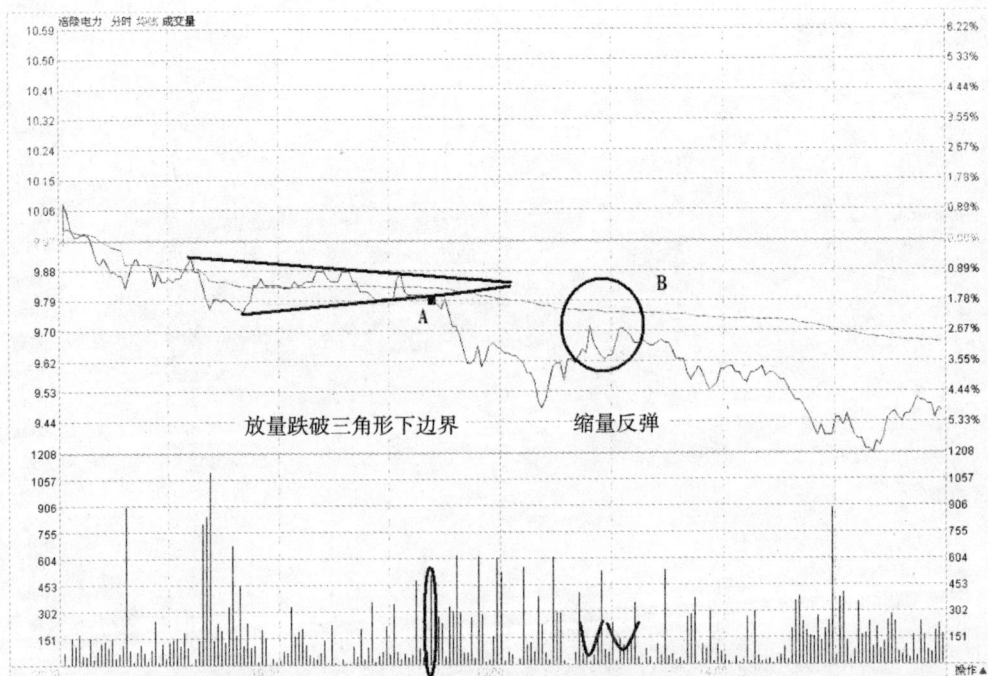

图 4-13　涪陵电力不破分时均线卖出走势看盘和操盘

第二节　不破前高卖出

分时走势中前期比较重要的高点，也就是说比较显著的高点往往会成为后市股价的阻力水平，在下跌趋势形成之后，股价的反弹往往会止步于这些前期高点水平之下，相应的成交量也是萎缩的。一旦你看到了具备这两个特征的股价走势，那么你就应该毫不犹豫地卖出。

经典分时走势看盘和操作策略解析：如图 4-14 所示，福建南纺跳空低开，开盘后走势不愠不火，成交量逐渐缩小，股价形成一个三角形，股价在 B 处形成一个高点。股价反弹到 B 点附近的时候，成交量缩小，这表明买家到这个位置后后劲不足，所以 A 点是一个不破前高的卖点。不久之后，股价跌破此三角形下边界，下跌过程有显著放量，所以 C 点是一个不错的跌破形态边界卖出点。

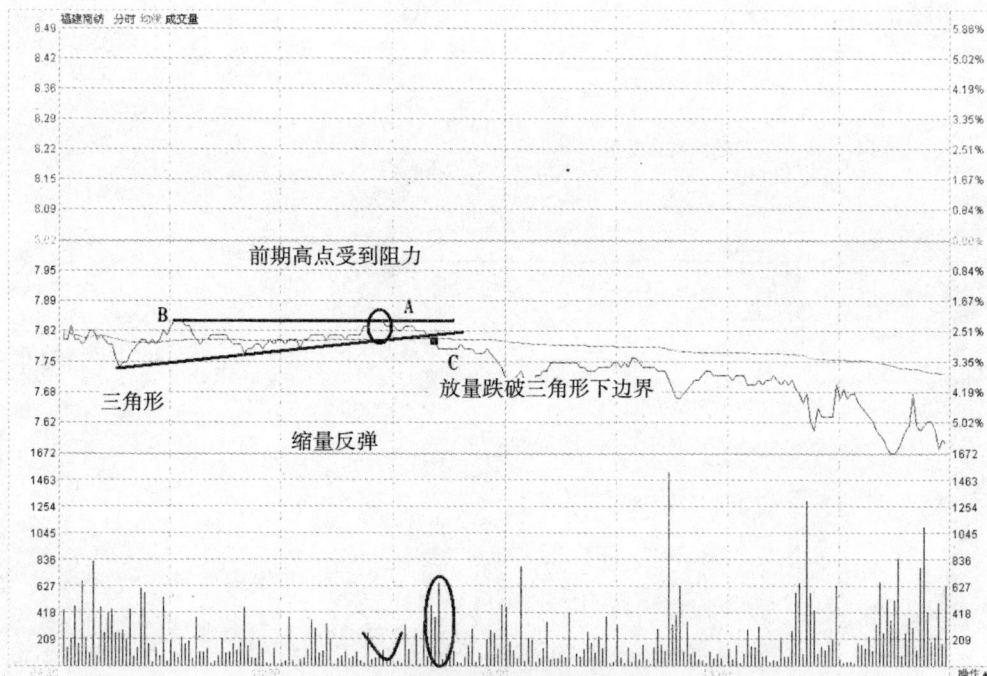

图 4-14　福建南纺不破前高卖出走势看盘和操盘

经典分时走势看盘和操作策略解析：如图 4-15 所示，亨通光电开盘之后，股价小幅滑落到 30.89 元这个价位，形成三重底部之后放量上拉，形成高点 B，股价回落到开盘价附近。然后股价第二次来到 B 点价位水平，但是对应的成交量却显著缩小，所以 A 点是一个很好的卖出点。整个早盘，股价都维持在开盘价附近。午盘开始之后，股价开始下跌，最终在 C 点跌破了前期三重低点形成的支撑，同时跌破的时候成交量显著放大，所以 C 点是一个较好的卖出点。

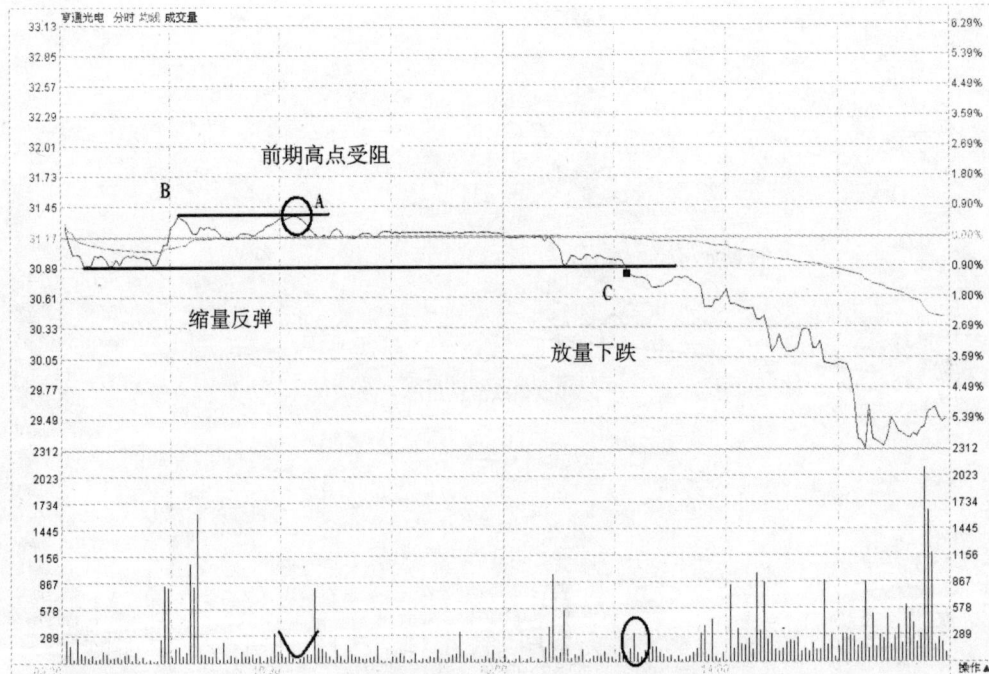

图 4-15　亨通光电不破前高卖出走势看盘和操盘

经典分时走势看盘和操作策略解析：如图 4-16 所示，黑牡丹开盘之后，下探成功进而上攻，但是很快夭折，再度下跌，跌破前期低点。10:00~10:30 股价形成三角形，股价放量跌破此三角形，所以 C 点是较好的卖出点。午盘的时候，股价反弹到前期高点附近，出现了小双顶，同时成交量萎缩，所以 B 点是一个不错的卖出点。最终午盘也成为一个长三角形，收盘前放量跌破此形态下边界，所以 D 点也是一个不错的卖出点。

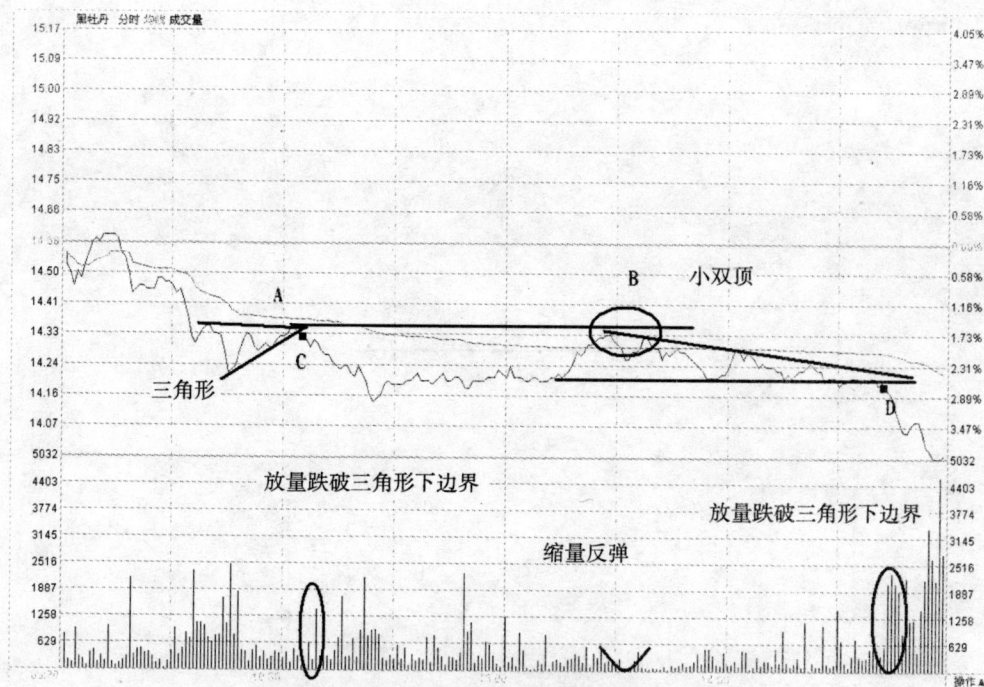

图 4-16　黑牡丹不破前高卖出走势看盘和操盘

经典分时走势看盘和操作策略解析：如图 4-17 所示，置信电气向下跳空开盘，股价放量下跌，后市看跌。中间股价反弹，在均线附近形成高点 A，此后，股价每次反弹到这个价位都会拐头，同时成交量也是萎缩的，所以此后的 B 点、C 点和 D 点都是比较好的卖出点。

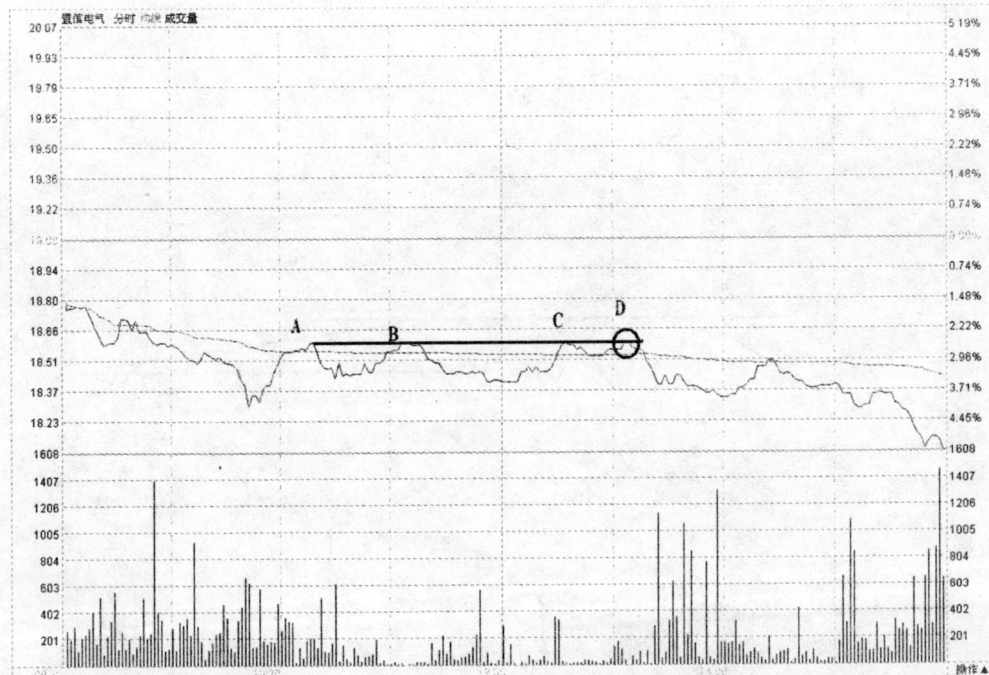

图 4-17　置信电气不破前高卖出走势看盘和操盘

　　经典分时走势看盘和操作策略解析：如图 4-18 所示，新疆城建开盘半小时内就形成了对称三角形，然后股价上行，但是成交量却没有显著放大，显得上攻无力。随后股价在开盘价之下盘整，形成高点 C，然后继续盘整，A 点处股价反弹到前期高点附近就拐头了，但是成交量缩小却不显著，所以 A 点并不是一个可靠的卖出点。到了午盘 13:30 左右，股价跌破了此长三角形下边界，跌破的时候成交量放得相当大，相当于天量，此后股价一落千丈。

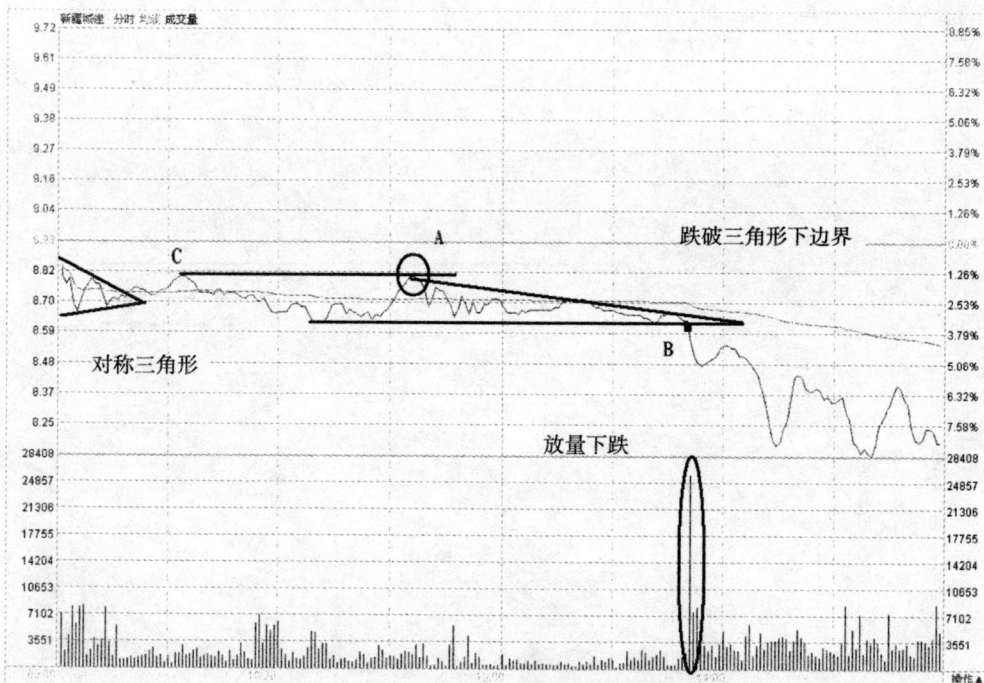

图 4-18　新疆城建不破前高卖出走势看盘和操盘

　　经典分时走势看盘和操作策略解析：如图 4-19 所示，九龙山开盘之后，一路下跌。大幅下跌之后，股价呈 V 字形反转，形成了高点 B，这个价位恰好是开盘价，这表明卖压沉重。午盘股价下跌后再度反弹到开盘价附近，然后出现三重顶，同时成交量缩小，所以这个形态出现之后是较好的卖出点。此后，放量跌破矩形低点，因此 C 点也是一个很好的卖出点。

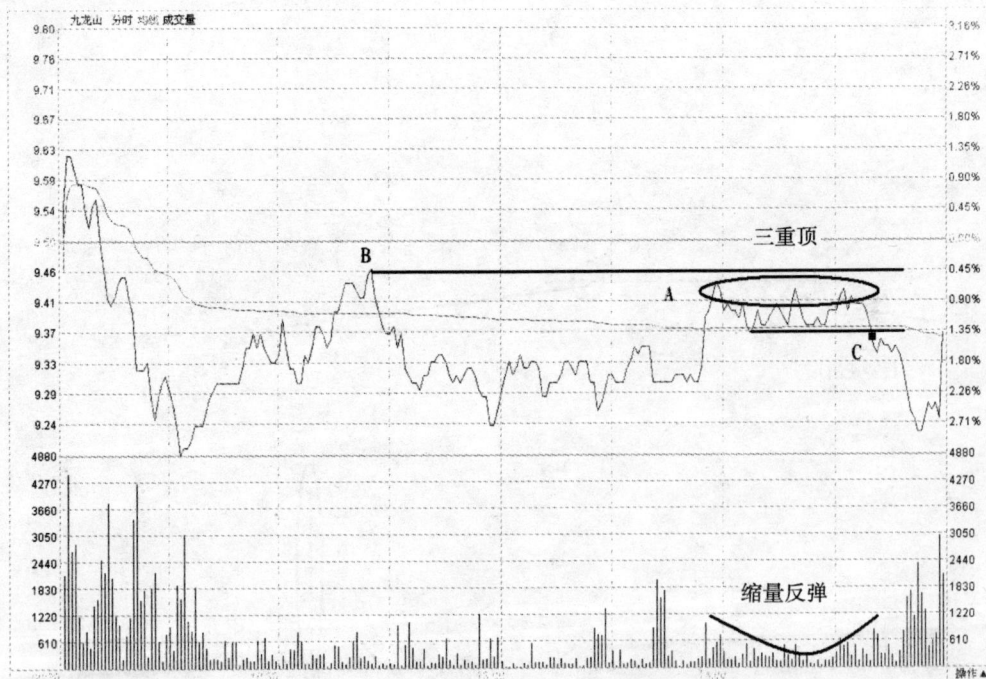

图 4-19　九龙山不破前高卖出走势看盘和操盘

经典分时走势看盘和操作策略解析：如图 4-20 所示，ST 兴业开盘之后，早盘走势形成一个对称三角形，此后股价跌破此三角形下边界。股价跌破三角形之后，很快回测均线，形成高点 C。午盘开盘之后，股价反弹到均线和前期高点 C 价位水平附近，对应的成交量缩小，所以 B 点是一个很好的卖出点。

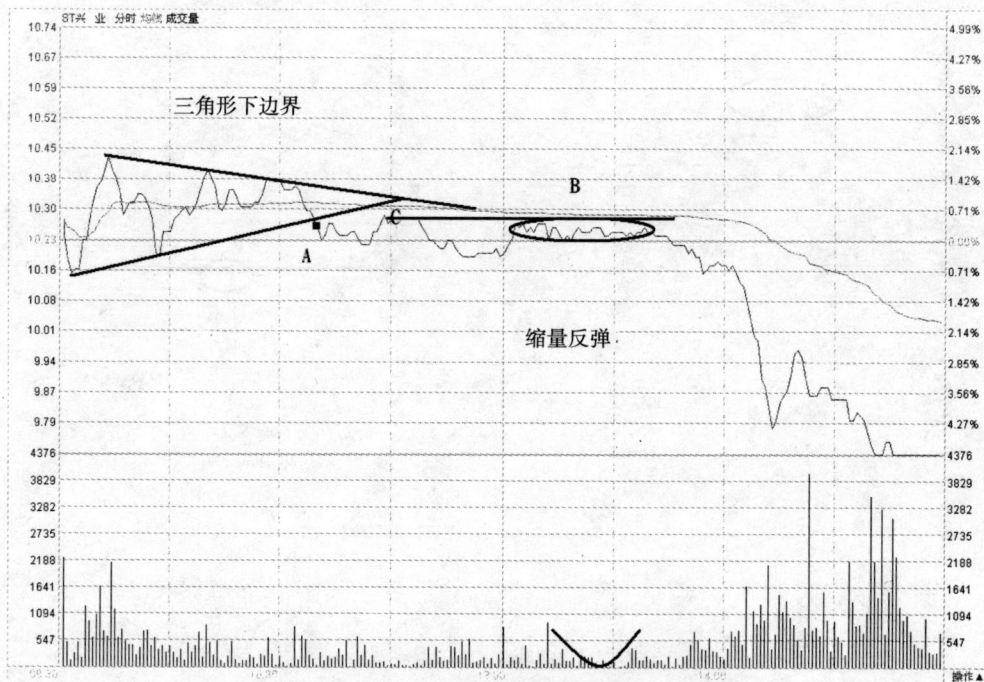

图 4-20　ST 兴业不破前高卖出走势看盘和操盘

经典分时走势看盘和操作策略解析：如图4-21所示，东软集团开盘之后显示下探，成交量稀疏，此后随着放量，股价大幅向上。在26.9元附近形成双顶之后，股价大幅下跌，跌势一直延续到午盘。午盘中形成高点A，此后，股价再度反弹到A点价位水平，同时成交量缩小，所以B点是一个较好的卖出点。

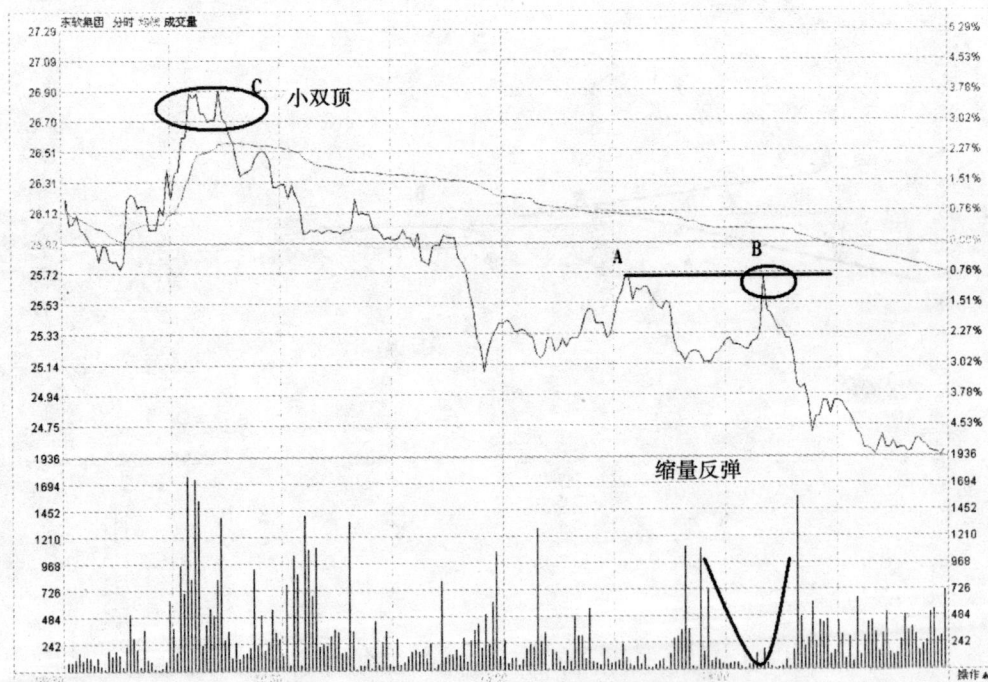

图4-21　东软集团不破前高卖出走势看盘和操盘

经典分时走势看盘和操作策略解析：如图 4-22 所示，*ST 鲁北开盘之后陡直下挫，然后反弹，但是反弹明显缩量，此后股价再度下跌，形成小双顶，成交量脉冲式放大，代表有买家入场，股价回升。午盘时，股价形成高点 B，然后股价反弹到 B 点价位水平之下，对应成交量萎缩，所以 A 点是一个较好的卖出点。

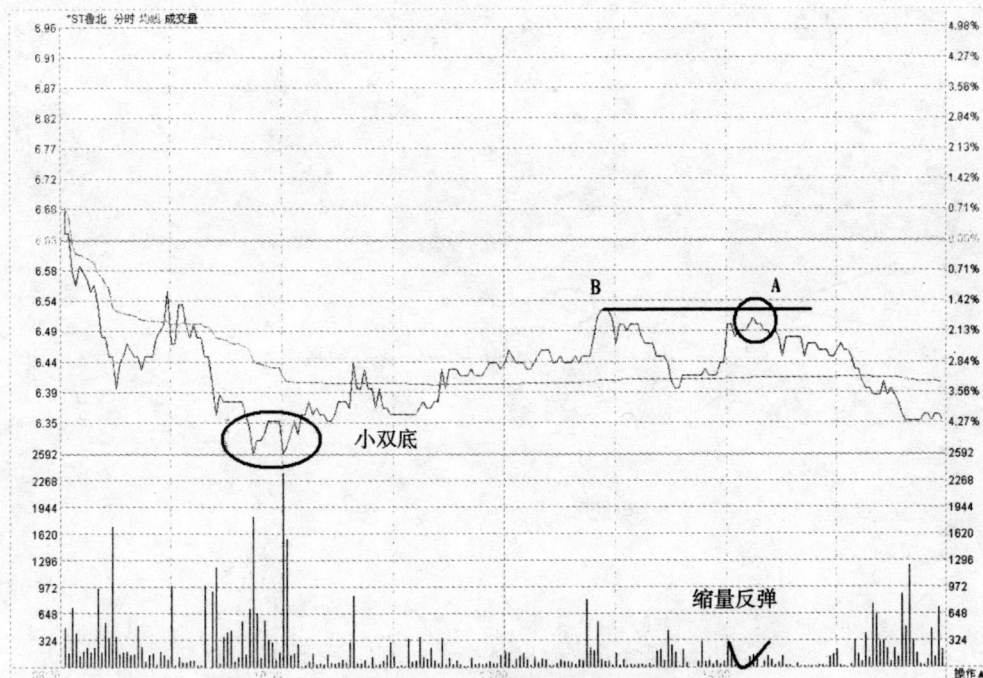

图 4-22   *ST 鲁北不破前高卖出走势看盘和操盘

经典分时走势看盘和操作策略解析：如图 4-23 所示，锦江股份从高点下跌，成交量相对平常比较正常，加速下跌过程中有放量特征，主力可能在出逃。开盘形成的三角形在 C 点被放量跌破，这意味着市场非常恐慌。此后，股价在主力控制下逐步放缓跌势，进行横盘整理。反弹到 B 点，股价拐头，成交量萎缩，所以 B 点是一个很好的卖出点。此后的 D 点是一个很好的跌破支撑卖出点。

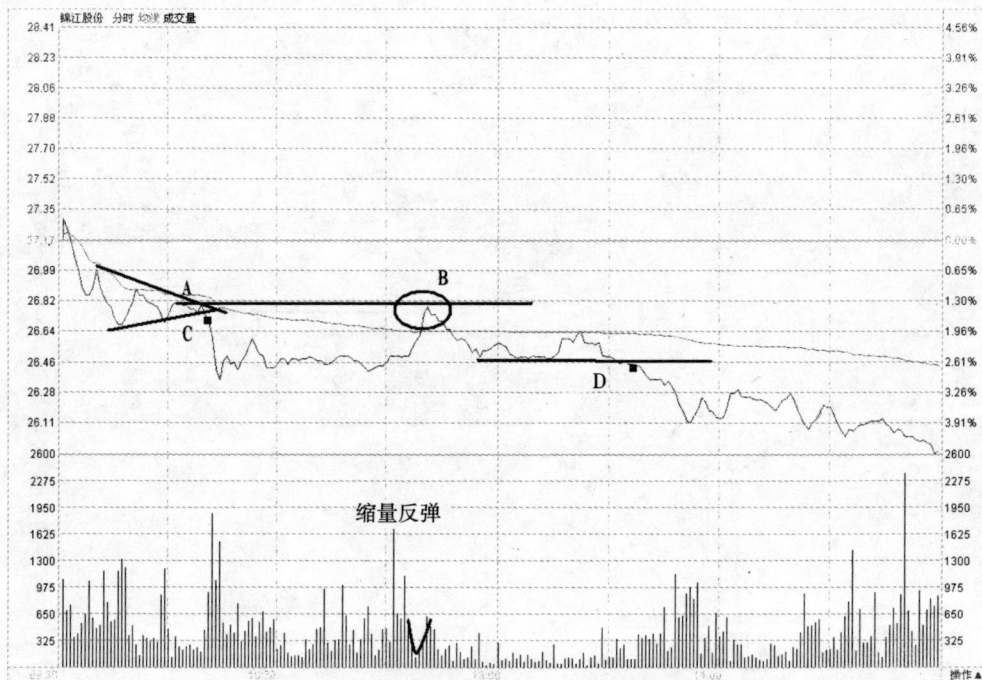

图 4-23　锦江股份不破前高卖出走势看盘和操盘

星期五

第五章　分时玄机5　分时金叉买入玄机

　　此技巧也许人人都会，但要把握好买卖点却不容易，此话当然不是对高手而言的。做短线先看 60 分钟的短线指标，KDJ 是否在 20 附近已开始交金叉，如果已交金叉再去看 5 分钟线里的 20 日、30 日均线是否在半年线以下走平或略微上翘，此时股价如突然放量下跌而 20 日、30 日均线向上的形态不改变的话，可以大胆买进。只要 20 日、30 日均线在半年线附近由下降到走平略带上翘都可买入，为使判断更精确可参考 KDJ 指标和一分钟线。

　　在以上条件下，此时的短线买入同样也要结合量能的变化。如已放量，你还不买进，再等就赚得少了，所以只要出现以上这种形态的包括年线、季线、30 日线、20 日线、10 日线、5 日线全交在一起趋势向上的，那就别犹豫了，买进等获利。一般第二天会有不少于 3%以上的获利（保守说法）。买进之后就要考虑到卖出，看好自己手里所持股票的短线指标，短线指标 KDJ 到 80、90 以上，J 线触顶时，此时 5 分钟若突发大量，股价突然上升，就是短线卖出的机会。最慢也不能慢于第三个 5 分钟抛出，有时第二个 5 分钟的股价高点比第一个突发大量的高点还高。看 5 分钟线，一般情况它也不突发大量，就是温和地放量向上，若遇这种情况，看看分时均价线，是否还是朝向上的一个方向，如果形态变缓变平，立刻抛出。

　　做短线关键还是多看少动，不到买入点，坚决不买；到了计划好的卖点，果断抛出。做短线要选择当时的热点股、超跌低价小盘股。当然如果资金量大，选择大盘股为好，关键是到抛时出手利落。小盘股成交太缓慢，甚至错过了时间不能成交，大盘股则不然。做短线也要结合看大盘，当大盘上冲时，80%~90%的个股都在顺势上冲；当大盘回落时，5 分钟指标又到顶，甚至 5 分钟已放大量，正是抢先一步抛出获利的好时机。

现在我们来介绍分时走势上的金叉买入点，具体分为三种类型：第一种类型是弱金叉，也就是说只是价格上破了均线，成交量并没有相应的放大，也没有同时升破最近的高点，这类金叉可靠性是三种类型中最差的，一般谨慎介入；第二种类型是半强金叉，不仅要求价格上穿分时均线，另外还要求具备 AB 两个条件中的一个：条件 A 要求成交量放大，条件 B 要求突破最近的高点；第三种类型是强金叉，价格上破分时均线的同时，还要求成交量放大，在此之前就应该突破最近高点，这类金叉的可靠性最强，是金叉买点的主力军。

第一节　弱金叉买入

弱金叉买入在不少股票书籍中都占了很大的篇幅，但是这类买点的效力不高，容易产生虚假信号，特别是开盘半小时内的弱金叉信号更是如此。一般而言，除非配合其他买点信号，否则一般不介入弱金叉买入信号。

经典分时走势看盘和操作策略解析：如图 5-1 所示，传化股份开盘之后缓慢上涨，10:30 左右股价开始缓慢下跌。该例中，股价在 A 点升破分时均线，但

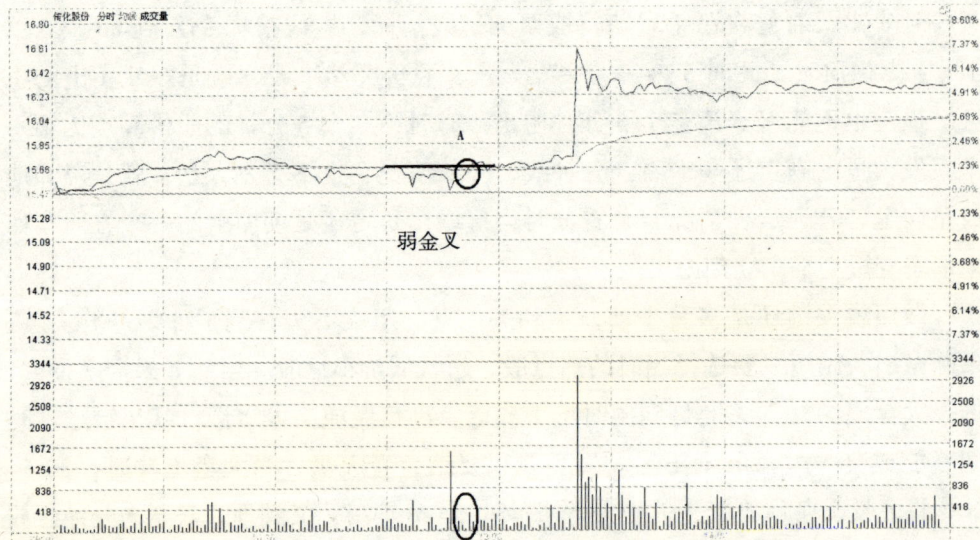

图 5-1　传化股份弱金叉买入走势看盘和操盘

是分时均线并没有放量。另外，还有一个细节需要注意，那就是在升破均线之前并没有突破邻近高点，而是在升破均线之后才突破临近高点，所以这是一个弱金叉，可靠性较低。

经典分时走势看盘和操作策略解析：如图 5-2 所示，凯恩股份开盘之后，股价上穿均线，但是对应成交量缩小，这是一个弱金叉，同时发生在开盘半小时之内，所以参与的可靠性较低。股价快速拉高到 14.45 元附近出现小双顶，股价快速下跌。下跌到前日收盘价附近出现三角形整理，然后放量突破，所以 B 点是一个较好的买入点。此后股价一路上扬，在前期高点 C 价位水平出现了拐头，同时成交量放出天量，此后难以为继，股价也在 D 点拐头向下，后市看跌。

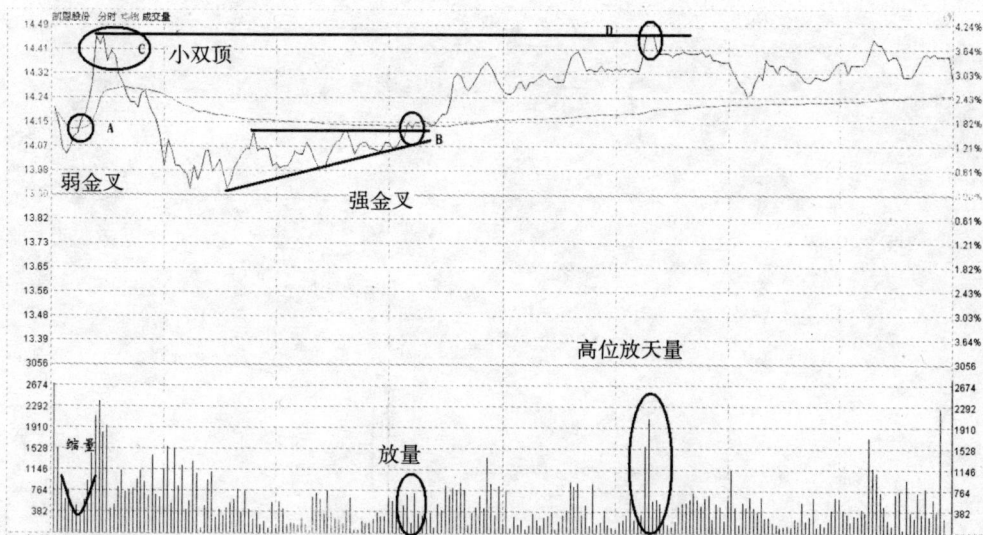

图 5-2 凯恩股份弱金叉买入走势看盘和操盘

经典分时走势看盘和操作策略解析：如图 5-3 所示，盾安环境开盘之后上升形成小双底，然后回落，不久上穿均线，但是成交量没有放大。在上穿均线之前也没有上破近期高点，所以 A 点是一个弱金叉，可靠性较低。本例股价中出现了三角形整理，也出现了脉冲天量，利用前述知识和自己的经验看看如何看待这两种典型情况对后市股价的影响。

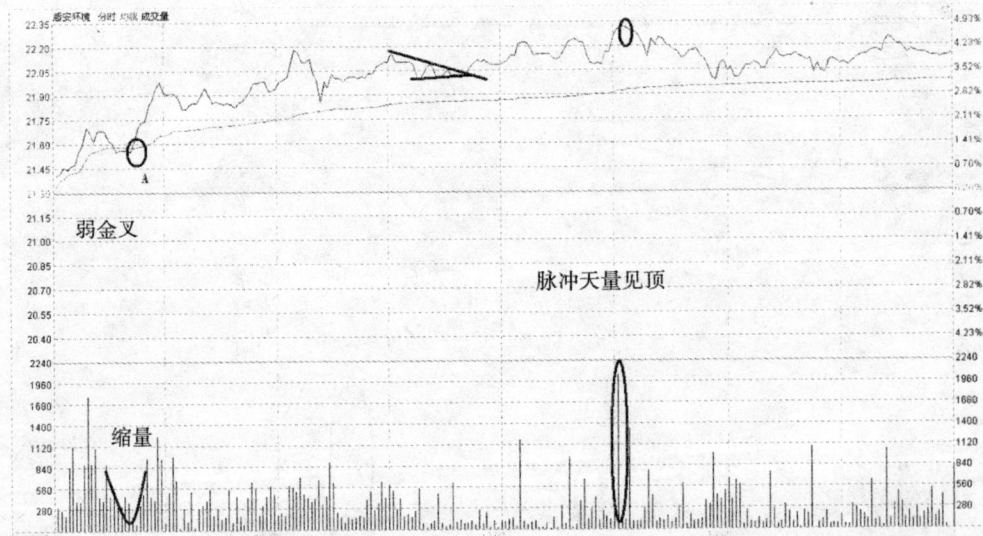

图 5-3　盾安环境弱金叉买入走势看盘和操盘

经典分时走势看盘和操作策略解析：如图 5-4 所示，中航精机开盘之后一路上涨，成交量也相应地放大，不久股价形成了三角形，成交量逐步缩小，这表明市场交投清淡，参与者情绪犹豫。10:30 左右，股价放量跌破三角形下边界，这看起来是一个卖点，但是下跌到三角形最低点后股价回升，这时候股价上破均线，升破之前并没有升破最近高点，同时成交量也并没有放大。所以，这是一个弱金叉，可靠性不高，最好不介入，即使介入的话也应该谨慎。

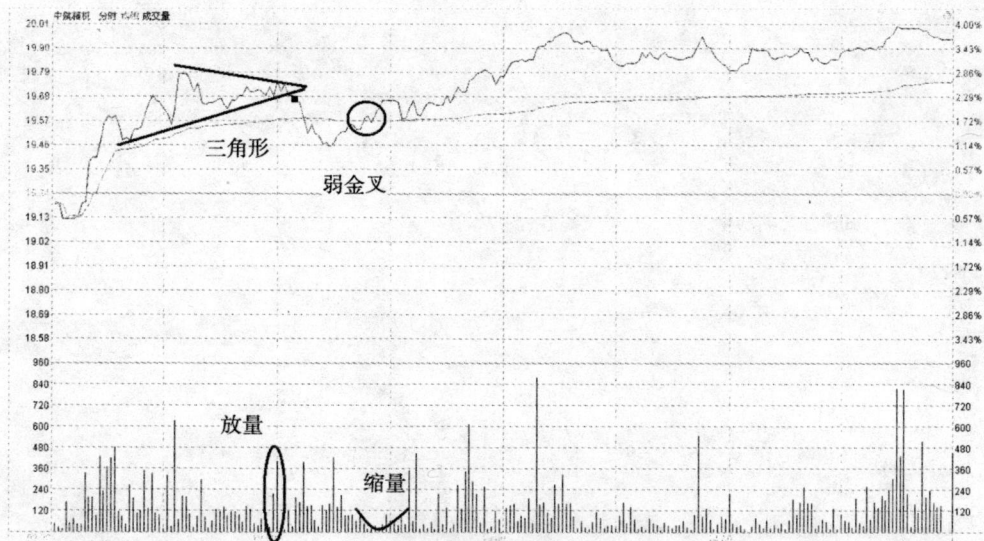

图 5-4 中航精机弱金叉买入走势看盘和操盘

经典分时走势看盘和操作策略解析：如图 5-5 所示，霞客环保开盘之后小幅回落，但是开盘在昨日收盘价之上，很快股价快速上穿均线，但是成交量没有放大，更不满足上穿均线之前升破邻近高点的要求，所以 D 点是一个弱金叉。这个弱金叉发生在开盘半小时内，更不值得参与。此后 C 点、B 点和 A 点都属于弱金叉，介入价值不大，只有将它们与半强金叉和强金叉区别开来，才能更好地执行具体买入决策。

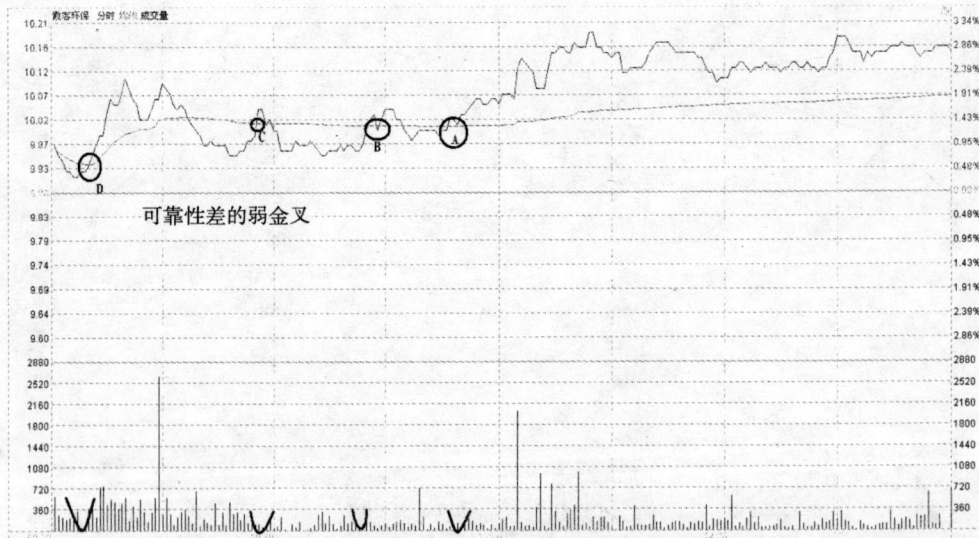

图 5-5　霞客环保弱金叉买入走势看盘和操盘

　　经典分时走势看盘和操作策略解析：如图 5-6 所示，兔宝宝开盘就形成一个弱金叉，特征是成交量没有显著放大，同时突破均线前没有突破邻近的高点，而且这个弱金叉发生在开盘半小时内，可靠性很差，所以 B 点并不是介入的好时机。另外，本例中的 A 点则是一个很好的买入点，虽然升破均线的时候成交量没有同时放大。但是，在升破均线之前股价已经升破了邻近高点，所以这是一个半强金叉。因此，A 点是一个不错的半强买入点。

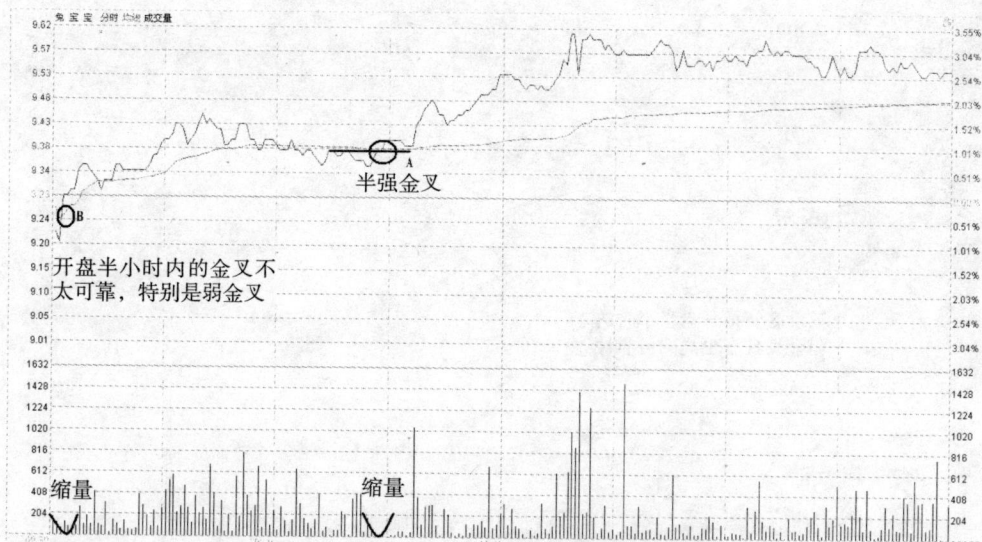

图 5-6　兔宝宝弱金叉买入走势看盘和操盘

经典分时走势看盘和操作策略解析：如图 5-7 所示，獐子岛开盘之后小幅下跌，很快形成三重底，之后开始拉升。拉升之初就快速上穿均线，但是相应的成交量萎缩，同时也没有在升破均线之前突破邻近高点，所以这是一个弱金叉。但由于之前存在一个三重底，所以这个弱金叉的可靠性得到提高，可以轻仓介入。

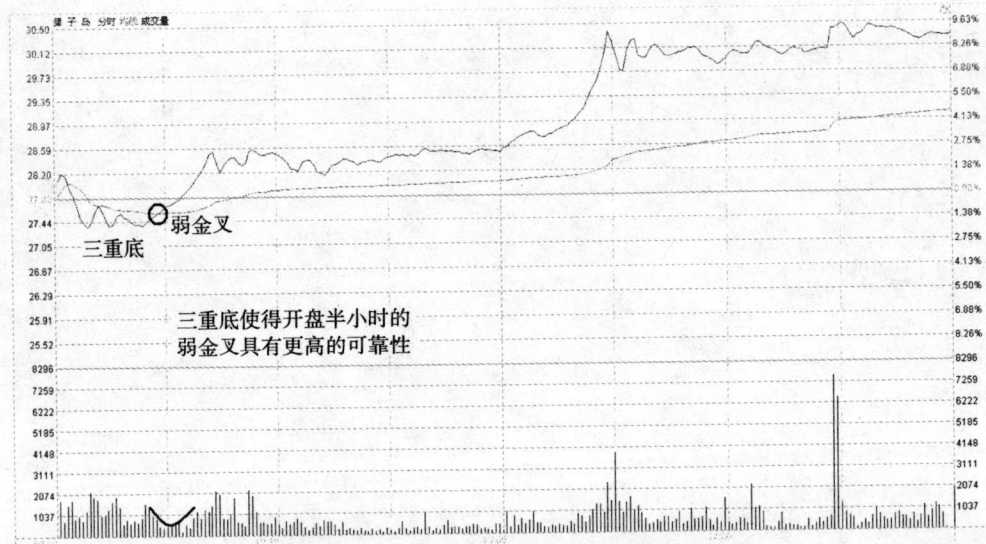

图 5-7　獐子岛弱金叉买入走势看盘和操盘

　　经典分时走势看盘和操作策略解析：如图 5-8 所示，新民科技开盘就下跌，然后 V 字形反转，快速金叉，金叉时成交量萎缩，在金叉之前也没有突破邻近高点，所以这是一个弱金叉，A 点不是一个可靠的买入点，另外 B 点也是如此。对于激进的投资者而言，在有其他利多条件支持下可以考虑这两个买点。

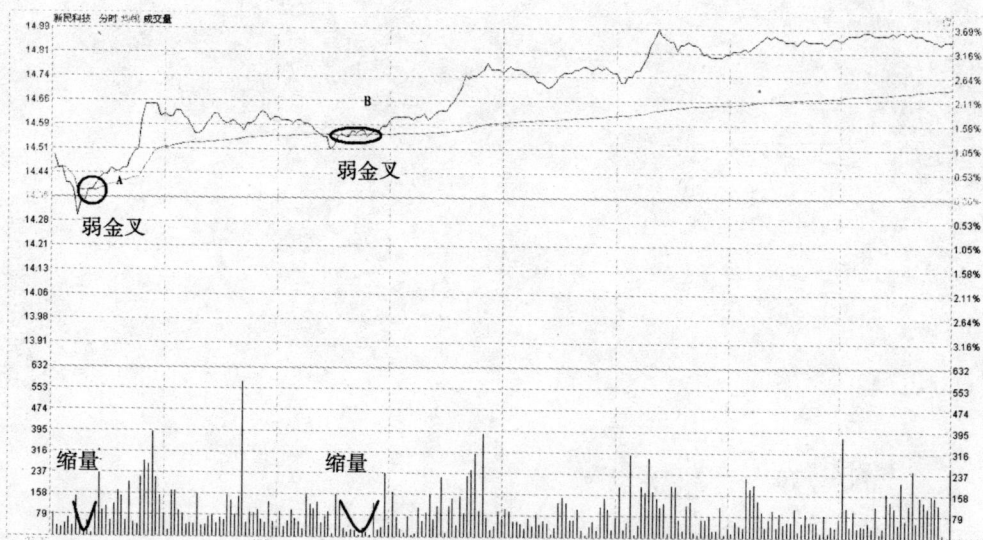

图 5-8　新民科技弱金叉买入走势看盘和操盘

经典分时走势看盘和操作策略解析：如图 5-9 所示，中核科技开盘后就迅速上冲，形成了小双顶，之后逐步下落，在形成小三角形的过程中，有数次弱金叉，这些买入点都不太可靠，如果是激进的炒家则可以考虑轻仓分批买入。

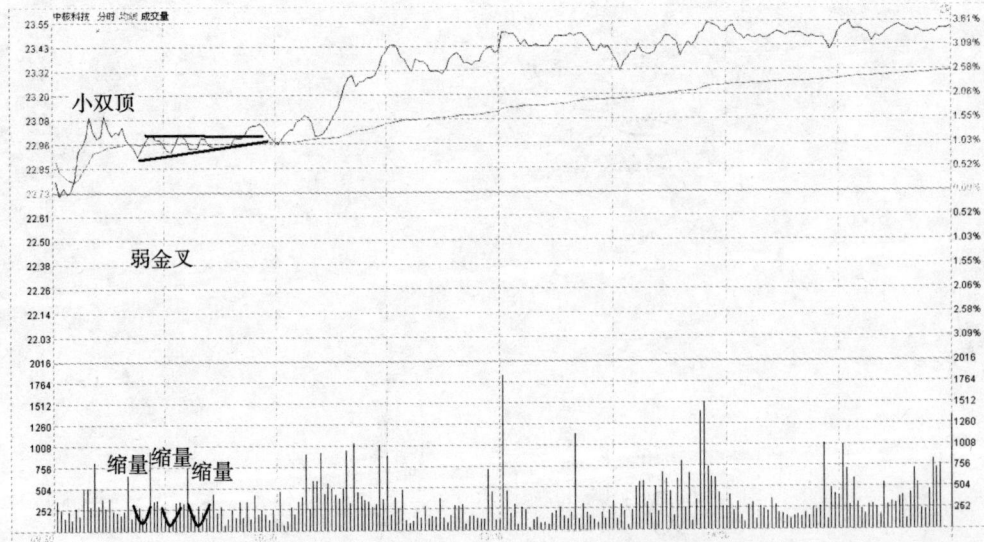

图 5-9 中核科技弱金叉买入走势看盘和操盘

　　经典分时走势看盘和操作策略解析：如图 5-10 所示，安凯客车开盘之后，依托均线的支撑，逐步上扬，期间也有回落，在 A 处形成金叉。此处金叉发生之后才出现了股价升破近期高点，另外金叉时成交量并没有显著放大，所以 A 处是弱金叉。此后股价放量上攻，缩量调整，午盘形成三角形之后股价放量突破，所以 B 点是较好的买入点。

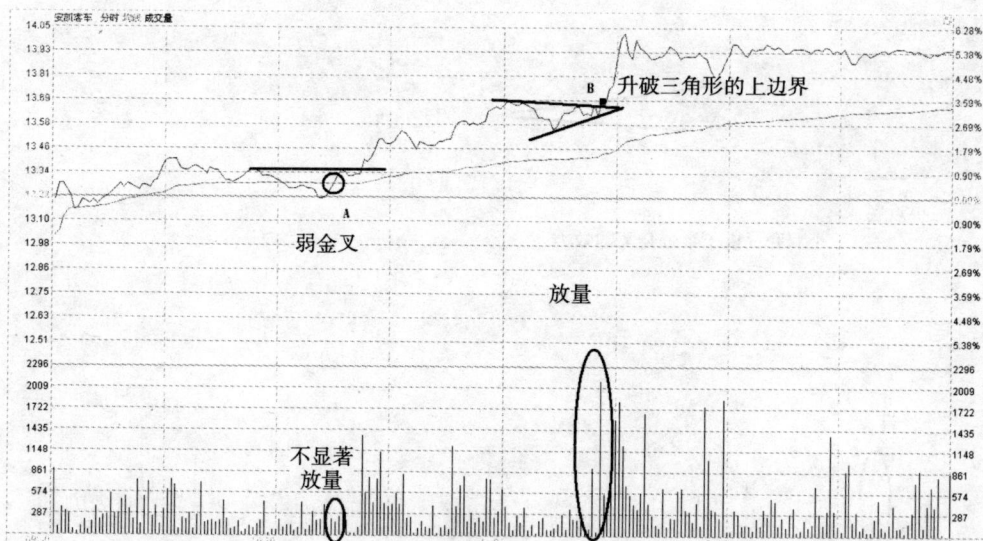

图 5-10　安凯客车弱金叉买入走势看盘和操盘

第二节 半强金叉买入

半强金叉是在弱金叉的基础上多了一些有利条件，要么是金叉时放量，要么是金叉之前升破最近高点。半强金叉之后股价上涨的可靠性和幅度都大于弱金叉。弱金叉这类买点可靠性低，属于传统买点，而半强金叉和强金叉则属于可靠性较高的买点，属于非传统买点，在教程之外很难见到。

经典分时走势看盘和操作策略解析：如图 5-11 所示，湘潭电化开盘之后，形成小双底，然后股价放量突破均线，在金叉之前股价并没有突破小双底的颈线，所以这是一个半强金叉。虽然这个金叉发生在开盘半小时之内，但额外的有利条件是形成了一个小双底，所以 A 点是一个相对可靠的买入点。之后股价开始依托均线逐步上涨，在 17.62 元附近形成了三角形；向上突破时也是放量，这是不是一个很好的买点呢？

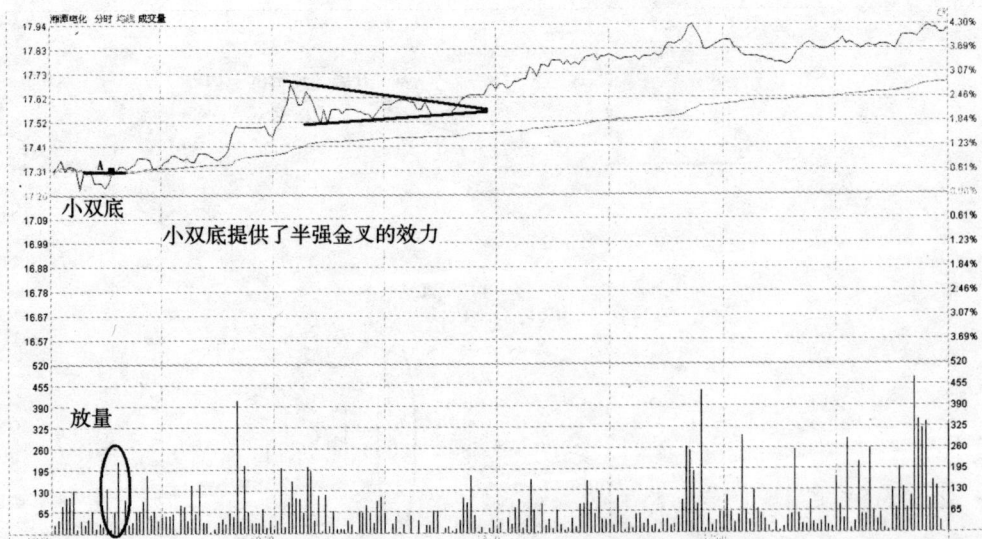

图 5-11 湘潭电化半强金叉买入走势看盘和操盘

　　经典分时走势看盘和操作策略解析：如图 5-12 所示，蓉胜超微开盘后走势起伏不定，开盘半小时内形成了双底，但是股价上行不过开盘价，再度下跌。不久之后，股价上穿均线，但是成交量萎缩。不过，在金叉之前，股价突破了最近高点，所以 A 点是一个半强金叉，值得介入。

图 5-12　蓉胜超微半强金叉买入走势看盘和操盘

　　经典分时走势看盘和操作策略解析：如图 5-13 所示，西藏矿业开盘之后逐波上攻，形成 C 点，但是幅度有限，早盘剩下的时间都处于回落调整之中。A 处成交量放大不显著，所以是一个不太标准的半强金叉。B 处也是不显著放量，同样也是一个不太标准的半强金叉。这两个点的可靠性都要弱于标准的半强金叉。此后，有一个放量突破前期高点（C 点）的买点可靠性反而更高。

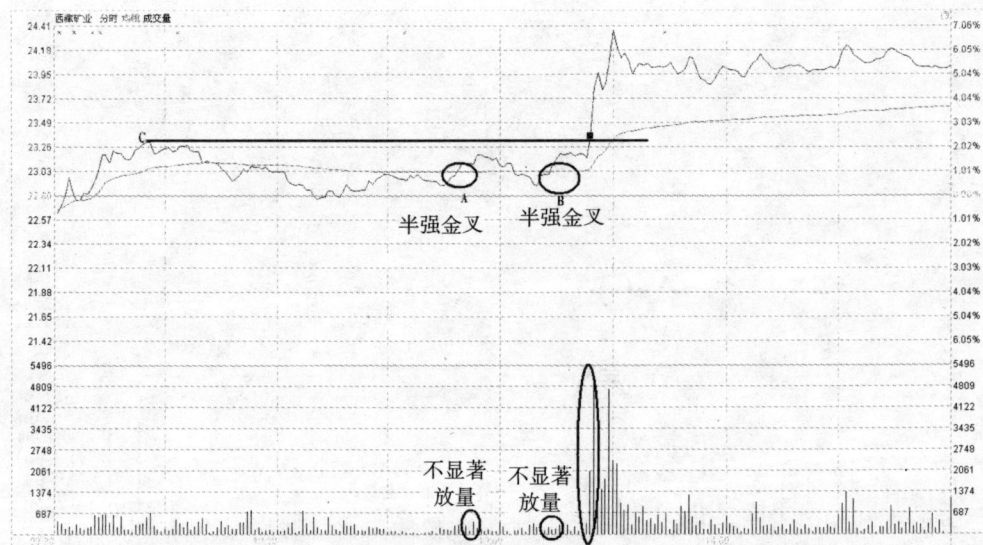

图 5-13　西藏矿业半强金叉买入走势看盘和操盘

经典分时走势看盘和操作策略解析：如图 5-14 所示，贵糖股份开盘之后小幅下探，之后，股价 V 字反转，快速上穿均线，但是成交量却相应缩小。上冲之后，形成头肩顶，然后下跌，成交量逐步缩小。下跌过程中反弹，形成小双顶。股价再度下跌，然后回升，这次金叉是一个半强金叉，虽然成交量缩小，但是金叉之前升破了最近高点。所以，A 点是一个很好的买入点。

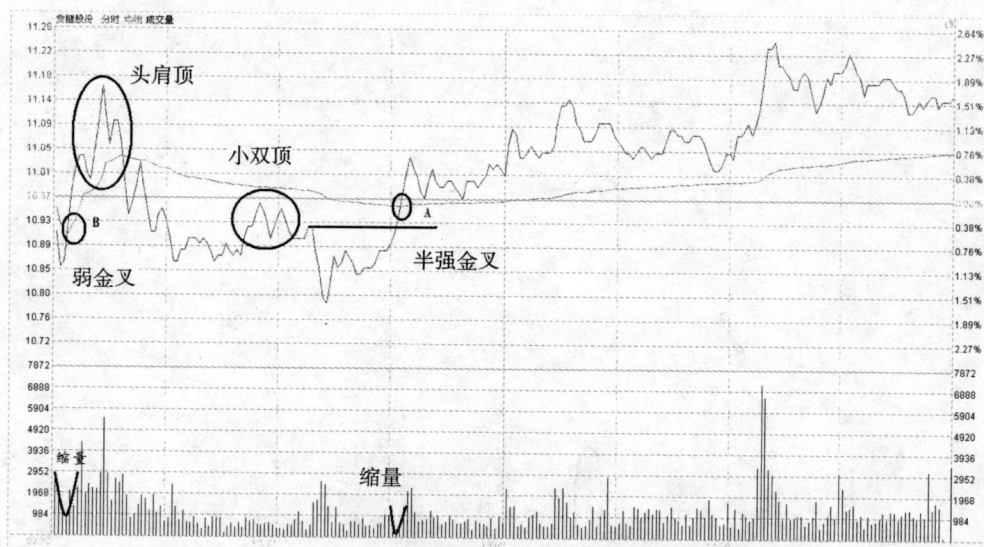

图 5-14　贵糖股份半强金叉买入走势看盘和操盘

第三节 强金叉买入

强金叉不仅仅要求股价上穿均线，还要求金叉之前股价升破近期高点，金叉同时成交量要放大。如果一个金叉买点满足了上述要求，那么就是一个极好的买点。

经典分时走势看盘和操作策略解析：如图 5-15 所示，栋梁新材开盘之后放量上攻，但是很快逐步回落，成交量相应缩小，股价下跌到开盘价之下，然后逐步拉起。可以看到股价每跌破开盘价都有主动性买单维护股价，此股后市可期。早盘快要结束前，股价升破前期高点，接着放量升破均线，这构成了一个强金叉，所以 A 点是一个很好的买入点。

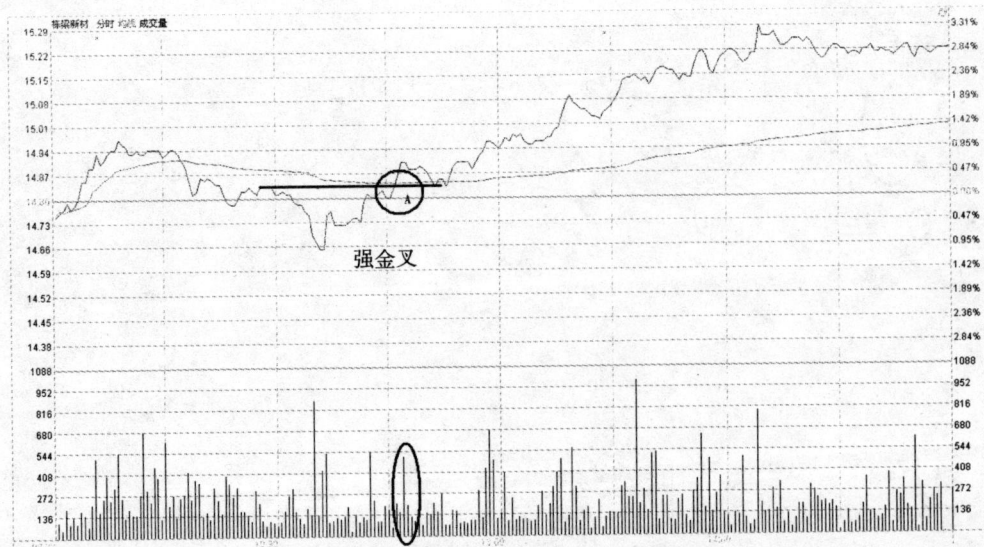

图 5-15 栋梁新材强金叉买入走势看盘和操盘

经典分时走势看盘和操作策略解析：如图 5-16 所示，汉钟精机开盘后逐步滑落，成交量比较正常，换手较为活跃，开盘半小时内发生了一次金叉，虽然属于放量的半强金叉，但是由于发生的时段较早，所以不轻易介入。而 B 点属于不放量、升破均线前未升破邻近高点的弱金叉，所以也不值得介入。C 点则是符合所有三个条件的强金叉，这是一个值得介入的强金叉。

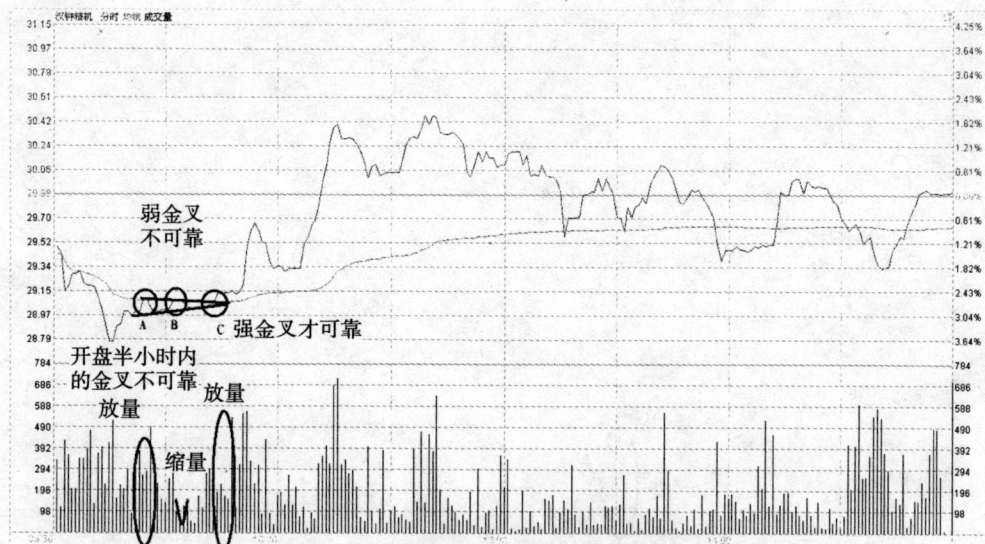

图 5-16　汉钟精机强金叉买入走势看盘和操盘

经典分时走势看盘和操作策略解析：如图 5–17 所示，斯米克开盘之后，形成小双底，小幅回落之后，金叉向上，这个金叉没有放量，同时位于开盘半小时内，所以 B 点并不是一个可靠的金叉买入点。到了 11:00 左右，股价向上放量突破均线，但是此前未升破近期高点，所以这是一个半强金叉。比较来看 A 点的介入价值比 B 点高。

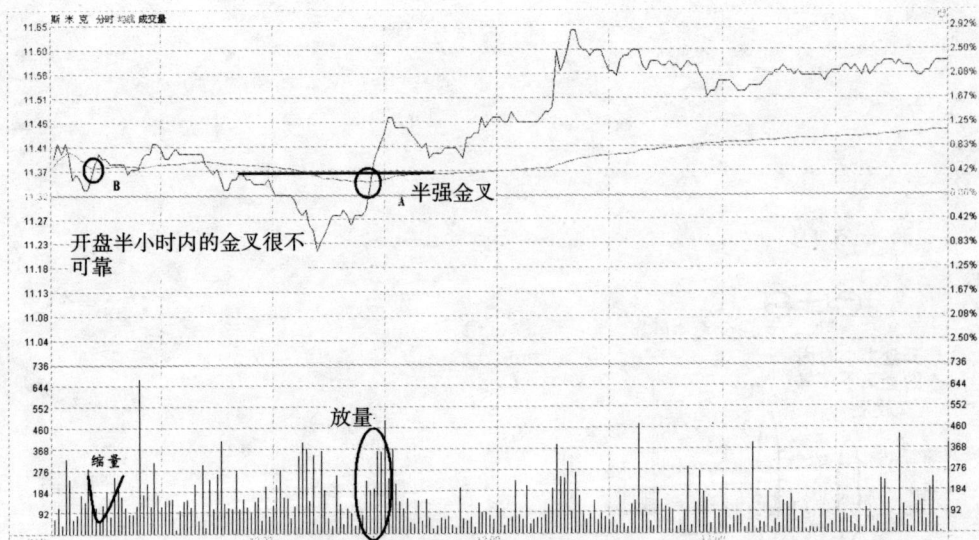

图 5–17　斯米克半强金叉买入走势看盘和操盘

　　经典分时走势看盘和操作策略解析： 如图 5-18 所示，平庄能源开盘后有多次金叉，这些金叉都不可靠，况且其中还有不少弱金叉。到了早盘快要结束的时候，股价先是突破最近高点，然后放量突破均线，A 点是一个强金叉，值得介入。

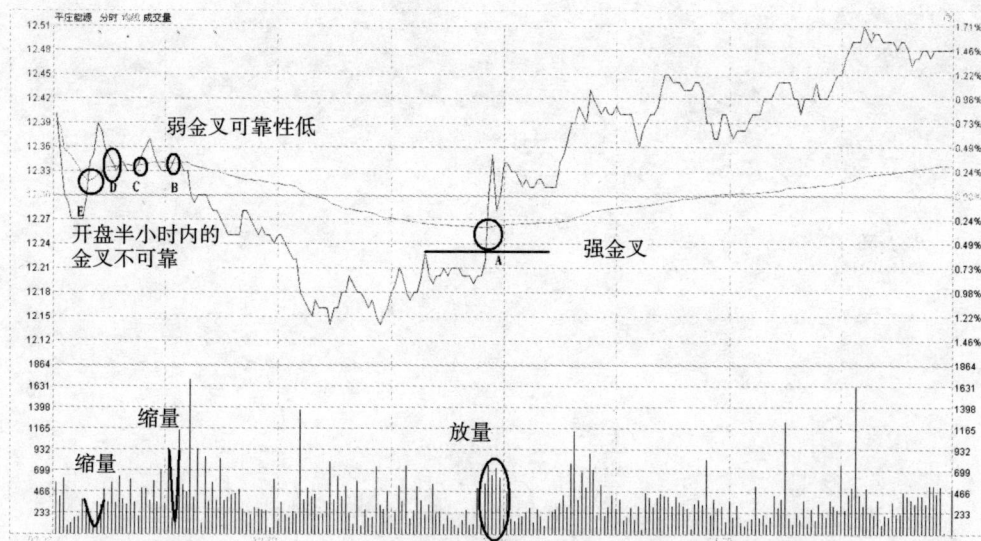

图 5-18　平庄能源强金叉买入走势看盘和操盘

经典分时走势看盘和操作策略解析：如图 5-19 所示，酒鬼酒开盘就下跌，然后金叉，成交量并没有放大，也没有先行突破最近高点，这是一个弱金叉，况且这个金叉出现在开盘半小时之内，所以不值得买入。此后，又有一次弱金叉，紧接着出现了强金叉，金叉之前先升破了前期高点，同时成交量放量，所以这是一个很好的买入点。

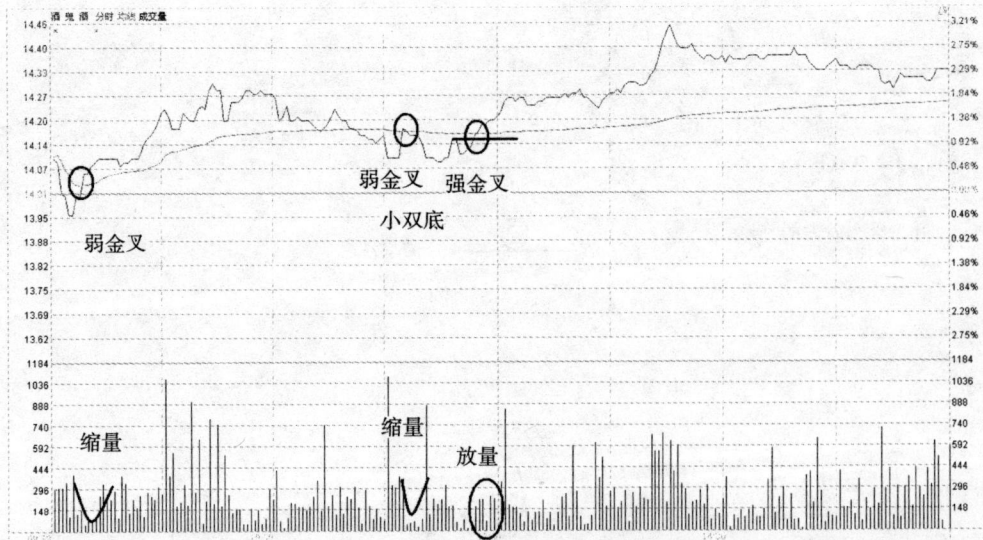

图 5-19　酒鬼酒强金叉买入走势看盘和操盘

星期六

第六章 分时玄机6 分时死叉卖出玄机

分时金叉是股价线上穿均线，而分时死叉则是股价线下穿均线，金叉代表看多，死叉代表看空。分时死叉也分为三种类型，可靠性也有高低之分：第一种类型是弱死叉，也就是说分时价格下穿了均线，成交量并没有相应地放大，同时也没有在下穿均线之前跌破前期低点，这种死叉可靠性较低，除非有其他看空信号，否则不能采纳；第二种类型是半强金叉，除了价格下穿分时均线，要么成交量同时放大，要么下穿均线之前已经跌破近期低点；第三种类型是强死叉，股价下穿分时均线的同时，成交量也配合放大，而且在此之前股价应该刚刚跌破近期低点。

第一节 弱死叉卖出

弱死叉是股价下穿分时均线，成交量没有放大，之前股价也没有跌破临近最低点。弱死叉的可靠性很低，除非之前有小双顶等其他辅助看空信号，否则一般不采用弱死叉卖出。

经典分时走势看盘和操作策略解析：如图 6-1 所示，鑫茂科技开盘之后一路下跌，然后反弹，不久夭折，然后再度下跌，形成了死叉，死叉之前没有跌破近期低点，也没有放量，所以这是一个弱死叉。但是，反弹高点有一个规模很小的双顶，所以 A 点还是可以作为一个可以考虑的卖出点。另外，走势到了午盘中段，股价有反弹，但反弹到均线附近就停滞了，对应的成交量缩小，这是一个我们前面介绍的不破均线卖出点。

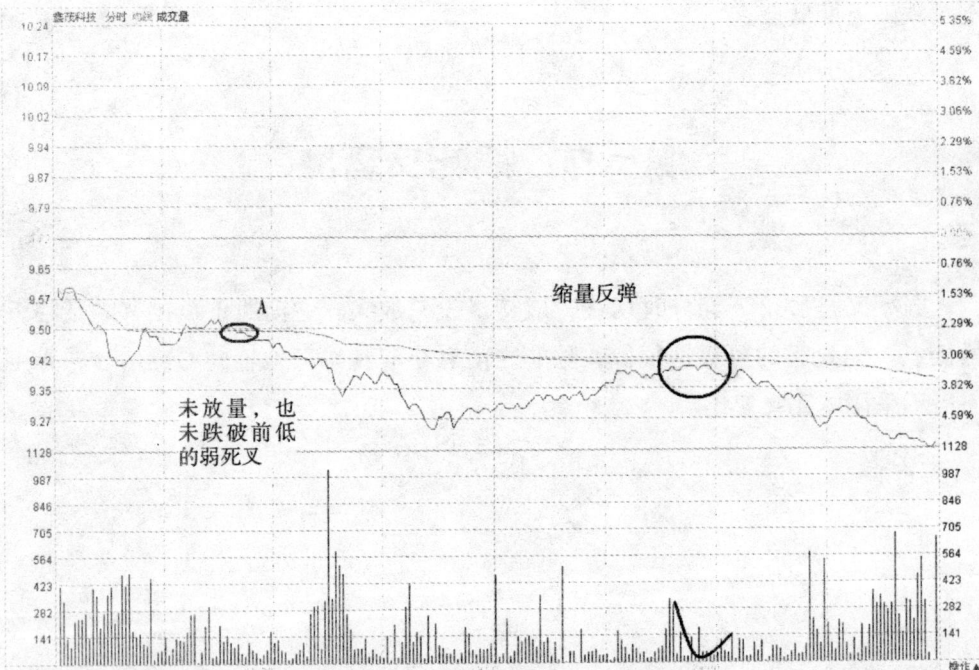

图 6-1 鑫茂科技弱死叉卖出走势看盘和操盘

经典分时走势看盘和操作策略解析：如图 6-2 所示，银星能源开盘后就一路下挫，图中还有放量大跌，到了 10:20 左右才开始反弹，反弹止步于开盘价之下，然后再度下跌，在 A 点处形成了死叉，死叉之前没有跌破前低，也没有放量，所以这是一个弱金叉，可靠性较低。另外，B 点股价反弹到前期高点和均线附近，成交量缩小，所以 B 点是一个我们前面介绍过的卖出点。

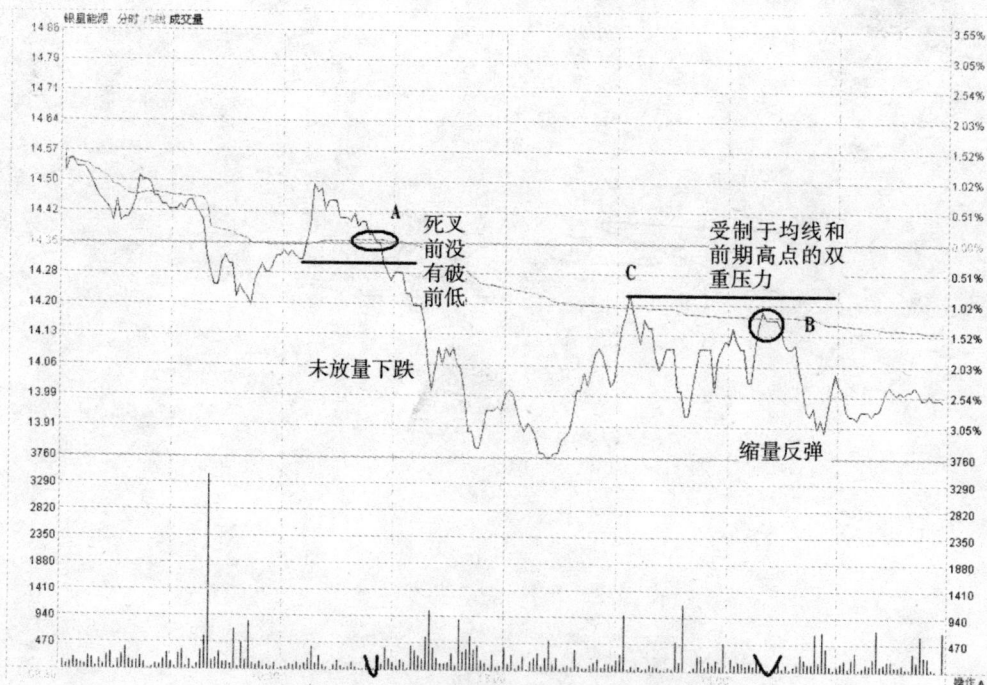

图 6-2　银星能源弱死叉卖出走势看盘和操盘

经典分时走势看盘和操作策略解析：如图 6-3 所示，云内动力开盘之后小幅下跌，在 12.40 元之上形成一个双顶，然后转而上攻，成交量相当稀疏，估计上攻幅度不会太大。果然，股价上冲到开盘价下方就止步了，股价进入三角形整理区间，三角形内每次股价上升都引来成交量的放大，说明抛盘沉重，上升空间不大。在早盘结束之前，股价缩量下跌，跌破均线，此后才跌破近期显著低点，所以这是一个弱死叉。但是，由于三角形下边界刚刚被跌破，所以 A 点也是一个较好的卖出点。此后，股价反弹到均线之下形成小双顶，对应的成交量萎缩，所以 C 点是一个不破均线卖出点，而此后的 B 点则是一个跌破水平支撑线卖出点。

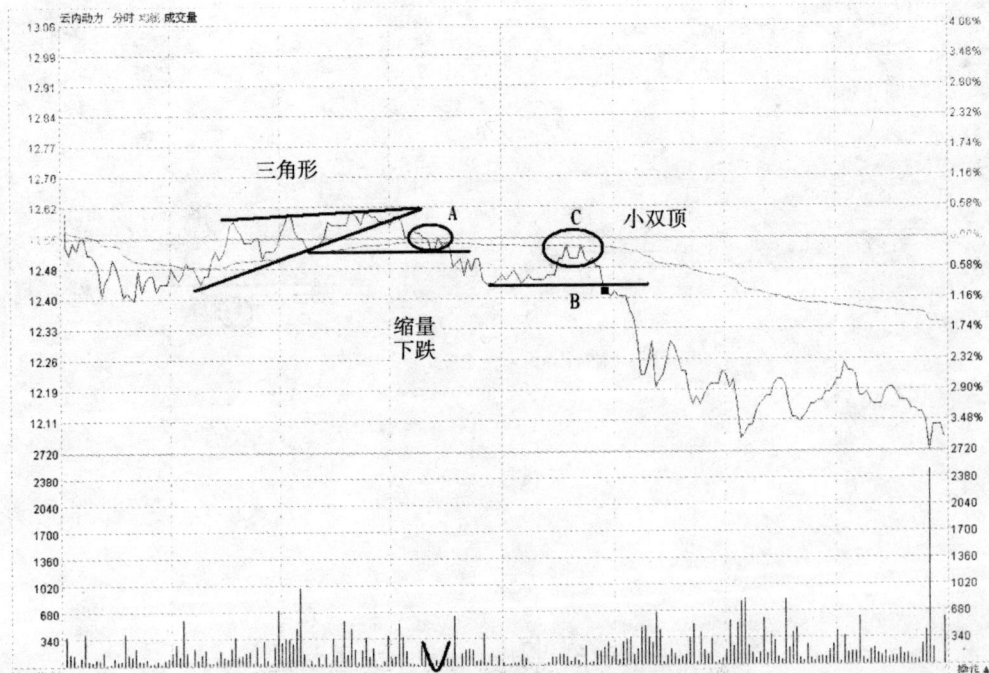

图 6-3　云内动力弱死叉卖出走势看盘和操盘

经典分时走势看盘和操作策略解析：如图 6-4 所示，浪潮信息开盘之后渐渐下跌，但是开盘向下跳空，且开盘成交量很大，抛压沉重，后市看跌。开盘半小时内股价由下跌转向上升，股价反弹超过开盘价出现密集放量，但是股价反弹受制于昨日收盘价。接下来股价很快跌破均线，同时放量，但是没有跌破近期显著低点，所以这是一个弱死叉，A 点是一个可靠性较低的卖出点。

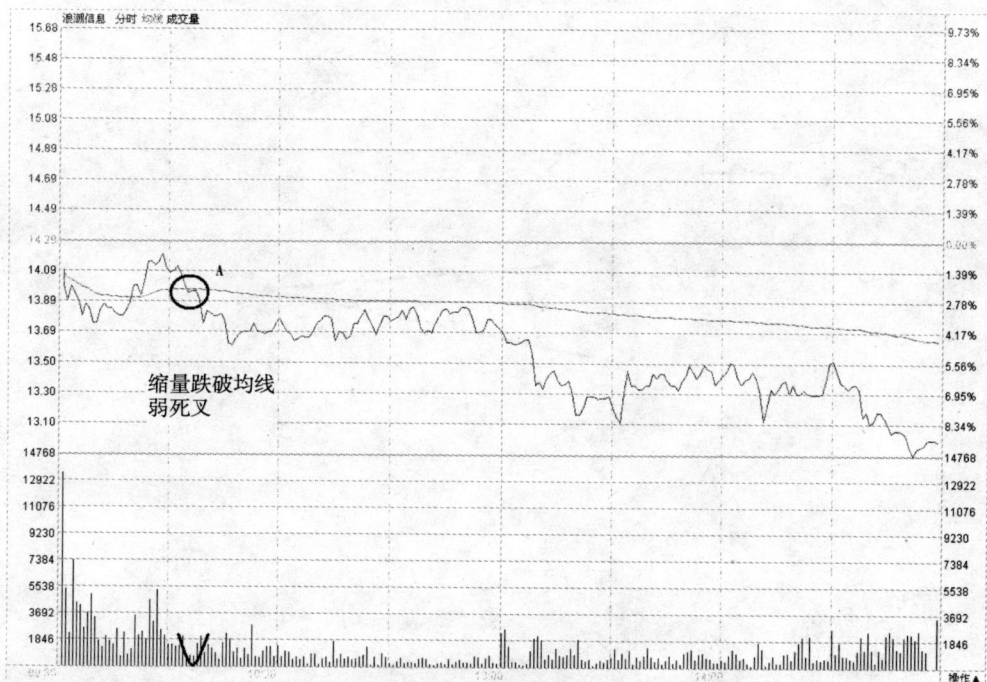

图 6-4　浪潮信息弱死叉卖出走势看盘和操盘

经典分时走势看盘和操作策略解析：如图 6-5 所示，万丰奥威开盘之后快速上冲，成交量放得很大，然后又快速回落，形成死叉。股价下破均线的时候，成交量没有相应地放大，之前也没有跌破近期显著低点，所以 B 点是一个弱死叉。由于这个死叉出现在开盘半小时内，所以不是一个可靠的卖出点。股价下跌到前期低点附近，再度获得支撑，反弹，不过前高，再度下跌，这次形成了一个强死叉。不久，股价放量下跌，在开盘价之下形成三角形，相应成交量缩小。股价运行到三角形末端，放量跌破下边界，所以 C 点是一个比较好的卖出点。

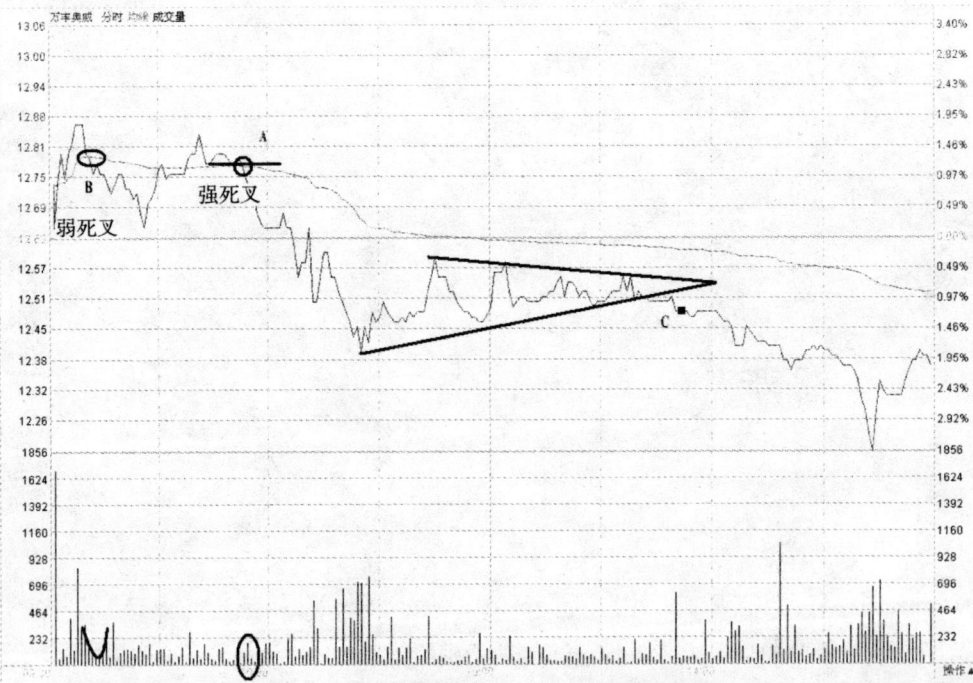

图 6-5　万丰奥威弱死叉卖出走势看盘和操盘

第二节　半强死叉卖出

　　半强死叉实际上是介于弱死叉和强死叉之间的一种过渡卖出点，它具有强死叉的部分特点，同时又比弱死叉具备多一点的看空条件，所以可靠性比弱死叉高一些，但是比强死叉低一些。半强死叉要求具备死叉的基本条件，同时还要满足下述两个条件之一，如果全部满足就是强死叉：第一个条件是股价跌破均线之前应该刚刚跌破最近显著低点；第二个条件是股价跌破均线的时候成交量放大。下面就演示一些半强死叉的实例。

　　经典分时走势看盘和操作策略解析：如图 6-6 所示，沙河股份开盘之后上涨乏力，表现在一是上涨幅度小；二是相应的成交量变化大，主力出货的可能性较大。10:00 股价放量跌破均线，但是并没有先跌破前期显著低点，所以 A 点

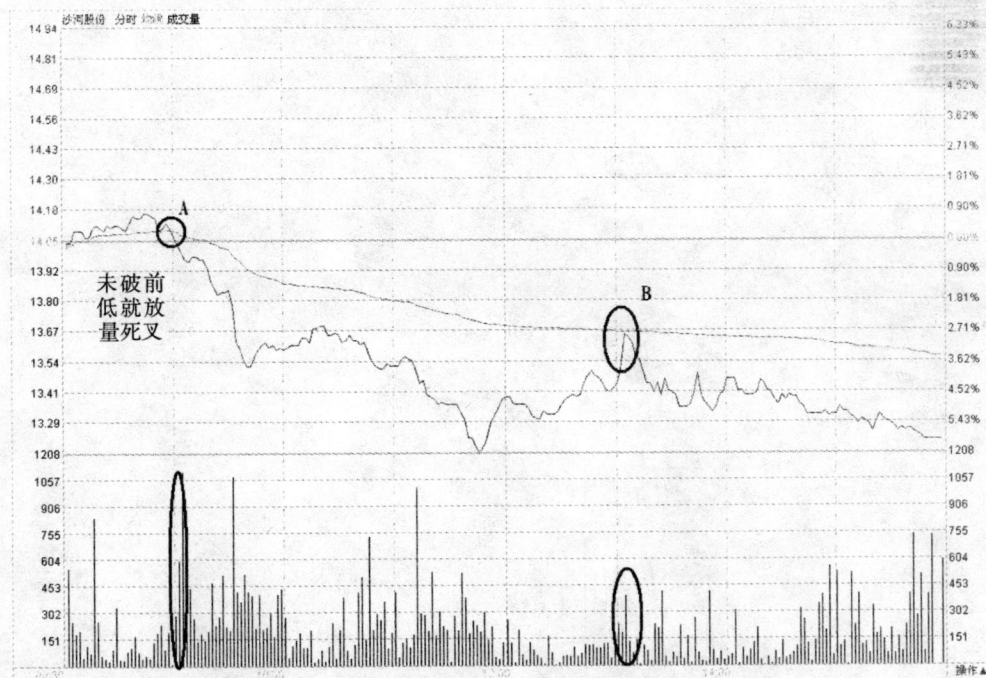

图 6-6　沙河股份半强死叉卖出走势看盘和操盘

是一个半强死叉，可以选择这个点卖出或者做空。在这个实例中，还存在一些卖点，你可以根据我们前面介绍的技巧来识别和把握，其中不得不提的是 B 点，大家根据前面传授的知识琢磨一下吧。

经典分时走势看盘和操作策略解析：如图 6-7 所示，S ST 华新开盘上冲，然后快速回落，开盘半小时内出现了若干次死叉和金叉，这类死叉和金叉我们一般不予重视，况且该股交投清淡，分时走势不流畅，代表流动性较差。我们重点看看 A 处的半强死叉，下跌的时候有放量，但是跌破均线之前没有跌破显著前低，而是在跌破均线之后才跌破前低的。

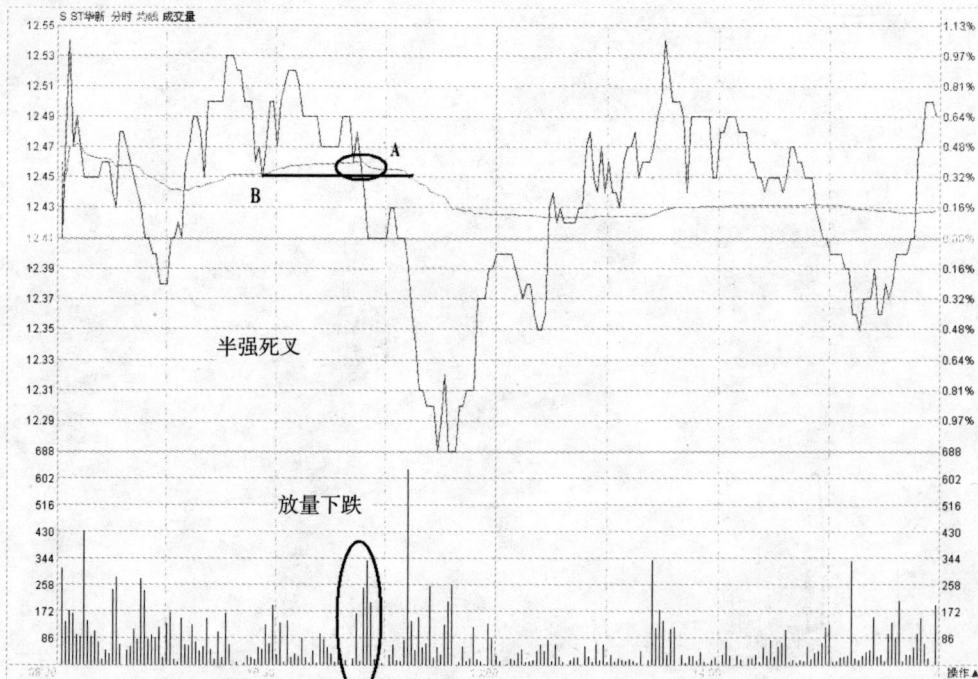

图 6-7　S ST 华新华半强死叉卖出走势看盘和操盘

经典分时走势看盘和操作策略解析：如图 6-8 所示，吉电股份开盘后阴跌，形成小双底之后逐步反弹，在开盘附近受到阻力，上升乏力。在 B 处形成小双顶，此后在 A 点跌破均线形成死叉，死叉时成交量同步放大，但是在死叉之后才跌破近期显著低点，所以这是一个半强死叉，也是一个不错的卖点。

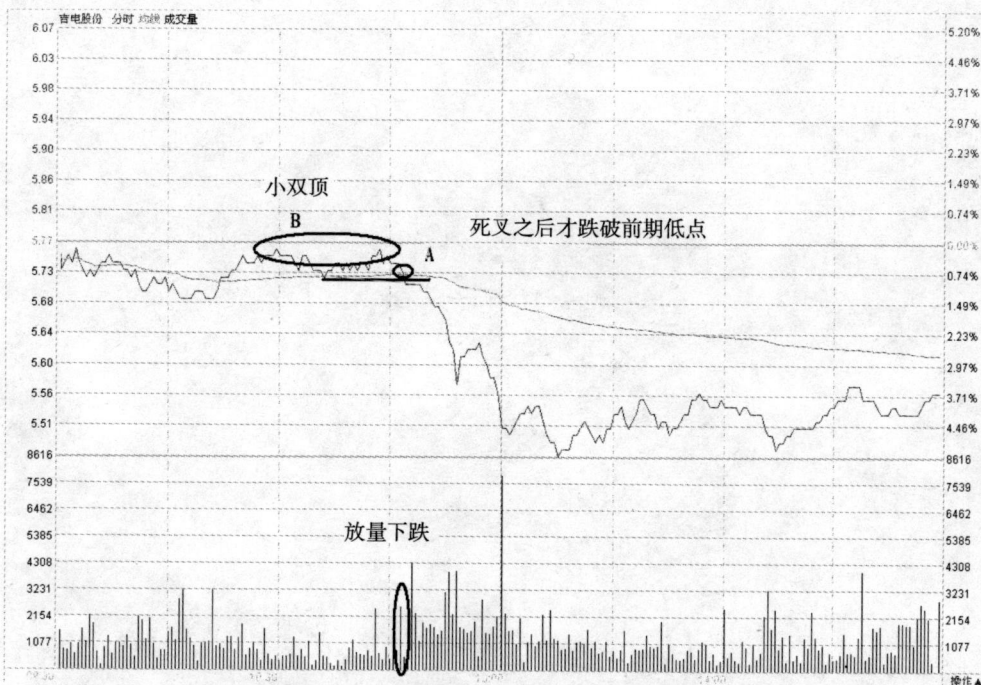

图 6-8　吉电股份半强死叉卖出走势看盘和操盘

经典分时走势看盘和操作策略解析：如图 6-9 所示，数源科技开盘之后小幅上冲出现了小型头肩顶，然后横盘整理，期间出现了弱死叉 A，发生在开盘半小时之内，参与价值较低。另外，B 点也是一个弱死叉，没有放量下跌，所以可靠性很低。此后，股价反弹形成小双顶，然后跌破均线，成交量缩小，但是跌破均线之前刚刚跌破了近期显著低点，所以 C 点是一个半强死叉，这个卖出点的可靠性很高。可以看到，之后股价一路下跌，而且尾盘有恐慌性杀跌表现，虽然尾市形成了双底，但是次日走势不容乐观。

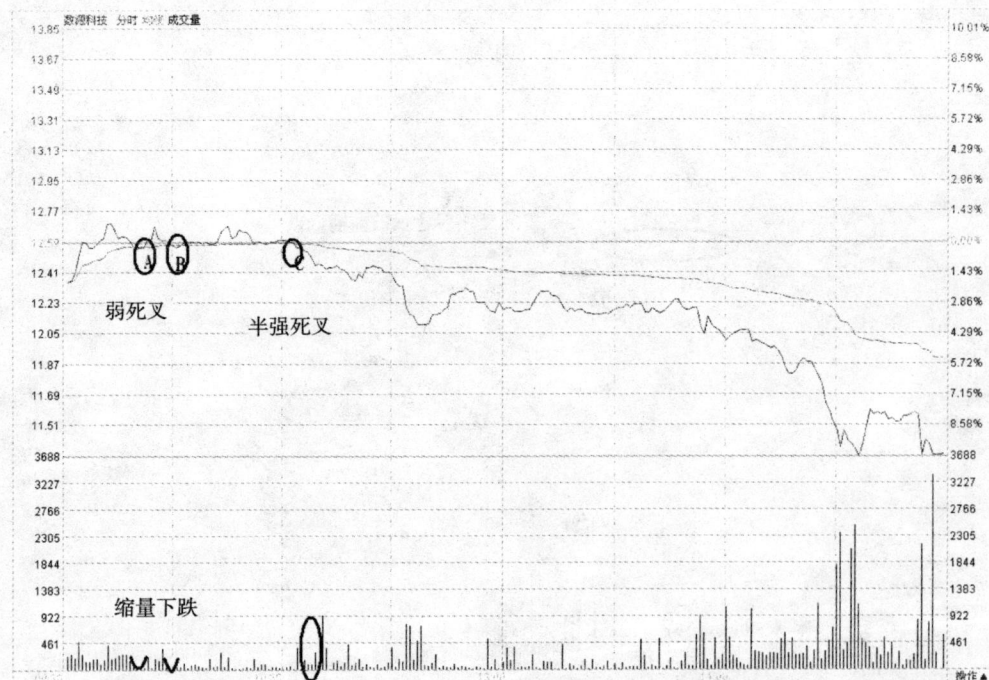

图 6-9 数源科技半强死叉卖出走势看盘和操盘

经典分时走势看盘和操作策略解析：如图 6–10 所示，ST 科龙开盘后小幅上冲，然后下跌，再度上冲，然后再度下跌，形成死叉 A，相应的成交量也放大，在跌破均线之前没有跌破临近显著低点，所以 A 点是半强死叉，是一个较为可靠的卖出点。此后股价继续盘整，成交量显著缩小，然后再度放量跌破均线，在跌破均线之前先跌破了临近的低点，同时成交量也放大，不过这个强死叉并不标准，应该是介于半强死叉和强死叉之间。即使如此，B 点也不失为一个较好的卖点。

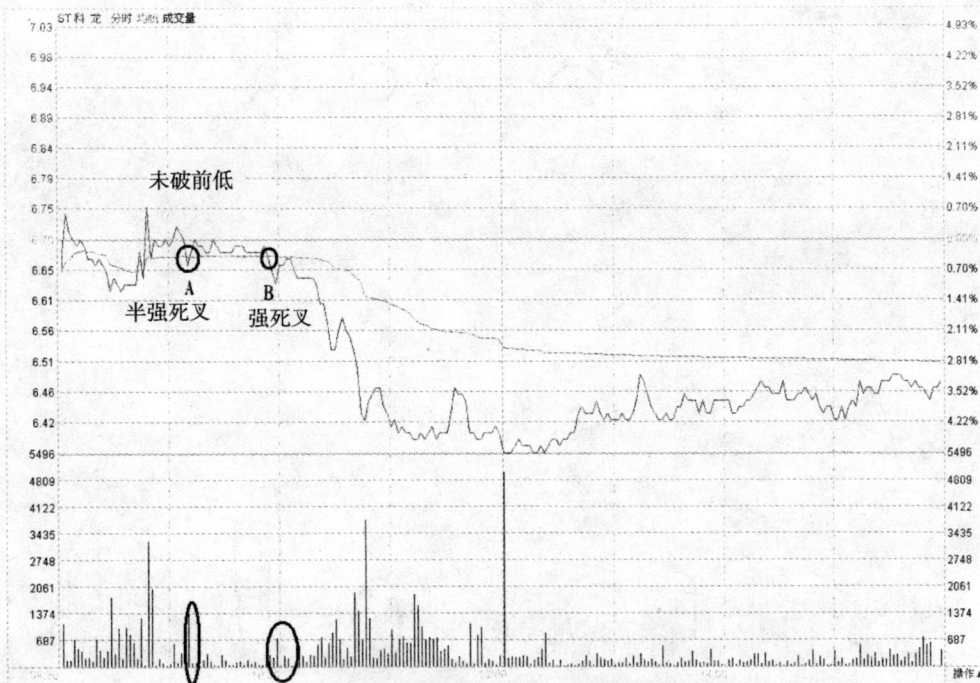

图 6–10　ST 科龙半强死叉卖出走势看盘和操盘

　　经典分时走势看盘和操作策略解析：如图 6-11 所示，神火股份开盘之后快速下跌，然后低位震荡，逐渐抬升，之后每次下跌都形成了一个死叉，分别是A 点、B 点和 C 点，根据你之前掌握的知识，能区别这三个点分别是属于死叉的哪种类型吗？可以发现，不放量的死叉不管是哪一种，下跌的幅度都很小，假信号的可能性很大。为什么会这样呢？原因很简单，因为下跌时同步放量，代表供给增加，而需求不变，这样后市继续下跌的可能性就很大。

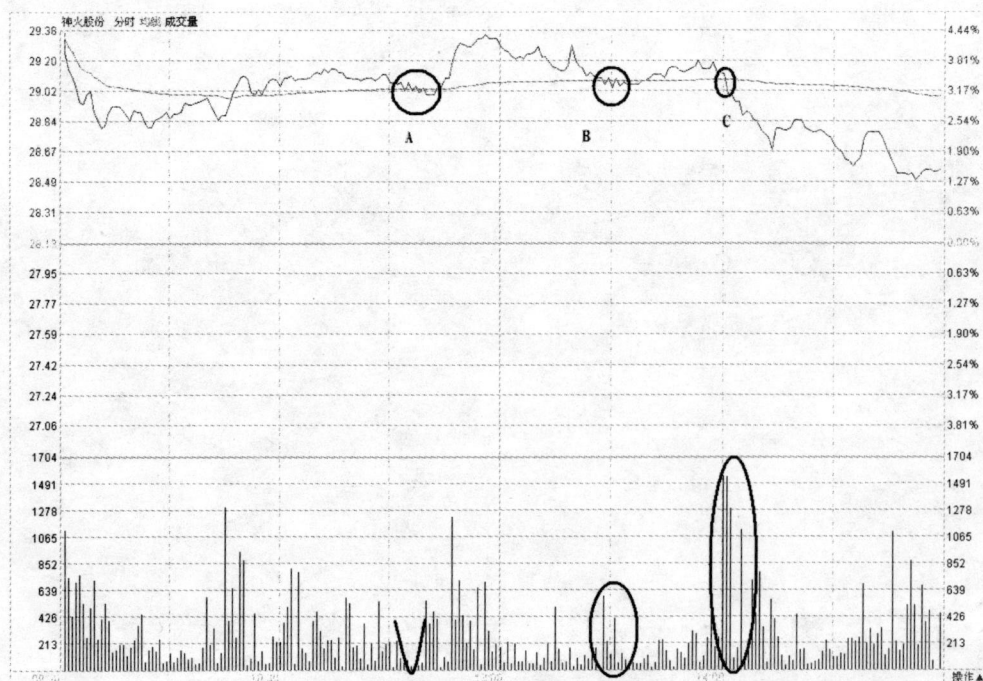

图 6-11 神火股份半强死叉卖出走势看盘和操盘

经典分时走势看盘和操作策略解析：如图 6-12 所示，这里我们分析一个指数走势上的半强死叉的例子。B 股指数开盘半小时之内形成了一个死叉 A，是典型的弱死叉，形态特征不明显，不适合采纳。此后，指数逐渐向上爬升，然后下跌形成 B 点，此处放量跌破均线，但是此前并没有跌破临近显著低点，所有属于半强死叉，可以作为一个较好的卖出点。之后，指数果然下跌，形成三角形之后放量跌破，C 点也是我们前面介绍过的一个较好卖点。

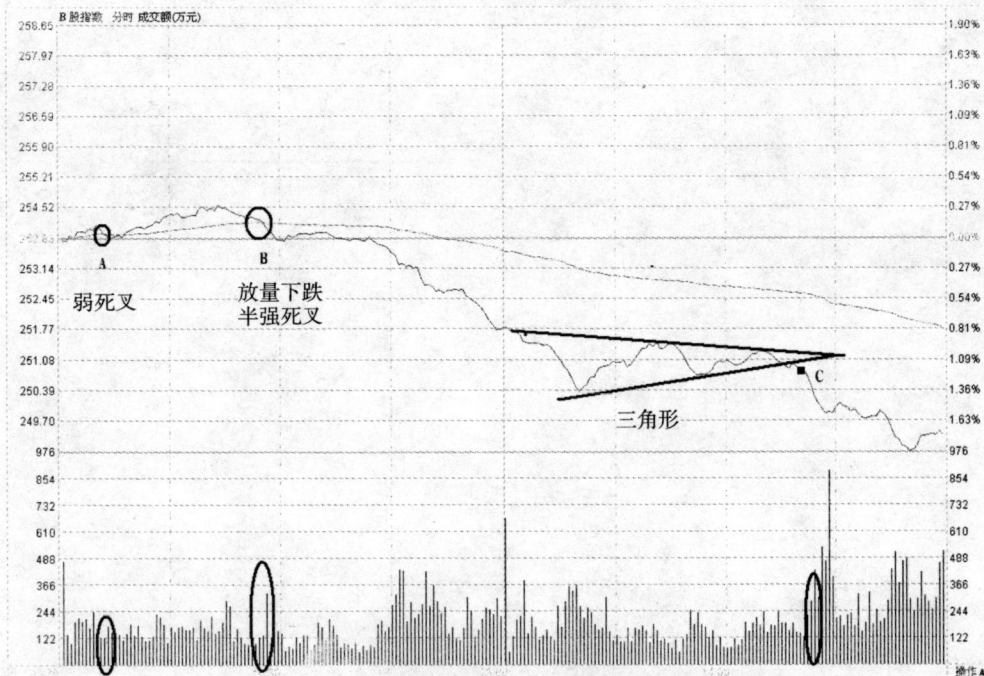

图 6-12　B 股指数半强死叉卖出走势看盘和操盘

第三节　强死叉卖出

　　强死叉要求股价跌破均线之前应该先跌破最近显著低点，同时在跌破均线时应该放大成交量，只要出现这样的死叉那么就属于强死叉，属于质量较高的做空信号。当然，如果强死叉没有出现在开盘半小时之内，则效力更高。

　　经典分时走势看盘和操作策略解析： 如图6-13所示，*ST唐陶开盘之后一路飙升，这是一个大单所为，此后股价像失去牵引的风筝，飘落而下，成交量变得稀疏，股价呈现锯齿形走势，市场兴趣不大。直到收盘前半小时，股价先是跌破近期最近显著低点，然后放量跌破均线，A点是一个强死叉卖出点。此后股价果然垂直下跌，这时候成交量又多了起来，代表市场重新有了兴趣。

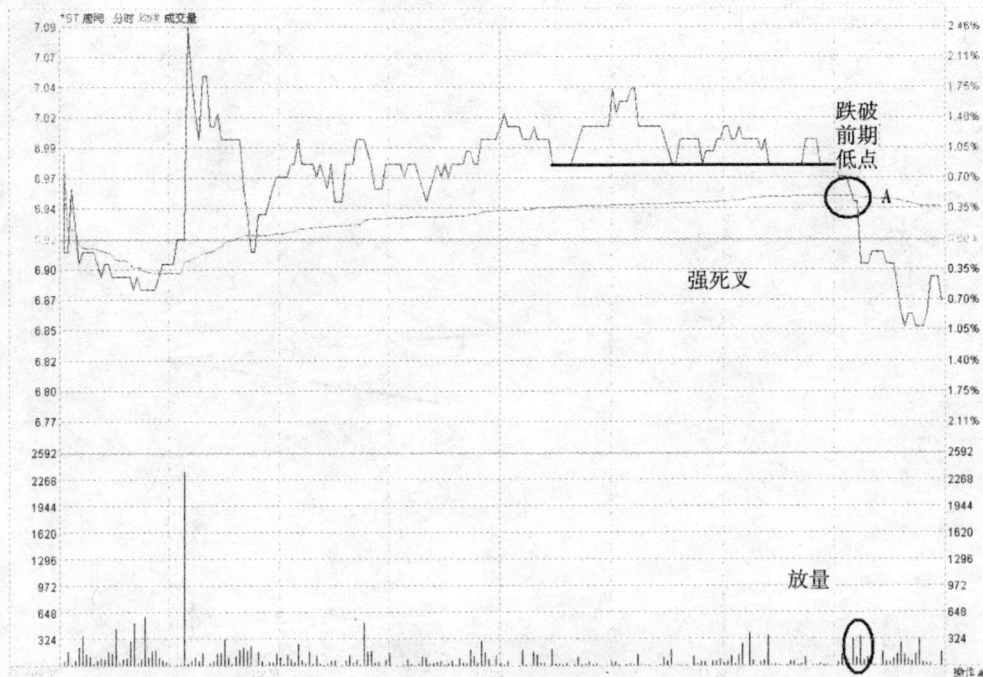

图6-13　*ST唐陶强死叉卖出走势看盘和操盘

　　经典分时走势看盘和操作策略解析：如图 6–14 所示，数源科技开盘之后股价逐渐走出三角形整理，到了早盘快要结束的时候，股价跌破了近期低点，然后放量跌破均线，A 点是一个强死叉，一个极好的卖出点。

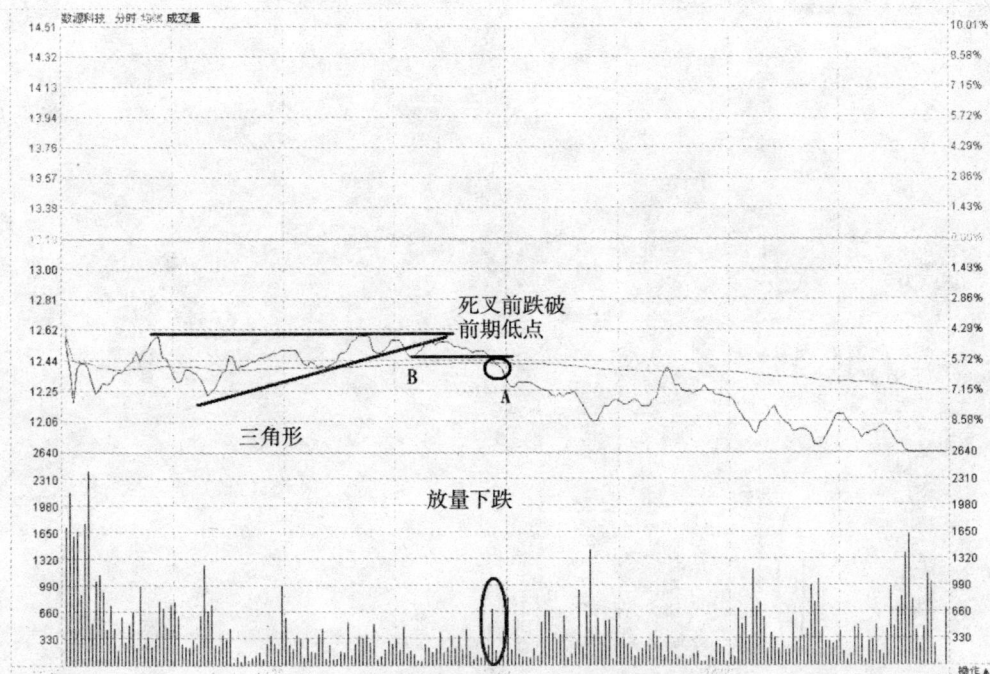

图 6–14　数源科技强死叉卖出走势看盘和操盘

经典分时走势看盘和操作策略解析：如图 6-15 所示，丰原生化开盘后就有死叉，但是相比开盘时的成交量并不显著，同时也是开盘半小时内的死叉，所以 A 点并不是一个很好参与点。之后，股价企图爬升，但是成交量缩小，表明市场并不支持上升。不久股价回落，跌破均线，之前已经跌破了邻近低点，跌破均线的时候放出了大量。

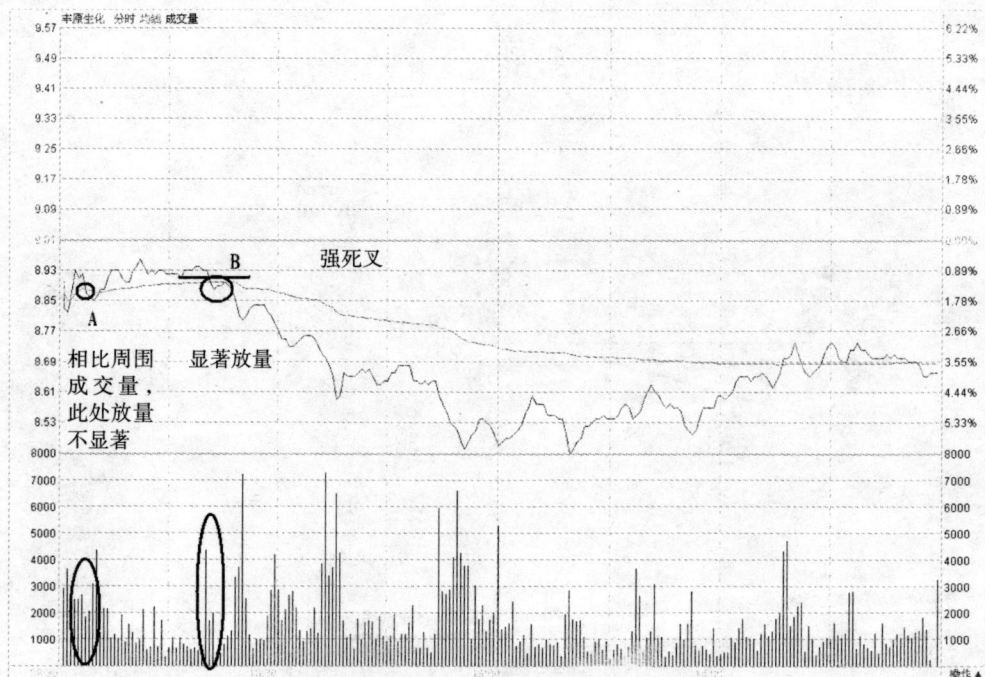

图 6-15　丰原生化强死叉卖出走势看盘和操盘

　　经典分时走势看盘和操作策略解析: 如图 6-16 所示,东方钽业开盘后走了一个上升通道,然后在 A 点放量跌破,紧接着放量跌破均线,仔细来看 B 点就是一个强死叉,在此点卖出可以规避不小的风险。这里需要注意的是,在开盘的上升通道走势中,看似股价在上涨,其实是在出货,这就是主力的高明之处,大家琢磨一下是怎么回事吧。

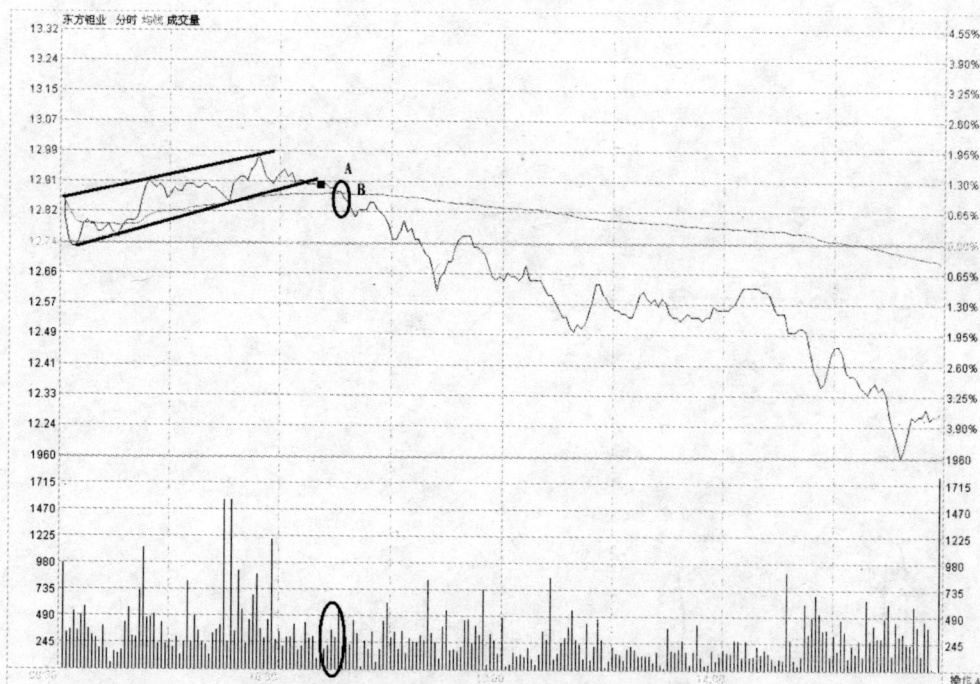

图 6-16　东方钽业强死叉卖出走势看盘和操盘

经典分时走势看盘和操作策略解析：如图6-17所示，华兰生物开盘之后处于横盘整理走势，开盘半小时内出现了弱死叉，不值得参与。10:40左右股价先是跌破最近低点，然后放量跌破均线，这是一个强死叉，值得我们采纳，后市果然放量大跌，直到午盘后段才止跌，但是根据成交量和价格走势来看，主力仍旧在出货。

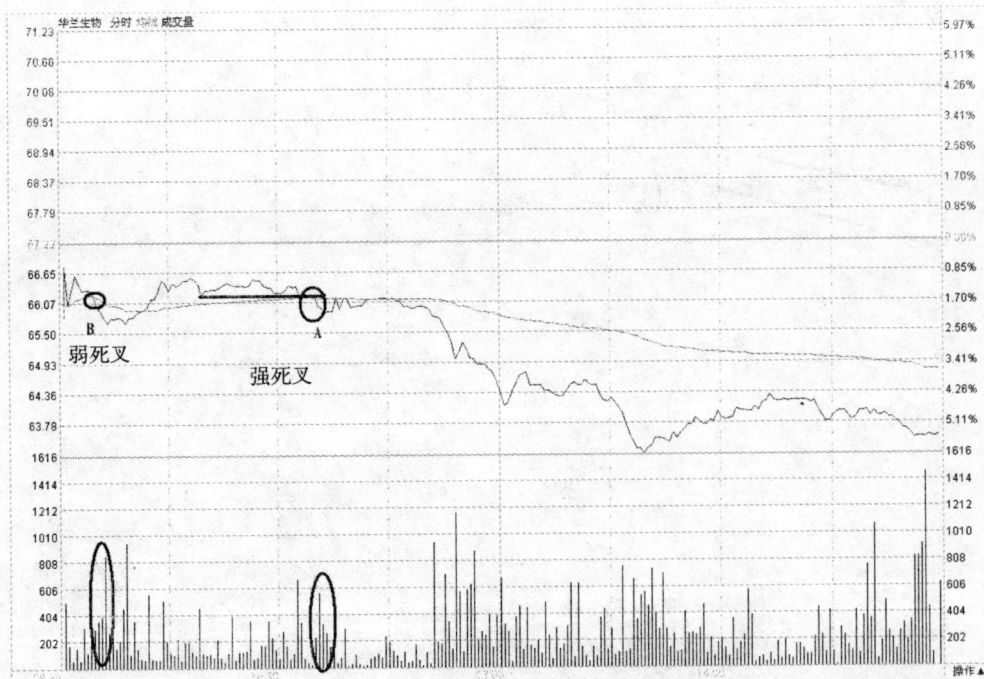

图6-17　华兰生物强死叉卖出走势看盘和操盘

经典分时走势看盘和操作策略解析： 如图 6-18 所示，思源电气开盘之后放量上涨，然后回落到均线附近，形成弱死叉，成交量萎缩，况且这个死叉发生在开盘半小时内，所以 B 点不是一个很好的参与点。此后，股价再度下跌，成交量跌破均线，此前刚跌破最近低点。

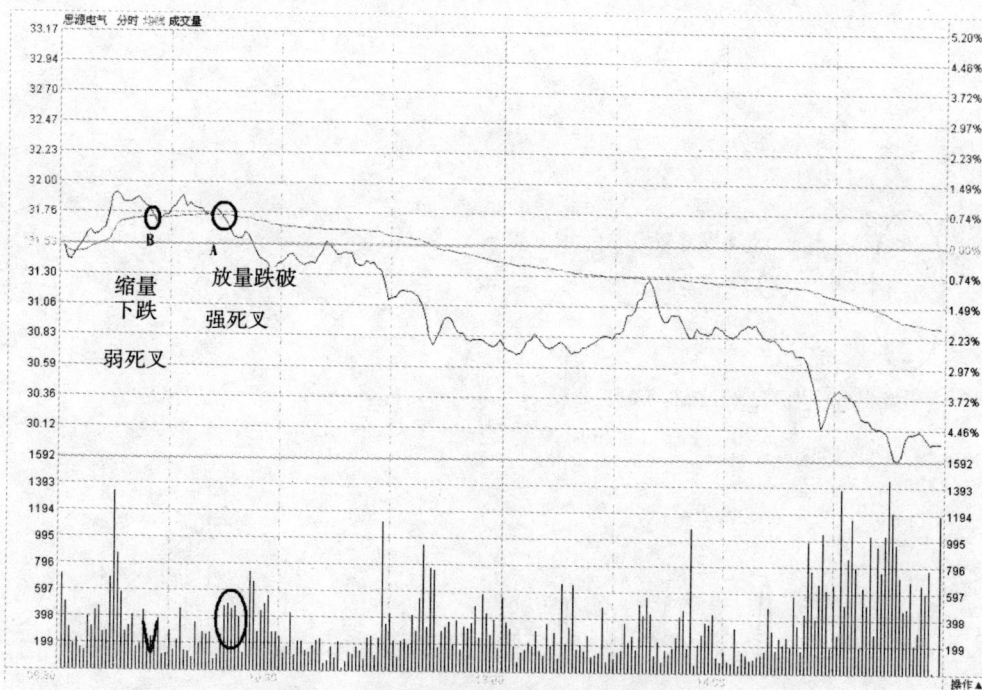

图 6-18 思源电气强死叉卖出走势看盘和操盘

　　经典分时走势看盘和操作策略解析： 如图 6-19 所示，同洲电子开盘之后一路下跌，跌势不明显，属于阴跌，开盘半小时之内出现了死叉，也就是 B 处，这类死叉不可靠。此后，在 10:15 左右，股价跌破均线，跌破均线之前跌破了一个小平台，同时，在跌破均线的时候出现了成交量脉冲式放大，所以 A 点是一个较好的卖出点。此后股价正如预料一般的持续下跌，成交量也是逐步放大的。

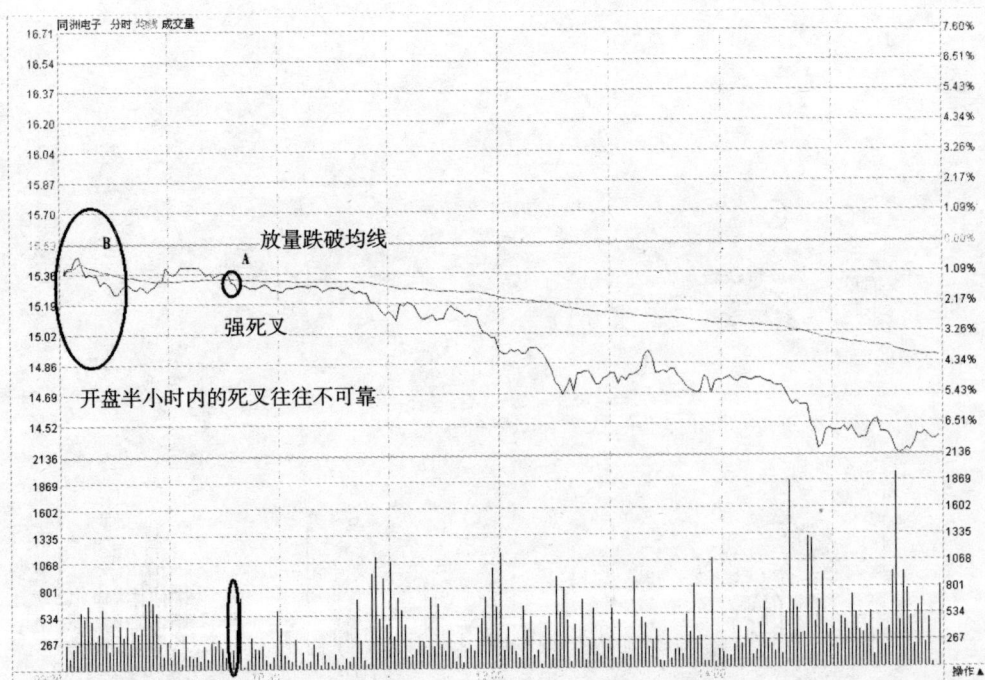

图 6-19　同洲电子强死叉卖出走势看盘和操盘

经典分时走势看盘和操作策略解析：如图 6-20 所示，江山化工开盘之后股价横盘整理，虽然市场也试图在开盘之初就发掘出一个走势方向，但是市场分歧很大。开盘半小时内股价也出现死叉，可靠性较低。在形成一个三角形过程中，股价放量跌破了均线，跌破均线之前刚跌破了邻近几个低点，同时跌破均线时放出了大量，所以 A 点是一个强死叉卖点。这个卖点出现不久，股价放量跌破三角形下边界，所以 B 点也是一个很好的卖点。

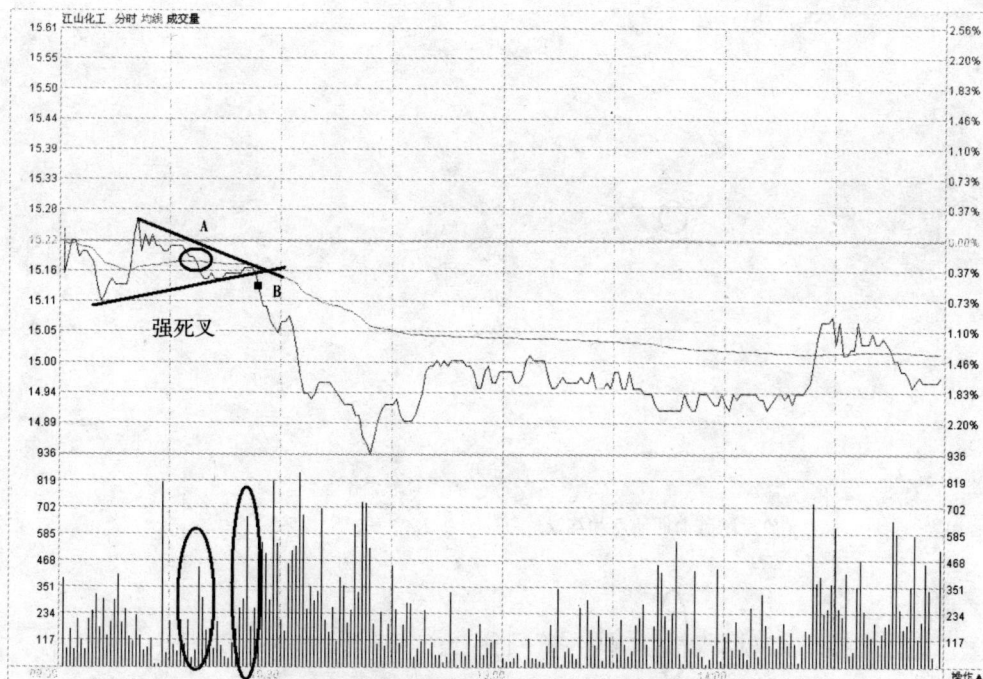

图 6-20　江山化工强死叉卖出走势看盘和操盘

经典分时走势看盘和操作策略解析：如图 6-21 所示，瑞泰科技开盘之后基本没有什么成交量，说明市场参与热情不高，流动性很差。股价一般呈现锯齿状走势都表明参与者很少。股价形成一个三重顶之后下跌，先是跌破了颈线，然后放量跌破了均线，这是一个标准的强死叉，A 点是一个较好的卖出点。

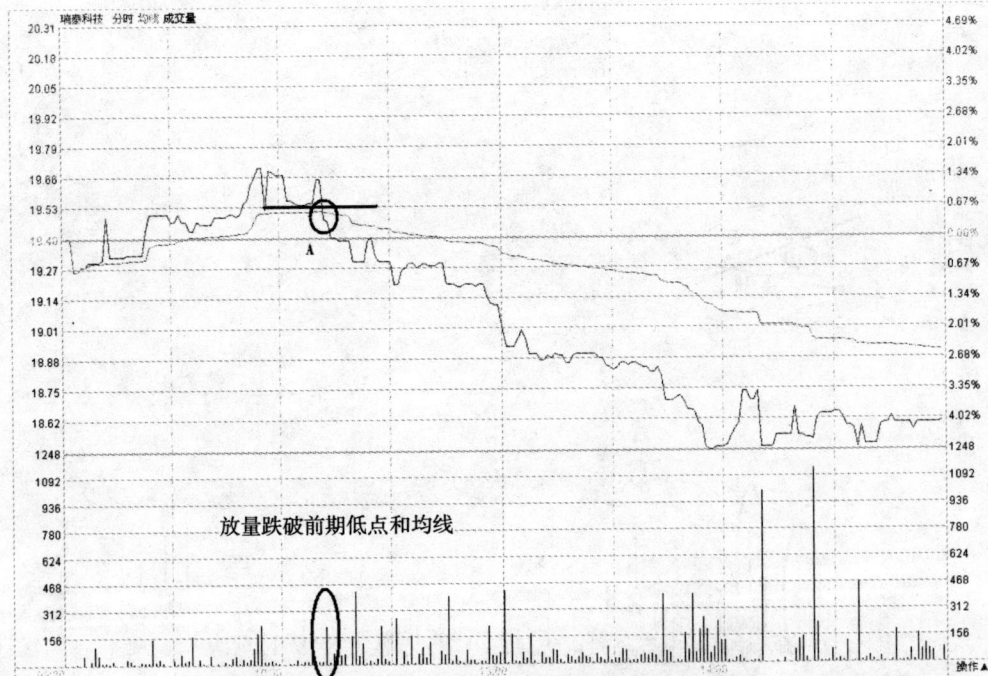

图 6-21　瑞泰科技强死叉卖出走势看盘和操盘

星期日

第七章 分时玄机7 分时前日区间突破玄机

前一个交易日的分时走势有一个最高价，有一个最低价，这两个价格往往是买入点和卖出点的参考价位。很多时候，我们在进行分时分析时都忽视了前一日的分时走势，其实一个交易日的走势往往受制于前一日的走势。当股价升破前日最高价位的时候，持续上升的可能性很大；当股价跌破前日最低价位的时候，持续下跌的可能性很大。所以，前一日价位高点被突破是很好的买点，而前一日价位低点被跌破则是很好的卖点。

第一节 分时前日区间升破买入

分时前日价格波动区间，简称"分时前日区间"，是今日股价运动的参考系。如果我们能够立足于前一交易日的波动极点，就能够对当下股价分时走势有足够的认识，也能更好地把握买卖点。一般而言，我们会在日K线走势上分析个股未来的涨跌大势，然后在具体的分时走势上寻找具体的进出场点。本小节传授分时走势突破前一交易日高点买入的策略，下面我们就结合具体的例子进行演示吧。

经典分时走势看盘和操作策略解析：如图 7-1 所示，楚天高速前一交易日在 7.15~6.94 元波动。可以看到本交易日股价一直徘徊在这个区间之内。股价几度上升到前日高点，但是都不能突破，也就是说无法形成突破区间买点。

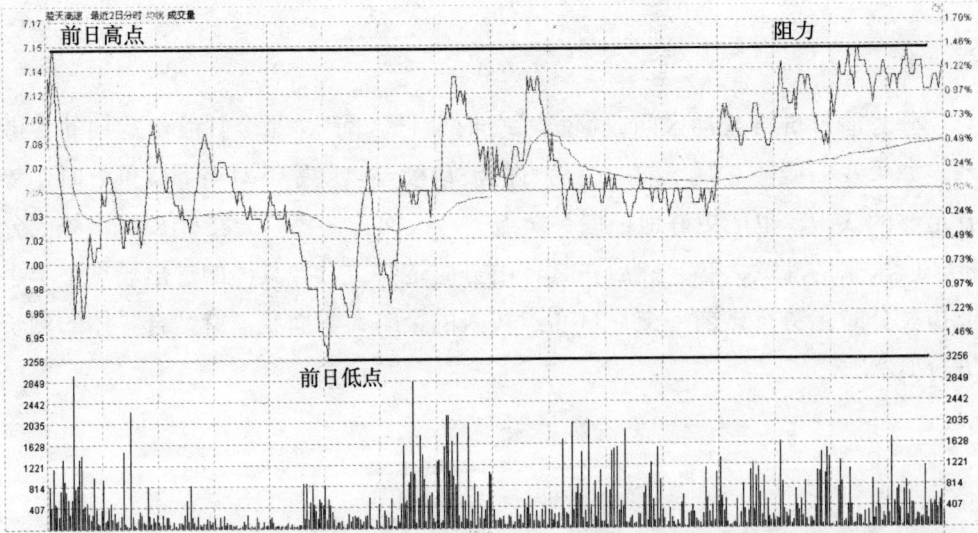

图 7-1　楚天高速分时前日区间升破买入走势看盘和操盘

经典分时走势看盘和操作策略解析：如图 7-2 所示，华电国际前日开盘之后股价一路下跌，在 4.61 元创出当日低点，前日最高价成了最低价。在前日分时走势中，股价试图下破 4.61 元的低点但是没有成功，因此 4.61 元成了一个很强劲的支撑点。今日开盘之后，股价开盘就往上走，升到前日开盘价附近就受到阻挡，之后整个交易日都处在前日开盘价之下，由于没有突破该价位，也没有跌破前日最低点，所以没有买卖信号发出。由这个例子，我们发现了前日分时区间的阻挡作用。

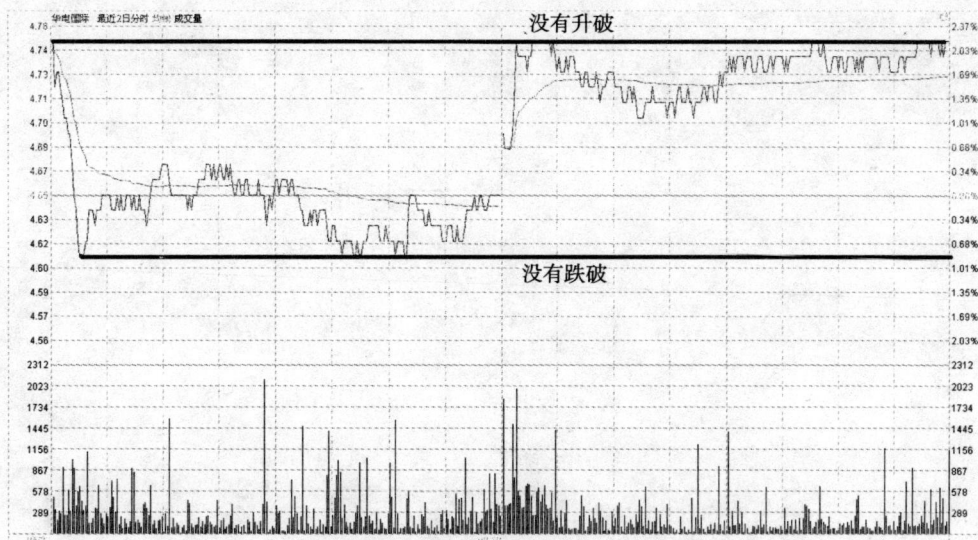

图 7-2　华电国际分时前日区间升破买入走势看盘和操盘

经典分时走势看盘和操作策略解析：如图 7-3 所示，南方航空前日开盘之后股价先是下跌，然后再度上升，在收盘前形成了当日最高价。今日，股价开盘不久就升破了前日分时区间的最高点，于是买入点形成了，也就是图中的 A 点。前日分时区间突破买点比较简单，因为寻找起来非常机械，但是却非常有效。简单不等于低效，却往往意味着高效，这就是股票买卖的现实。

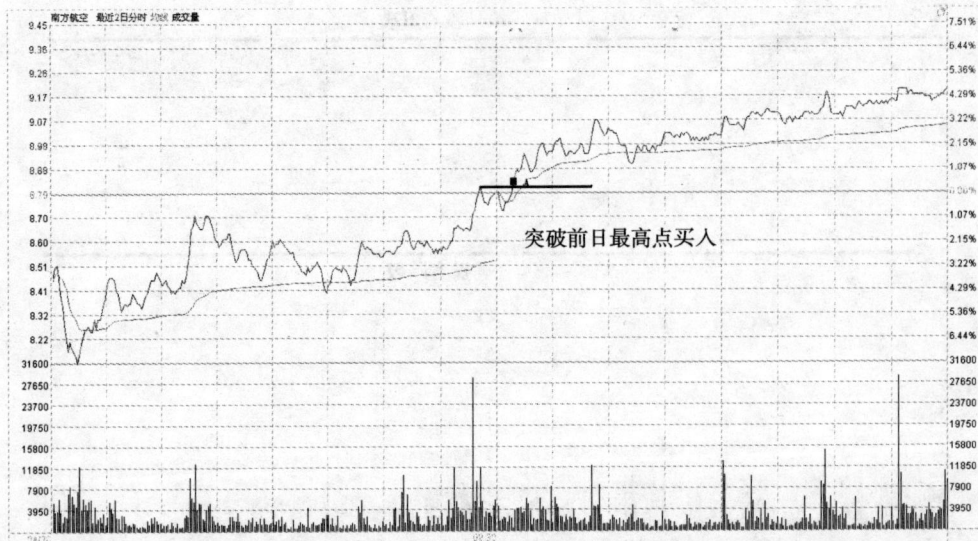

图 7-3 南方航空分时前日区间升破买入走势看盘和操盘

　　经典分时走势看盘和操作策略解析：如图 7-4 所示，黄山旅游开盘之后一路下跌，在 21.30 元附近形成低点，然后转身向上，在收盘前形成当日高点。今日开盘之后，股价立即放量突破了前日高点，于是 A 点成为一个极好的买点。

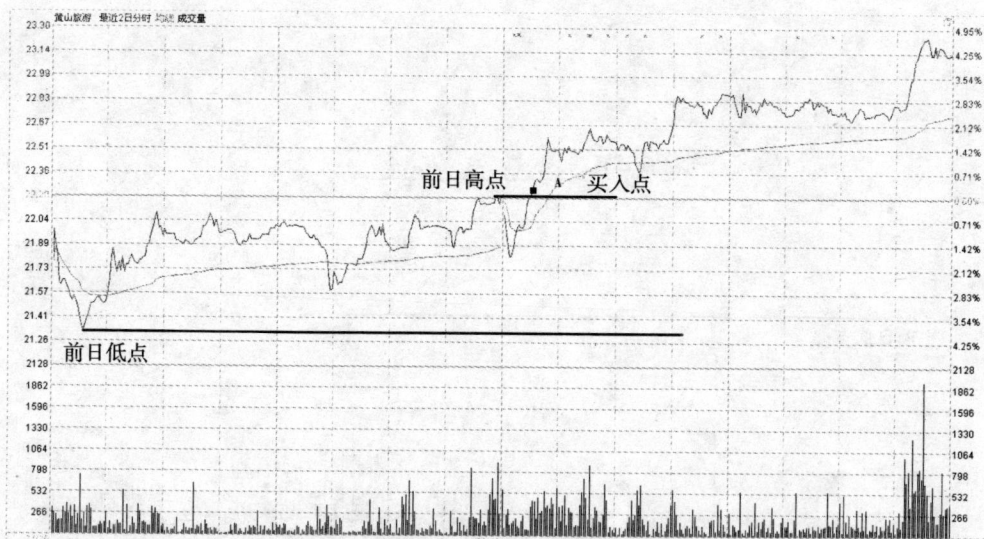

图 7-4　黄山旅游分时前日区间升破买入走势看盘和操盘

经典分时走势看盘和操作策略解析：如图 7-5 所示，中国医药开盘之后就下跌，形成前日交易低点，之后股价一路上涨。在午盘中段形成了前日高点，然后股价小幅回落维持整理水平走势。下午，股价开盘跳空突破前日高点，所以 A 点成了较好的买入点。

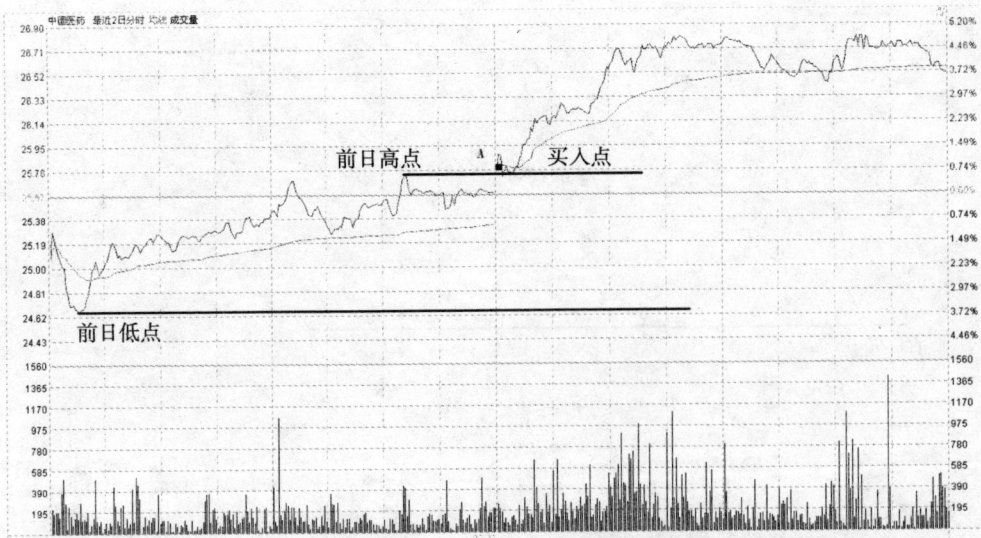

图 7-5　中国医药分时前日区间升破买入走势看盘和操盘

第二节 分时前日区间跌破卖出

分时前日区间的低点被跌破的话，往往构成一个很好的卖出信号。前日分时区间低点是一个较为重要的支撑，这是被一般人忽视了的，当这个支撑点被跌破的时候，往往是一波下降趋势开始的信号，因为是很好的卖出点，对于融券做空交易者而言，这也是一个很好的做空信号。

经典分时走势看盘和操作策略解析：如图7-6所示，三一重工前日开盘之后上冲下洗，呈现宽幅震荡走势，开盘价最终成了区间最高价，29.96元成了区间最低价。今日开盘之后，股价一路下挫，稍微跌破前日低点就马上拉起，A点成了一个假卖出信号。在利用跌破前日区间低点卖出信号的时候，最好等跌破达到一定幅度再采用，这是一个重要的经验。一般而言，前日分时走势低点是一个重要的支撑点。

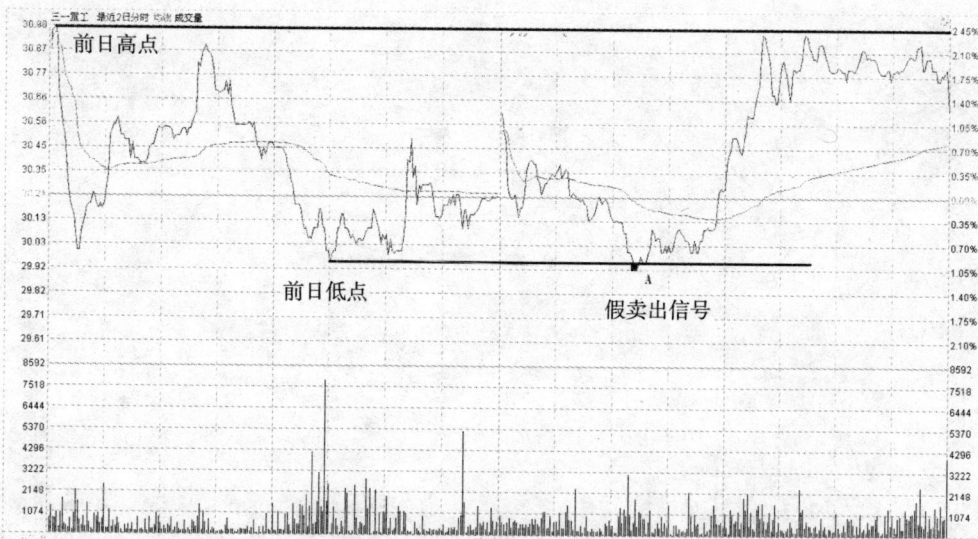

图 7-6 三一重工分时前日区间跌破卖出走势看盘和操盘

经典分时走势看盘和操作策略解析：如图 7-7 所示，香江控股在前日交易时间中段形成当日低点，而收盘之前股价形成当日高点。今日开盘之后，股价直接跌向前日低点，在该价格水平获得支撑，其中有一次假跌破，也就是 A 点。这里需要总结一下区间假突破的特点，那就是一般幅度极小，往往在 0.2%以内。

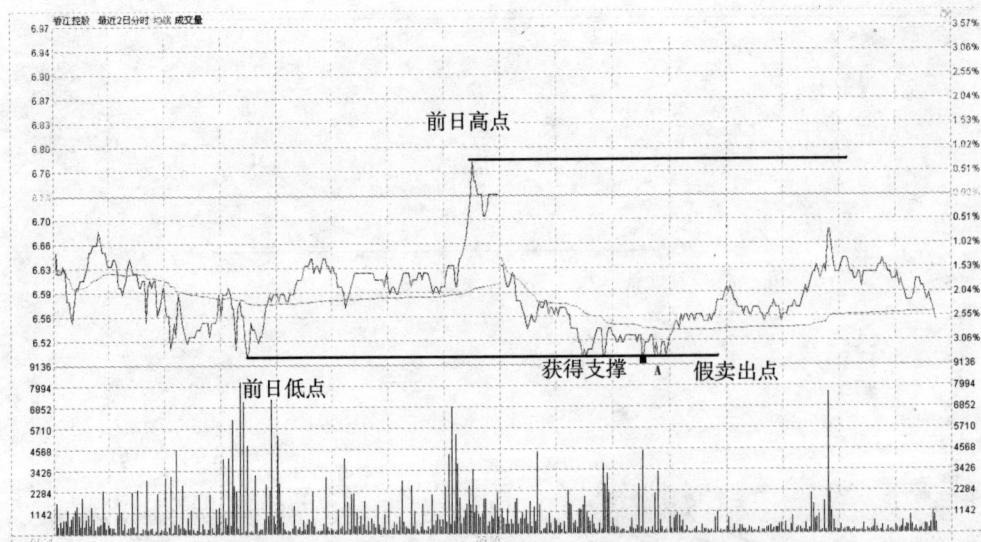

图 7-7　香江控股分时前日区间跌破卖出走势看盘和操盘

经典分时走势看盘和操作策略解析：如图 7-8 所示，四创电子前日开盘形成区间低点，午盘中段形成区间高点。今日开盘后股价持续下跌，直接放量跌破前日低点，因此 A 点是一个较好的卖出点。

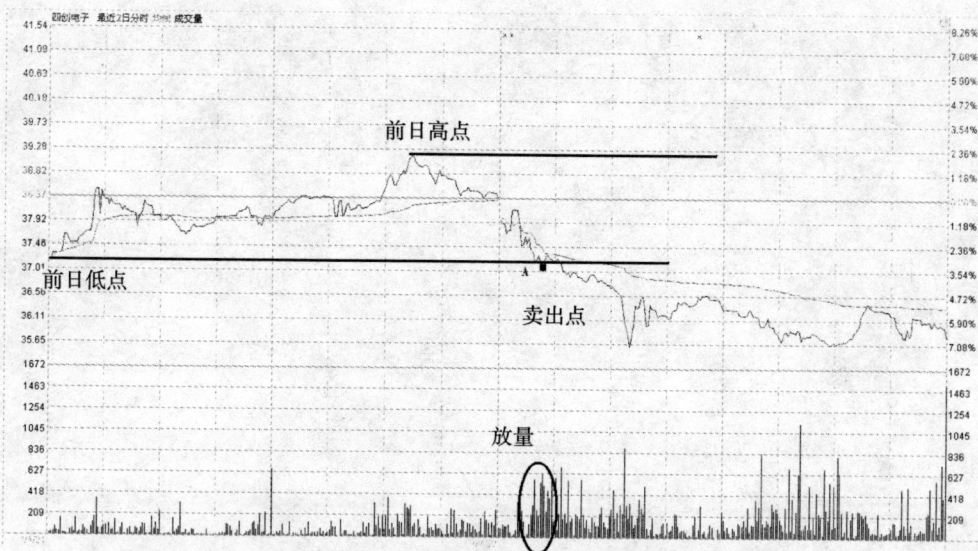

图 7-8 四创电子分时前日区间跌破卖出走势看盘和操盘

附录　常锦先生总结的分时走势十五计

　　为了让大家对分时盘口有更加深入、全面的认识和掌握，我们特将圈中广泛流传的分时走势十五计附在本书最后。这个分时十五计的总结者现在很难考察，因为相隔快十年，一直比较可信的说法是常锦先生所创，但是现在这位高人很难联系上，所以不揣冒昧将他总结的十五计附在这里，以便本书的学习者进步，也算是对常锦先生学说的发扬光大。

第一计　细中有粗

　　在分时走势中，可以看到很多主力意图的表现，无论是多么娴熟的操作技巧，多么天衣无缝的事前策划，在股市中人算不如天算的事情时有发生，这就给投资者判断主力的真实想法创造了机会，但是在看盘过程中，如果非常专注于分时走势，再加上自己先入为主的心理，很容易被一些细小的非主要因素误导。

　　每天的分时走势组成了股价的短线、中线和长线趋势，中长线趋势无法左右，但短线的以及当日的走势很容易受到大资金或大筹码的拥有者的影响，对这种短线行为的分析有助于对中长线走势的把握，不过，这种走势很容易让人忽视对全局的认识。散户投资者大多数都会受到股价涨跌产生强烈的心理影响，一般情况，股价在明显上涨之后，涨势才会明朗，投资者看清这种趋势时才会考虑买进，这样就形成了分时走势中投资者的先入为主，再分析股价时就会自然而然地把分析建立在本身已涨的基础之上，这时感情是主导，而当涨的基调深入投资者心中后，盘面点点滴滴的变化都会引导投资者作出向上涨的可能判断，对此是非常难以控制的，有时甚至是不知不觉，可能根本意识不到自己会先入为主，就像"不识庐山真面目，只缘身在此山中"，目光只会跟着风景走，更多的只能是凭直觉判断了。

例如 2001 年 11 月 23 日的南风化工（000737），当日股价高开高走，一刻钟后涨停，很快涨停板打开，之后震荡回落。因为开盘涨势很猛，给投资者留下很深的印象，在如此弱势里，有股票强劲上涨，属强势股无疑，在这种大致和最初简单的判断下，继续观察盘面，该股盘面出现了回调后又上涨的反复，对于持有者来说，涨后的回调是正常的，对于想买的人来说，回调正好给了买入的机会，于是股价继续着回调和上涨的交错，人们在涨的基调之下，对盘面点点滴滴的变化统统作出善意的理解，在分时走势中，是不断的期待和对自己自圆其说的安慰，没有人想到回调是有人出货。但翻看日 K 线图，结合大势，这种冲高后的回落的确是有人派发，在分时走势里也可以看清楚，最简单的，该股股价虽然上涨了，但全天大部分时间里是在不明显的下跌之中，许多投资者只是看到了前面的上涨，再也不愿看到后面的下跌了。忽视了这种更长时间

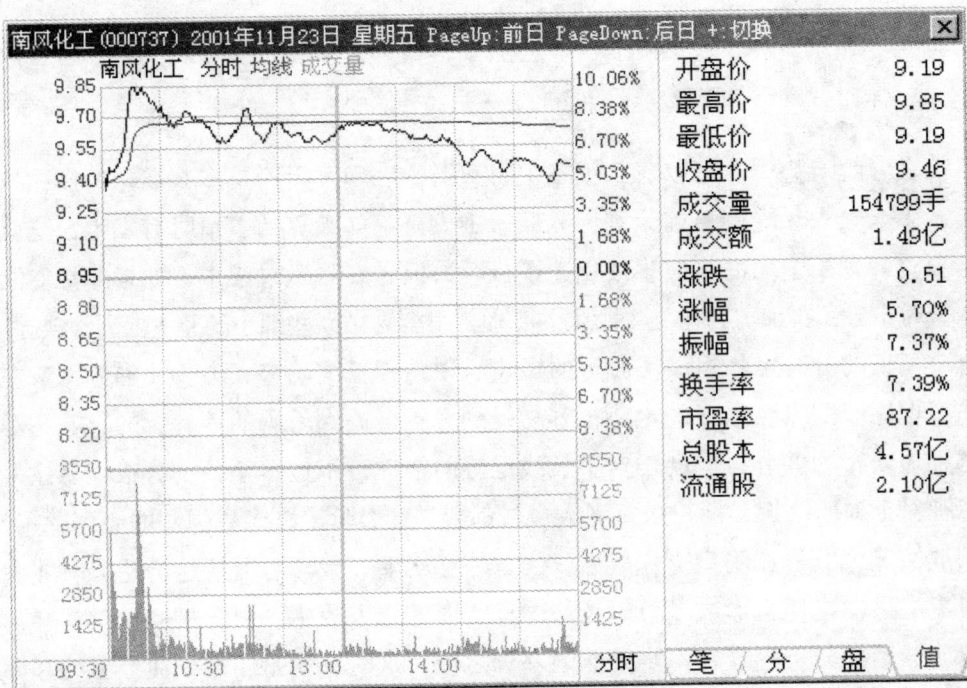

附图 1　南风化工的细中有粗

的下跌，是因为在分时走势中，回调之后总有反弹，尽管反弹力度不断减弱，可先入为主的投资者是可以对此一而再、再而三地宽容。

在思考和判断过程中，事实的真相就摆在我们面前，每一个人都是细心者，但如果将看盘的重点放在小的方面，就没有时间看清大方向，就洞察不到影响股价未来趋势的本质因素了。股市里，一定要深入其中后，适时和及时地站出来，粗中要有细，更重要的是还要细中有粗，才不会模糊了大方向。

第二计　尾市急升不参与

从收盘价看，股票的变化只有两种：一是涨，二是跌。但仅以此判断未来股价的走势远远不够，要想更多了解盘面具体的变化，一定要看分时走势的变化，最普通的比如拉升的时间上就有很多文章，在此我们重点探讨一下在尾市时急速拉升的案例。

尾市急升有两种情况：第一种，在收盘最后一分钟时股价出现异常的放量拉升，股价的变动呈跳跃波动，这种尾市拉升的手法只是市场投资者短时间的需要，有时可能是为了粉饰账面利润，有时是为了引起市场关注，多是一种信心不足的表现。这种手法在股价大幅上涨之前一般不会出现，在股价主趋势完成以后才比较常见。第二种，量价配合非常完美，出现正常的价涨量增，此时股价流畅上扬，在很短的时间里出现让人赏心悦目的上涨，成交量也呈现极有规律的持续放大，因为主力要在有限的资金量下实现股价涨幅的最大化，所以在时间上多选择收市前半小时内完成整个拉升，给人的整体印象是涨势非常强劲，上涨已迫不及待。这种尾市的急升主要是主力为了吸引市场投资者参与，集中资金和筹码在短时间里交易，做出极具实力的股价形态。这种结论基于三点：第一，主力并不想增大持仓量，在分时走势的交易中，股价一口气上涨，并不是主力拼命想要货，而是在大量交易下利用投资者心理喜好的变化有效抑制抛盘，上方看起来很大的抛盘实际上是在主力的预期中；第二，主力想要做高股价的幅度已经有限，所以选择尾市，否则完全可以开盘后拉升，就可以买到更多筹码，尾市拉升说明主力已无心恋战；第三，尾市拉升不会给投资者充分的时间思考，一般会依据追涨心理行动，可见主力是想让市场持有者持有，观望者买进。

例如，2001 年 12 月 3 日的上实发展（600748），该股已连续拉升数日，在这段仅是拉升的运行过程中，主力完成了拉高吸货、拉升洗盘以及拉高出货，从当日的分时走势看，股价在全天大部分时间里窄幅波动，下午两点后开始震荡上涨，临收盘前半小时，股价开始发力上涨，呈现流畅上扬的态势，成交量也成倍放大，在没有任何回挡的情况下从 5% 至涨停，显而易见，主力急切想推高股价并希望市场都来关注该股的上涨，再依照前面的分析，该股主力是不想付出太大成本而尽量在高位派发筹码。

能在尾市急速拉升的股票一定是控盘程度很高的股票，主力已不怕被散户发现，完全是通过这种手段尽可能地让人参与，也就是说，此时主力的目的多是出货，而此后股价的整体上涨空间已经有限，对于投资者而言，此时追高参与无异于刀口舐血。

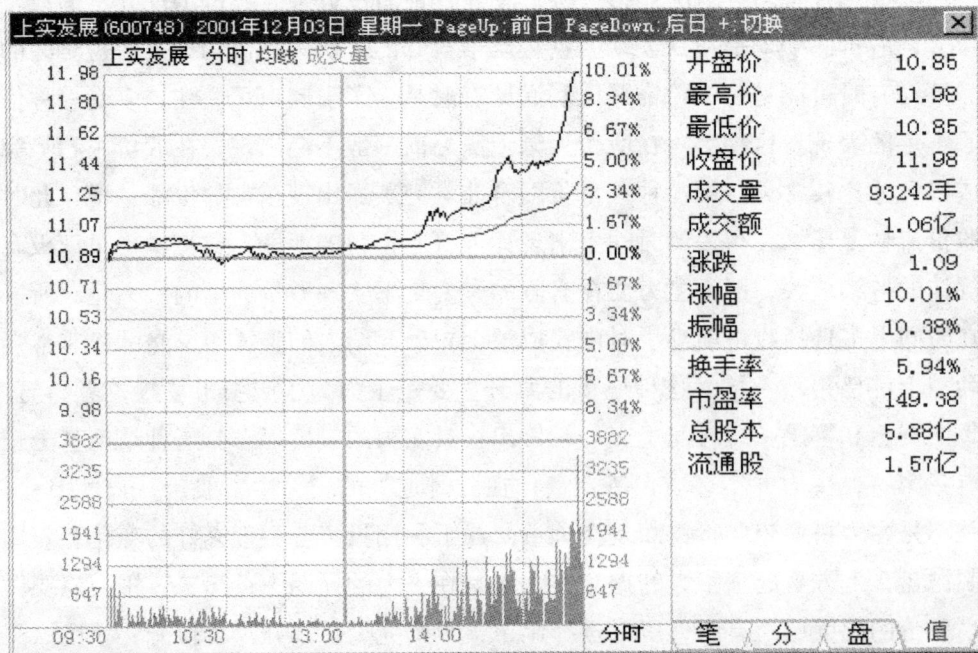

附图 2　上实发展的尾市急升不参与

第三计 不吸货拉升要提防

　　股价上涨意味着市场有较强的获利预期，尤其在上涨之初，市场正常的思路应该是尽量地买进，可在分时走势中并不经常是这样，有些时候迫切需要股价上涨，但市场实际并不是愿意买进，就会出现不想吸货的拉升，想要出货的拉升，这种分时走势反映了主力想要尽快离场的决心。

　　不想吸货的拉升大多出现在大资金被套的股票中，这类股票主力非常被动，因为迫于无奈，采取直接杀跌的手法离场，此时股价中线趋势自然是一路下跌，当跌到一定位置，市场中除主力以外所有的人套牢，这时股价再跌，既没有人买进也没有人能够卖出时，股价会自然出现短线止跌，经过一段时间的无量的交易后，如果大盘能突然趋好，这种股票会迫不及待地拉升，但必定是不想吸货的拉升。这种情形的判断需要掌握非常重要的盘面特征，在日 K 线中很难分辨，在分时走势中却能一目了然。

　　例如，2001 年 11 月 20 日，大盘在某些利好传闻的影响下，股指节节走高，前期超跌股均出现了较好的反弹，风华高科（000636）也做出了迅速的反应。该股曾经大幅上涨，是注重基本面分析的市场人士极为推崇的蓝筹成长股之一，但事过境迁，股价持续下跌，从将近 30 元开始单边下跌，期间有获利盘的杀跌，有套牢盘的反复斩仓，还有抄底盘的止损，直到一切波澜恢复平静，股价已跌至不到 9 元。这时持有的投资者因为超跌已经不再卖出，想买的投资者因为前期的示范效应不敢买进，股价处于无量僵持状态，但此时仍有出货盘继续寻找出局机会。当日大盘震荡上扬，风华高科抓住机会立即响应，在分时走势中我们清楚地看到，股价开盘后稳步盘上，涨到 3% 左右时，同板块的东方电子（000682）出现涨停，该股盘面突然出现连续的极其迅速的大笔交易单，只在 3 分钟内，股价从 9.20 元涨到涨停 9.77 元，之后稍有回落，一直在相对高位做窄幅整理。在这段短暂的拉升中，主力目的非常明确，就是推升股价上涨的同时尽可能少买进，于是用大笔交易单在最短的时间里让股价尽可能地涨高，再用这种涨的气势吸引人买入，毕竟这个位置，股价早已超跌，从很多角度看都有机会获利，自然会吸引博彩的人介入，仅这 3 分钟的拉升过程，可以非常明了主力的意图——只想让股价上去，并不想真心买进，而让股价上涨的目的是让别人买进，自己则卖出，可想而知后面的盘整，主力是在不断出货。

一叶落而知秋，看到分时走势中虽然只是几分钟的表演，但应该可以判断主力的真实心理和操作意图，作为投资者完全可以因此而预测出股价今后的趋势，并做出相应的对策，也许在生活中这样考虑一些事情可能会有些草率，但在股市里，这种结论往往是正确的。

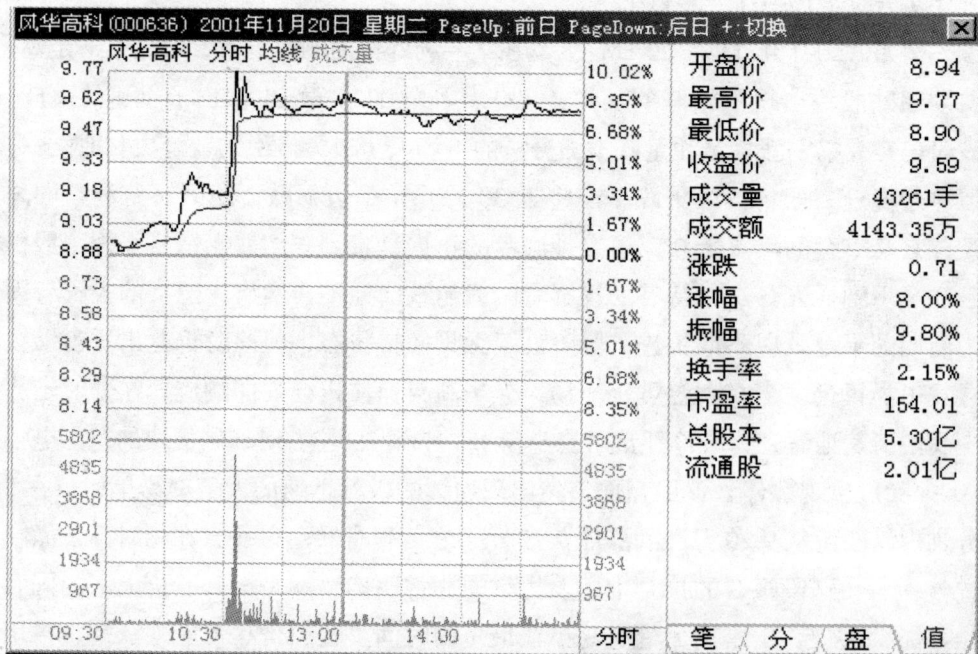

附图 3　风华高科的不吸货拉升要提防

第四计 跌势里的钝化表现

　　一只股票在上涨时总是轰轰烈烈，下跌时则正好相反——默默无闻，这种特点在分时走势中表现得尤为突出，主要的原因是，作为盘中暂时可以影响股价短线走势的资金或者筹码，总是希望股价在上涨过程中得到市场的关注和积极参与，在股价下跌的时候，尽量让持有者更长时间地持有，这样投资者就不会因突然恐慌而卖出，于是在分时走势中我们经常可以看到主流资金的小心翼翼。

　　分析分时走势，股价的种种表现会充分体现主流资金或筹码控盘的目的以及股价后市可能出现的必然走势，对于投资者来说，判断股价总的趋势，不仅要看多种 K 线组合，分时走势对将来的预测也是至关重要的。例如 2001 年 11 月 16 日跌停的海螺型材（000619），这只股票也是控盘程度很高的一只庄股，在前期大盘下跌了几个月中，该股没有受到任何不良影响，甚至股价还出现了略微的重心上移，市场筹码的高度集中是显而易见的，当日该股像往常一样平静地开盘，之后缩量整理，但市场再也无法用它的耐心和精力维持以往看起来很容易的盘局，股价一点点滑落，没有什么特别，而且单从分时走势看，股价的跌幅也并不强烈，并非是那种轰轰烈烈的大跌势，就是这么自然而然地下跌，就是这么简简单单地跌停，盘中没有任何抵抗，也没有什么异常迹象，股价就在平静中进行着交易。从这种毫不抗跌的走势中，我们看到三点问题：第一，跌停本身是有备而来的，市场用最迟钝的走势说明了股价中散户参与数量的稀少；第二，主力小心翼翼，让跌停并不起眼，说明主力尽可能在让减仓盘出局；第三，分时走势非常平淡，跌停本是股价最大风险的体现，没有理由如此若无其事，原因只是因为存在某种很自然地掩盖风险的力量。基于这三点的分析，可以判断这只股票，主力持仓很重，在这个点位继续维持盘局已没有太大意义，主力虽然急于出货，但必须要不动声色等待以后的机会，否则可能更惨。

　　分时走势让我们看到了主力的持仓比例的轻重，也看到了主力想要出货但却无法出货的无奈，尤其那种并不意外的跌停，好像力图让人们相信，主力会与我们风雨与共，可事实上大家都明白，主力无非是想等待一个可能会有接盘的位置再出货，而现在盘面的这种钝化表现正是为日后目的的实现做提前的铺垫。

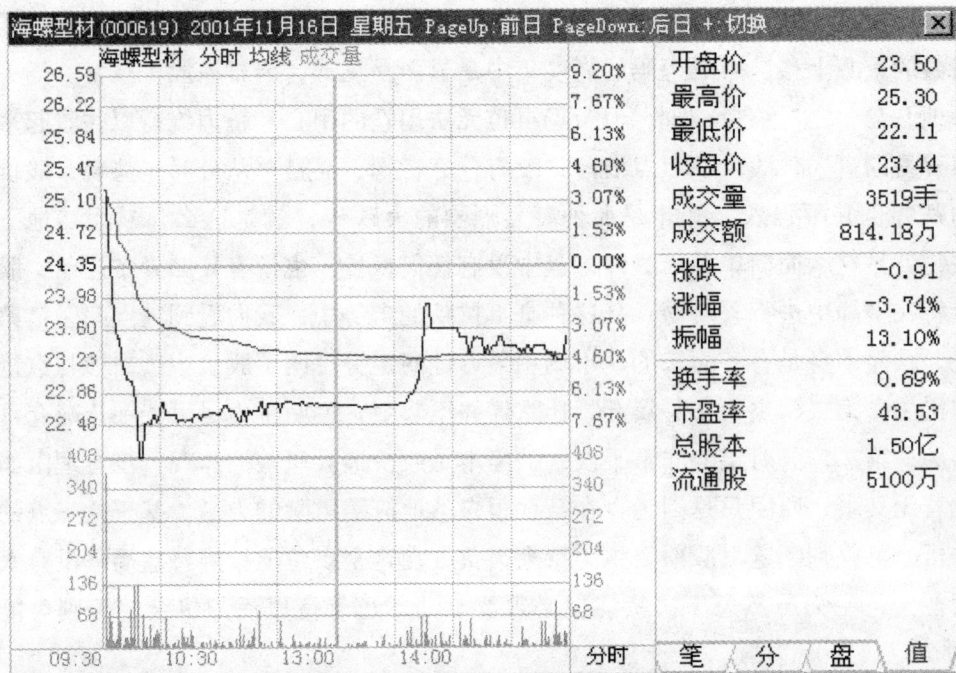

海螺型材(000619) 2001年11月16日 星期五 PageUp:前日 PageDown:后日 +:切换	
开盘价	23.50
最高价	25.30
最低价	22.11
收盘价	23.44
成交量	3519手
成交额	814.18万
涨跌	-0.91
涨幅	-3.74%
振幅	13.10%
换手率	0.69%
市盈率	43.53
总股本	1.50亿
流通股	5100万

附图4　海螺型材的跌势里的钝化表现

第五计　吸引眼球的拉升

精致的广告，为了吸引人们的眼球而多姿多彩，分时走势中，如果股价的上涨轰轰烈烈，也就不是单纯拉升这么简单，就像广告的目的是让人们买，这种为了吸引人们关注的拉升目的也一样是为了让人们买进。

一般情况下，股价出现明显的拉升，甚至是持续的强势上涨，往往已是股价运行的后期阶段，即出货阶段。是短线派发，还是中长线的彻底出货？短期内市场筹码必然是呈明显的分散状态，但是在分时走势中，这种判断并不清晰，因为想要出货的筹码为达到相对高位出货数量的最大化，必会在交易中细致地维护盘面，让投资者尽量买进和尽可能长时间地持股。对于主力而言，最简单的方法是采用大胆的欲擒故纵的手法，即想卖就拼命地买进，这种方法是出货的极有效方法。理由有三点：第一，人们都有从众心理，在分时走势中，如果投资者不仔细分析是谁在买卖，看到有人迫切买进，很容易因为从众心理而匆忙介入；第二，对于大成交量抱有希望，当看到股价在放大量交易时，会有人理智地想，这些买进的人不会鲁莽行事，却不知主力就是利用投资者这种心理变化迷惑人们；第三，股价有良好的 K 线形态组合，这是投资者安心参与其中的最大理由，而对于主力而言，想要出货，必会处心积虑，短期好的形态出现也并不难，但会让人们在主力最希望有接盘的时候介入。

例如，2001 年 11 月 26 日的 *ST 灯塔（000695），在分时走势中，股价开盘后义无反顾地震荡盘上，不顾大盘的下跌，放量上涨，这对主力来说是兵家大忌，但该股已营造了一个星期的价涨量增的标准圆弧底，此时已到了不得不涨的时候。在股价上涨过程中，出现了很多单笔大单交易，并有较长时间的持续性，股价显出很强的抗跌性和很好的上攻性，但这与盘面的实际情况是矛盾的。在分时走势中盘整阶段，成交量是递增的，分析盘面的结果是压力越来越大，而正常的拉升应该是随着强势盘整的进行，压力越来越轻，还有当日的成交量是前一日的一倍多。该股表现出量过大的异常，如果是正常的拉升，不应该有这么大的量在此处分散，综合而言，该股这种上涨是主力想要吸引市场眼球而作的拉升，目的和结果都是出货。

有谋划的事多是暗中成事的，以前有无数的例子，当人们看见一只好股票时，发现该股早已默无声息涨了很久，分时走势中这种情形依然存在，不到万不得已，没有股票会大张旗鼓地张扬，此时是投资者最应该谨慎的时刻。

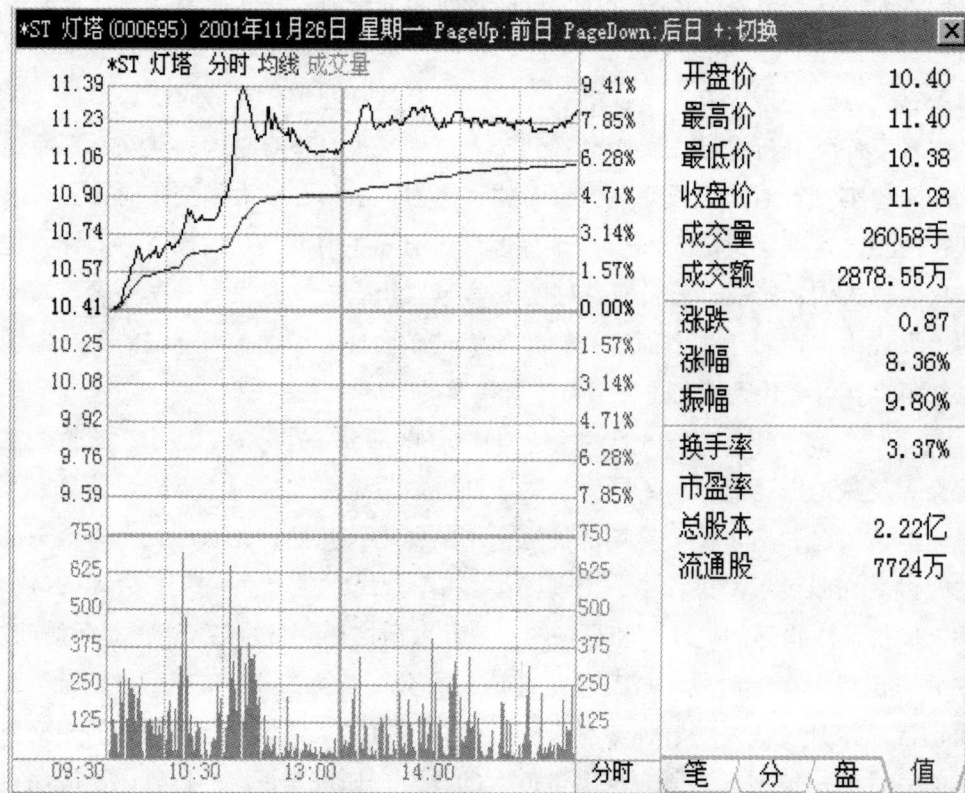

附图5 *ST 灯塔的吸引眼球的拉升

第六计 筹码的再次收集

筹码的收集是一段较长的过程，但往往总是等股价走出收集区域才会恍然大悟，从实际操作角度看，这种发现显然是滞后的，不过，如果能仔细观察分时走势图就可以有效地改善这种滞后性。

在分时走势中，筹码的收集有两种典型的方式：拉升吸货和打压吸货。这两种手法在盘面中表现得很简单，反复上涨和反复下跌，但只从股价的变动形式上是很难判断出主力就在吸货，还要从盘口买卖节奏、买卖数量的变化中不断验证自己的判断。在拉升吸货中，股价的拉升速度是尽可能地慢，这与想要出货的拉升截然相反。当盘整或下跌已没有筹码出局时，为了吸货主力不得不拉升，但同时必然要加大买入成本，为协调这种矛盾，股价在分时走势中必然是尽量缓慢上涨，成交量的变化则没有明显规律，因为是收集筹码，细节的量变具有随机性。打压吸货相对复杂，股价在分时走势中会出现较剧烈的宽幅震荡，主力希望通过股价的下跌震出恐慌盘，通过急跌后的反弹让信心不足者逢高离场，此时成交量的变化呈较规则的下跌放量，反弹缩量。此外，在盘口交易中表现出反向思维和正向思维的交错运用，这主要是主力区别对待不同思维投资者的结果，对于普通投资者，主力运用反向思维可以实现自己的意愿；对于比较成熟的投资者，有时正向思维才可以让他们的操作符合自己的需要，所以在盘口上的挂单具有多变性，没有固定的格式，但仍能通过对分时走势的通盘分析明了主力根本的意图。

例如，2001 年 11 月 27 日的东方明珠（600832）就属于拉升吸货，该股经历了前期长时间的下跌后，股价最大跌幅达到 50%，对于大量高位持有股票的人来说，有较强的自救需要，但自救之前，首先要在底位回补，即摊平成本的筹码再次收集，当天的分时走势中，股价一路震荡向上，小幅上涨，从股价不急不躁的上涨中，可以发现主力的目的并非是推高股价。盘口交易中，主力有意摆放了许多大单，有时在卖盘连续挂单，有时在买盘挂，有时则是买卖盘同时挂单，盘中交易连续，但成交手笔并不规则，在缓慢的拉升中明显有种较坚决的买入力量，而盘口的反复活跃的变动，反映出主力较迫切的操盘心理。

在分时走势的持续变化过程中，主力所有的作为都是为了实现自己的目的，无论涨还是跌，无论反向还是正向，主力的目的是一条不变的主线，投资者把握分时走势中的这条线索就可以把握全局。

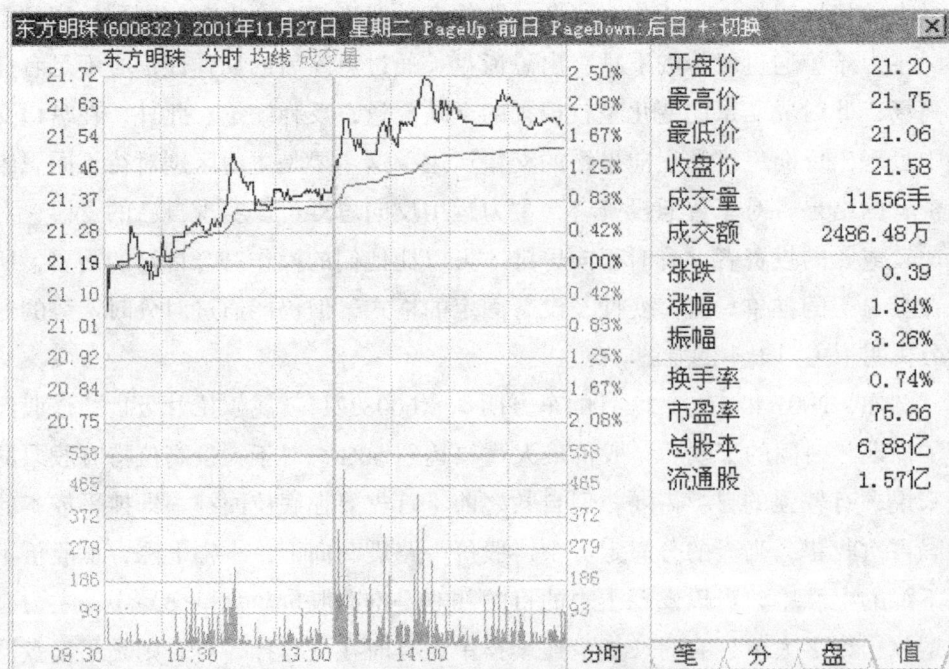

附图6　东方明珠的筹码的再次收集

第七计　出货的波折

在分时走势中，出货的手法多姿多彩，有拉升、有打压等不同的变形，不同出货手法的出现因个股前期不同的获利空间和当时不同的已出货程度密切相关，如果股价出现较规则的震荡方式出货，则可能是股票已到了出货后期。

震荡出货，在分时走势图上呈现股价规则的波动状态，上涨时股价顺利上扬，没有太多明显的回挡，股价下跌时则小幅震荡盘下，从时间上看则是急涨和缓跌。显而易见，拉升时盘内主力是主要的推动者，下跌时则是主力将筹码分散给市场投资者，主力用尽量少的资金量将股价拉起以吸引投资者的参与，而随着人们的不断成熟，更多的人会选择回调时买进，而主力正好趁机小心翼翼地不断卖出，于是股价在分时走势上显出较有规则的上涨和下跌节奏。但仅在分时走势上进行反复的震荡出货不一定会有很大的效用吸引市场投资者，主力在做这种操作时，会事先在日K线上构造非常好的向上趋势的图形，让投资者从整体判断到细节的观察都有很好的连续性，才能最大限度地发挥在分时走势营造的氛围，以期获得投资者的参与。运用这种出货手法，一般情况下股价已到了出货的后期，从资金成本考虑，主力为了节省资金，股价拉升高度必然有限，而且主力会在整个上升形态形成之初采用这手法，以希望因股价短期还没有太大升幅而获得更多投资者介入，短线而言，这种股票会有较好的上涨机会，部分筹码应该有小幅获利的机会，但整体升幅因为主力出货的本质而幅度有限。

例如，2001年12月4日的东泰控股（000506），该股近几个交易日出现小幅震荡盘上格局，成交量明显放大，从整个形态上分析，局部走势显示股价正处强势，但综合分析前期股价的走势，以及一系列的利好不断出现，该股可以说炒作已经非常充分，主力想要离场的意愿早在盘面显现。当天，该股分时走势上出现比较明显的急涨缓跌的特点，股价在下跌时非常谨慎，并有较小抛单持续出现，主力想要派发的意愿比较强烈。

出货时从日K线的形态上也会反映出反复波动的特征，分时走势上是同样的道理，对于投资者来说看到股价有规律波动并不重要，重要的是知道每一种波动形态体现出的盘中主力的真正意图。

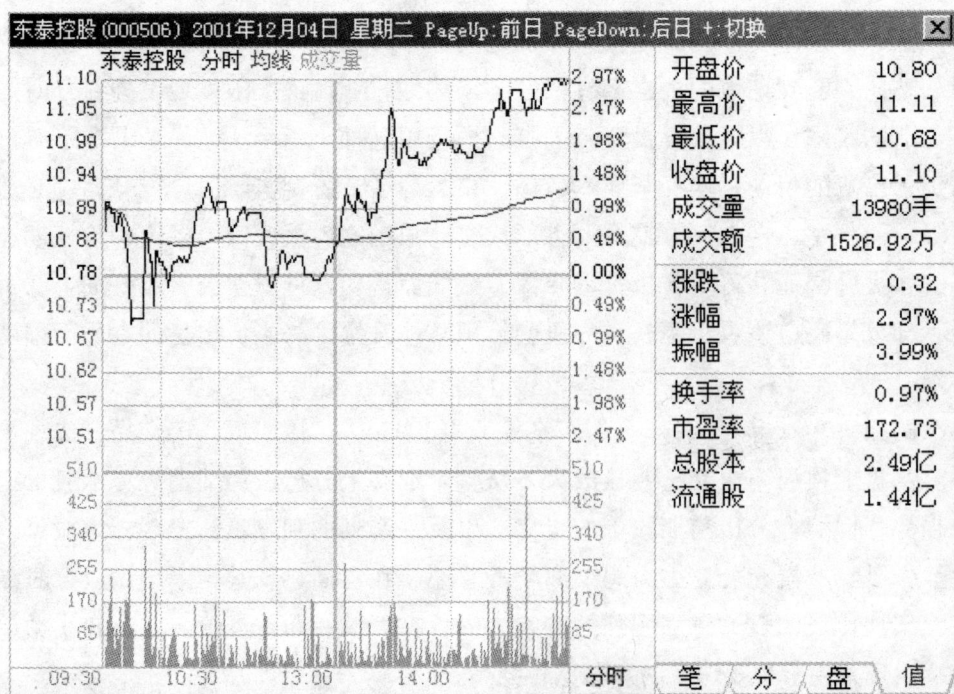

附图7　东泰控股的出货的波折

第八计 强庄股的拉高出货

强庄股因为筹码已大幅度集中的特点，出货时盘面表现的本质特征比较单一，但也正是这个原因，股价走势的盘面形式随大势变化的随意性较大，因此在分时走势及 K 线形态中有较多的形态的灵活性，但无论表现形式多么繁杂，其出货行为的本质不会改变。

强庄股的出货通常选择拉高的手法，杀跌的手段只是在万不得已的时候选用，而且有一个较通常的共性，往往在大盘刚刚止跌后不久就开始了有计划的拉高出货。这是因为，这类股票因为筹码的集中，只要自己不抛售，股价受到的实际上行压力不大，只要大盘不跌，就不会过多地影响拉高行为，而且在大盘止跌初期，市场投资者还没有太多的头绪，此时能异军突起的个股就会得到更广泛的关注，另外，如果大盘一旦能真的走强，这类股票更可以借大势的力量大面积地派发，当然，如果大盘再度沉寂，对股票本身也没有太大的影响。类似的例子很多，近期大盘欲涨还跌的过程里，强庄股出货的情况较常见，例如，兰陵陈香（600735），该股就选择了这样的时机。

具体到盘面的细节上，其手法更是有根可循，继续以兰陵陈香为例，近期该股已出现连续的阳线走势，在 K 线图上呈现出极其强劲的升势，而在分时走势图上，该股的点滴走势都反映出想要出货的市场特征，不过这也是类似个股采用类似手法出货的较普遍特征。

首先，股价上涨的过程是缓慢推升的过程，很少或者不可能见到常见的强势股，价涨量增流畅上涨的过程，因为强庄股的抛盘是可测的基本恒定的，不像普通的股票抛压是递增的，其上涨过程是有规律地推升，在兰陵陈香 2002 年 3 月 26 日的分时走势中，股价在上挡抛压均衡的情况下持续平稳地推进，充分显示出了强庄股的特点。其次，股价不轻易回调，经常会出现逆势盘整或上涨。在兰陵陈香近期拉升过程的分时走势中，这是一个重要的盘面特征，如果说前面的稳步的拉升过程只能反映出推高股价的意愿，那么这种抗跌则表现出想要变现筹码的意愿，试想如果不是出货，经过持续地拉升后，正常情况下应该是较强烈的回调洗盘，但股价并不情愿下跌，反而极力维持高价位，期间交易非常频繁，成交量的堆积较明显，加上拉升过程单纯地推高股价的目的，可想而知其变现的本质意图。最后，股价下跌时，跌速快同时又尽可能地迅速回抽，在分时走势上经常显示为锯齿型。这种走势的形成原因是，盘中筹码力图最大限度地在高位变现，一方面对买盘现有的挂单尽快抛售；另一方面又不希望这种卖出影响市场其他持有者的信心，于是就快速回抽护盘，但这种出货行为本身没有办法阻止股价的下跌，最终股价将会出现持续的盘跌行情，在兰陵陈香2002年3月26日的分时走势图这种行为极其明显。

判断出股票想要出货，并不意味着股价可能会很快大幅下跌，有时恰好相反，股价可能会涨得更快、更猛烈，因为成功的出货都是通过拉高出局的，而对于投资者，通过分时走势及K线组合形态判断出股票是否在出货就尤为重要，不仅可以依据其出货的本质有效地抵抗风险，而且还可以利用出货的拉升过程获取最快和最大的市场收益，而这里最为关键的是始终把握住拉升出货过程中的涨跌节奏。

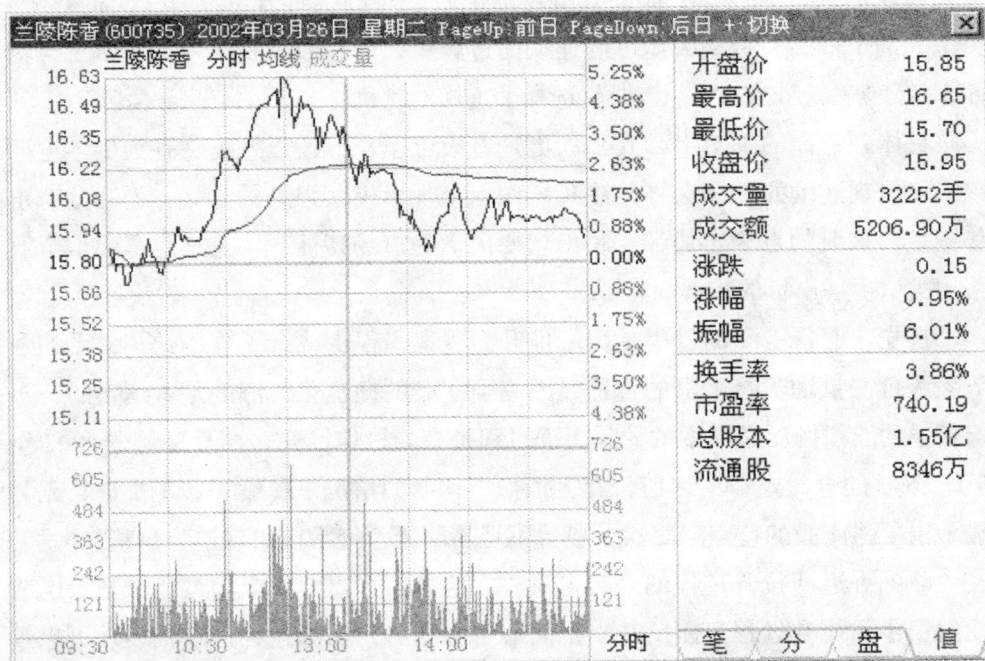

附图8 兰陵陈香强庄股的拉高出货

第九计 拉升中的突破

分时走势是股价走势最基本的组成元素。平时在分析股价走势时，我们总是更多地关注着股价的整体趋势，这对于中长线投资者来说，基本上是充分的。但对于短线投资者来说，这种粗放型的分析可能有局限性，从股价形态角度分析，分时走势是股价走势最基本的东西，对这种走势的分析对于短线投资者来说是必要的，对于中长线趋势的判断也是非常重要的。

最为常见的拉升阶段的分时走势因为上涨目的的明确性，非常相似。好像幸福的家庭有相同的幸福一样，以推高股价为目的的拉升，上涨的过程几乎相似。例如2001年11月14日中上海本地小盘股的上涨，先是ST联华（600617）跳高开盘，略作强势整理后，出现迅速的上涨，在这个过程中，成交量由小到大，密集性增加，仅一刻钟，股价几乎上摸到涨停板，此后缓慢回落，股价在升幅7%左右窄幅震荡，直到收盘。与此同时，同板块的其他个股快速联动，一时间，盘面上，上海本地小盘股成了当时市场最突出的关注焦点。类似的个股及演化到板块联动的走势我们经常可以看到，可以说这个过程也是一般个股及板块走强的规律性走势。对于投资者来说有三点问题值得重视：首先，认识和熟悉这种因为上涨目的的明确性而出现必然性走势的规律，这样在出现相类似的走势时容易及时把握盘面的下一步变化；其次，如果是早期的上涨，可以立刻介入最先上涨的股票，就是我们常说的龙头股，在强势市场里，是把握短线操作的良机，如果股票涨势过快，可以转而选择同板块的其他个股，等待联动效应的出现；最后，每一次股价的上涨都是在这种状况下完成的，只是大势整体的强弱将导致股价上涨幅度和持续时间的差异，作为短线操作的投资者，最重要的是判断大盘短期方向，考虑参与并随机地调整获利目标。在搏取短线差价的时候，以上三点是较为重要的操作技巧，投资者可以不过多考虑基本面，以技术面为主要参考依据。

这种盘面走势还受制于前几个交易日的股价走势影响，任何一次类似的短线快速拔高股价都会经过一段时间的蓄势，如果在股价还没有出现这种上涨的突破之前，及时关注，操作上会更得心应手。此外，这种走势一般情况下都出现在开盘后十五分钟内，如果能提前有预料就会进一步增加获利的可靠性。

这种较典型的拉升突破型走势，不仅可以为我们带来短期的获利机会，也会对日后的中线走势的判断奠定基础，对这种走势的判断有两种结果：一是下跌途中的换挡，二是上涨之初的热身。如果短线的强势比较温和地持续，中线趋势向上；如果短期出现暴发性走势，中线趋势可能继续向下。

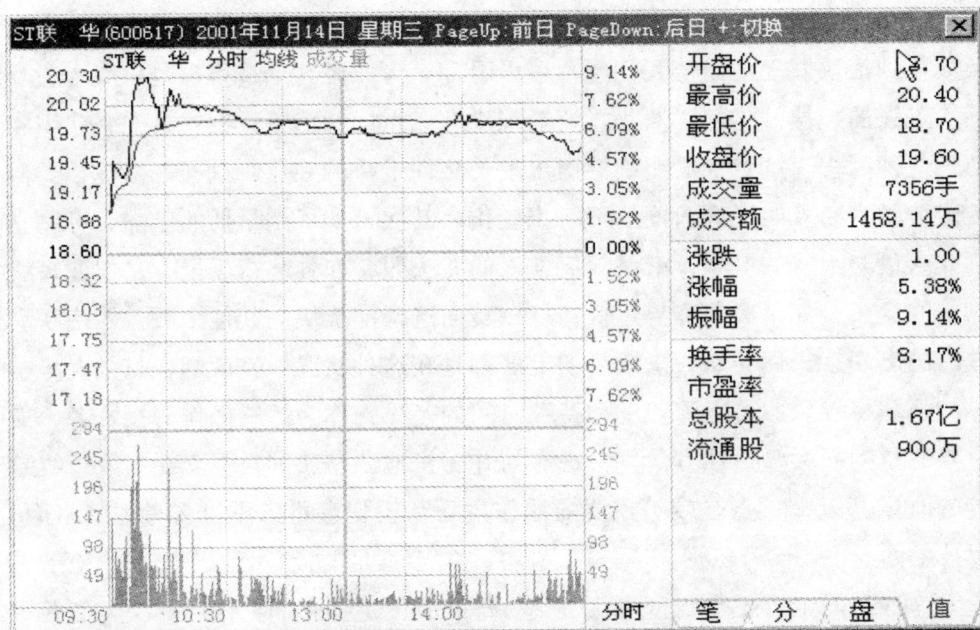

附图9　ST联华的拉升中的突破

第十计　高开营造的氛围

中长线的上涨趋势是较长时间积累的结果，市场投资者在作出判断时，需要做各方面综合的考虑，短线的上涨，尤其一天的走势判断起来就相对简单，就好像一场戏，每一节都会有一个明确的主题，投资者只要及时判断出市场中可影响股价走势的资金或筹码想要营造的气氛，就可以把握当天的走势。

在分时走势中，最先给投资者一种重要的心理影响的就是开盘价。对于想要营造走势的主力来说，会抓住第一时间让投资者感觉到股价当天的走势趋势，好像对人的印象，有了先入为主，就会比较固执坚持。开盘价有三种情况，高开、平开和低开，通常情况下，这三种方式代表了想要拉升、进行整理、想要打压的主基调，当然这三种可能完全可以出现相反的走势，这当然还需要对 K 线形态的整体分析。此处我们仅分析正常情况下的分时走势，以高开为例，如果出现大幅度的高开，意味着市场主力想要快速推高股价并引起投资者的关注，这种迫切可能出于以下三方面的可能：第一，股价长期下跌，或者明显超跌，在大势环境较好的时候有强烈补涨的需要，此时股价上涨极其轻松，而且能够在当日获得市场较充分的认同，至于股票具体如何，往往不在当日考虑范围内。例如 2001 年 11 月 21 日大幅高开的金健米业（600127），就属于这种情况，股价跳空高开 6%，之后上封涨停板，盘面走势流畅，市场营造了一种非常明确的毫不犹豫的上涨氛围，类似的还有亚盛集团（600108）等。第二，前期已持续好转，但没有足够的升幅，在大势短线上涨趋势较强时，在确实买盘的推动下，股价出现高开高走，例如 2002 年 1 月 31 日的中视传媒（600088）、内蒙宏峰（000594）等，主力运用高开的手法，营造上涨的气氛，目的是吸引人参与买入，阻止人们抛售，并期望进一步的变化。第三，需要完成强势洗盘，这是在强势市场里比较多见的快速洗盘方法，主力利用刻意的高开后回落整理，日 K 线上就会形成显而易见的大阴线，让一些信心不足的投资者及早离场，在目前的盘面中这种例子少见，主要是因为目前的大势仍处弱势，没有多少主力需要这种盘中氛围。

  股价高开时相应的成交量变化也是判断趋势的重要依据。刻意的高开必然会伴有成交量的明显放大，但这其中还是有放量后相对量大量小的差异，通常情况下，量越大越表现出主力强烈的目的性，同时也反映出主力的信心不足，投资者可依此随时应变。

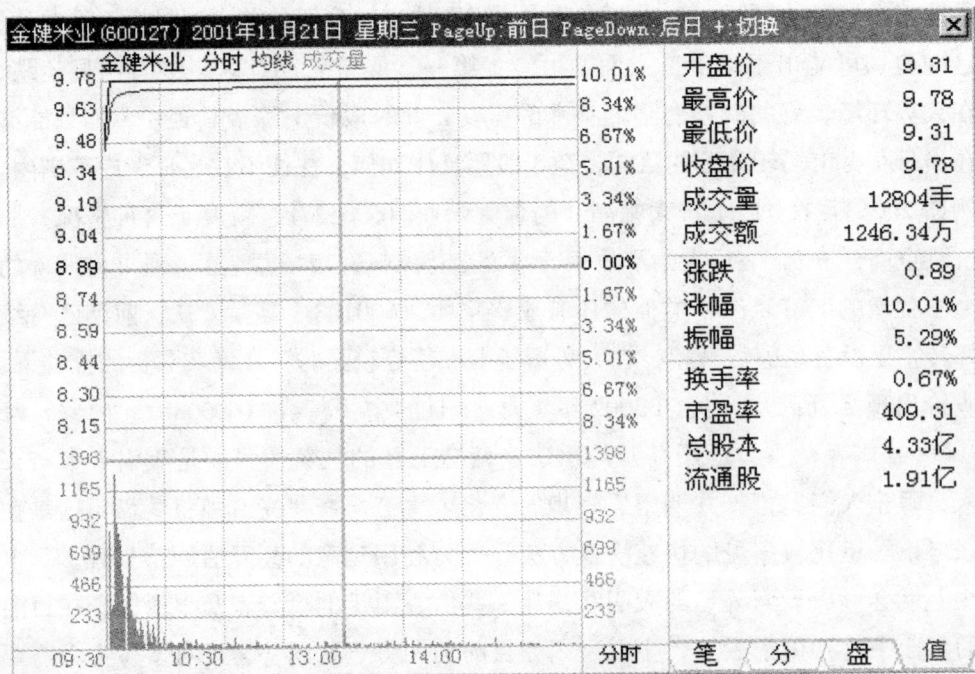

附图 10　金健米业的高开营造的氛围

第十一计 巨量的诡异

　　成交量是投资者看盘时最关注的技术指标，成交量代表了双层的含义，直观地反映了买进和卖出力量的大小。在分析股价走势时，投资者往往侧重这一方面的意义，必然会对股价未来走势的预测出现意识上的偏差，如果在分析较异常的成交量变化时，一定要与分时走势的具体交易相结合，才会得出尽可能与事实接近的判断。

　　成交量的异动多指日交易量的急剧放大，这时股价走势必然备受关注，一般情况有三种原因可能导致日成交量的急剧放大：第一，股票自身客观存在的原因。比如，以前的内部职工股的上市、转配股上市及战略投资者上市的时候，因为供求关系发生变化，股价单日成交量突然增加。第二，突发性利好或利空消息出现时，投资者会改变操作策略，此时股价会出现相同方向的变化，即利好大涨，利空大跌。第三，市场主力资金因为需要特意"做"出的巨量，为了吸引人们的关注，让投资者感觉是没有理由的放量。因为很难体会主力的意图，这种放量走势是最难判断的，但一般情况下股价是放量上涨的，使这种预测有一定规律。这种情况下成交量的放大是在分时走势中的集合竞价开始的，为了达到让市场最多数投资者注意的效果，股价在开盘的时候就会做出先声夺人之势，放巨量交易，之后在较短线时间里快速放量，但这是极其消耗能量的，放量必然是虎头蛇尾，股价的上涨在没有成交量的持续配合下必然越走越弱。

　　例如，2001年11月30日的原水股份（600649），该股开盘后持续放量走高，连续出现每笔几十万股的交易。该股在基本面平静的情况下，突然放量让人不解，从盘口交易看，很难是普通散户所为，而这种快速放量急升的手法也不是有人想要吸货。再看日K线组合，前一交易日成交不足200万股，今天突然放到2500万股，在没有任何原因的情况下，抛盘和买盘的突然增加是不可思议的，只有一种可能，身在其中的主力为吸引市场的关注做出让人注目的走势。就这只个股而言，今天的量不是吸货，对于这种盘很大的股票来说，拉高吸货是不可能的，因为有更好的机会逢低吸纳，那么只有两种可能：第一，有人迫切离场；第二，有人想用这种走势吸引人关注，在日后的走势中派发离场。

在分时走势中看到令人诧异的巨量时，首先要查看是否有供求关系的新变化，其次分析是否有利好或利空消息的出现，如果不是这两种情况，那么就是第三种，有人出局或者准备出局，当然在一些交易规则还没有完全规范时，还会有一些非市场交易因素，这时判断更加复杂，但可以得出较普遍的判断结论，这种股票短线走强的力度有限，不一定考虑立刻卖出，但肯定不是好的买点。

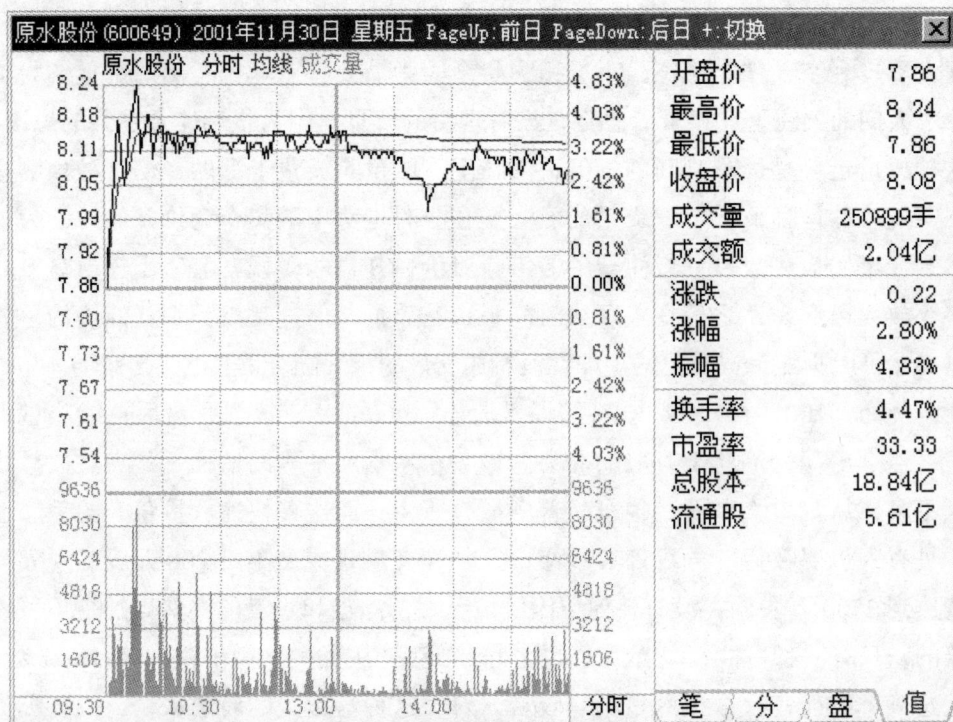

附图 11　原水股份的巨量的诧异

第十二计 磨磨蹭蹭的上涨

如果主力想出货，拉升的时候就非常吃力，一方面需要始终维持股价的盘面强势，另一方面又要尽最大可能地派发筹码，在分时走势中这种目的性体现得极其充分，股价的变动就像在山坡上拉车，是磨磨蹭蹭的上涨。

这种分时走势很常见，对于一只个股而言，有的时候还可能是连续的表现，但是一旦这种磨磨蹭蹭的上涨过后，股价会不可避免地下跌。从技术上看，在分时走势中，股价会涨跌有序，成交量在大部分时间里是呈连续放大状态，就单日交易而言，因为量的放大是不自然的，必然在整个日 K 线走势中显得突出。从主力意图角度分析，主力并不想大张旗鼓地出货，可能是做短线部分筹码的差价，也可能是出货量较大，希望尽量拖延股价在高位停留的时间，这样股价必然会极有规律地变化，形象地说就是磨磨蹭蹭的上涨。从市场较多投资者的反应看，因为成交量的持续放大，还有股价的上涨，可能会有三种看法：第一，成交量的放大是有大资金介入，而股价的相对滞涨是因为主力想要在这个价位上吸更多的货，而这一点正是市场主力想要的；第二，成交量的放大是主力用大成交量来洗盘，这个点位的高比率换手代表着主力的成本，日后自然会有获利空间；第三，是看空，放这么大的量，理应有更大的涨幅，该涨不涨理应看空。对投资者的这三种看法，前两种是主力希望的，那么更有可能发生的是第三种。首先，股价的明显放量，没有理由是吸货，对主力而言，吸货时一定是缩量的时候；其次，如果是洗盘，股价不应该是单边上涨，而应是宽幅震荡。

例如，2001 年 12 月 5 日的岷江水电（600131），该股股价一路下跌到 7.75 元后开始持续放量反弹，值得思考的是股价大幅超跌后反弹不应该放量，因为人们惜售和逢低吸纳，但是股价一路放量上涨，涨幅超过 5%后开始平台整理，当天股价仍在平台内，而成交量创近期天量，股价全天都是缓慢盘升，成交量自始至终是放大的，这不是吸货行为，单边的走势也不是洗盘，主力是用持续的大量掩盖出货，这是一种很累的出货手法，也是在涨势里吸引人参与的普遍方式。

　　磨磨蹭蹭的上涨是可怕的上涨，对于投资者来说，从哪个角度来说，都不是可以放心买入的，追涨要追缩量的上涨，投资要买跌的股票，关注要找没涨的股票，无论如何，磨磨蹭蹭的上涨总是让人有顾虑，那么按照经典投资理念的建议，这种股票宁可错过，不该参与。

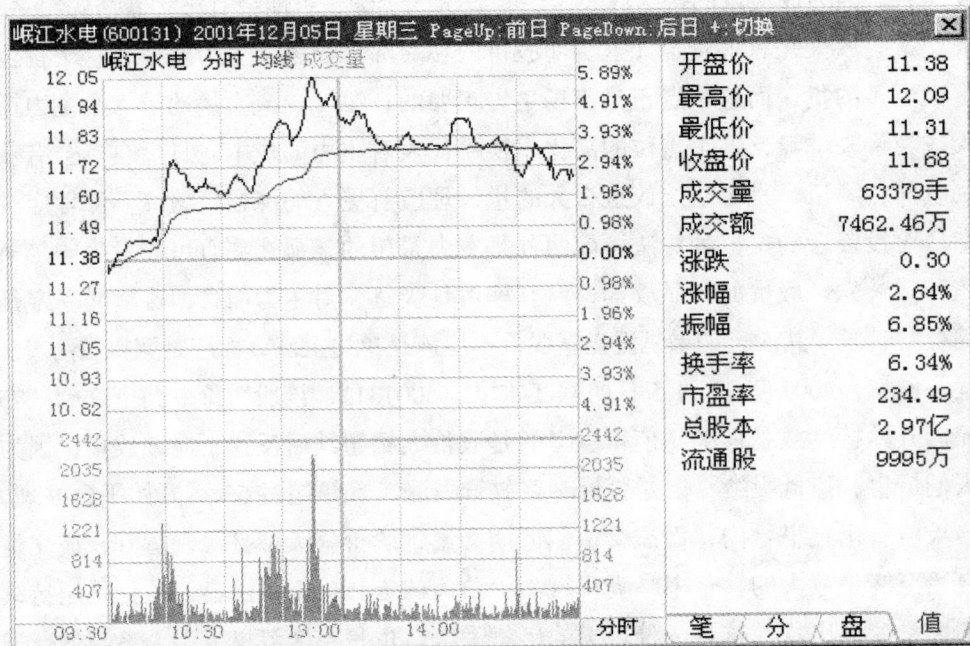

岷江水电(600131) 2001年12月05日 星期三 PageUp:前日 PageDown:后日 +:切换	
开盘价	11.38
最高价	12.09
最低价	11.31
收盘价	11.68
成交量	63379手
成交额	7462.46万
涨跌	0.30
涨幅	2.64%
振幅	6.85%
换手率	6.34%
市盈率	234.49
总股本	2.97亿
流通股	9995万

附图 12　岷江水电的磨磨蹭蹭的上涨

第十三计 没有准备的高开

　　开盘价往往决定着股票一天的走势，也一直是投资者关注的重点，很多股票都是在开盘价上做文章，希望因此能对投资者做出有利自己的引导。开盘有多种形式，较引人注目的一种是出现明显幅度的高开。

　　高开有两种可能，第一，有准备的高开。这种现象在股价强势拉升过程中较常见，因个股所处的不同运行阶段有不同的差异，这种有准备的高开具有鲜明的目的性。第二，没有准备的高开。市场出现较强烈的求大于供的现象，导致股价以市场行为自然地高开，这种现象经常出现在突发性利好的时候。例如，2001年11月16日公布降低印花税，对整个市场来说，是系统性利好，市场有较强的短暂的买进需要，当日大多数股价明显高开，属于一种突然性利好导致的高开。同理，对于一只股票而言，有突然性利好时，也会出现高开，不过高开的情况比较复杂，这里又分两种情形：一是主力实力较强，并在利好公布之前已有一段时间的筹码收集行为，这时应对突发性利好，虽然有些匆忙，但会在较短的时间做出相应和正常的变化。在盘面上，这种情况的股票经常高开幅度较大，但在集合竞价时对应的撮合量并不大，因为主力有信心往上拉升，对于开盘后的走势有应变策略。二是市场没有任何准备，或者有些不太明确的反应，但整体而言，属于没有准备的状况，此时运作其中的主力还不想这么早暴露，有突发利好时，股价高开的幅度必然不大，但集合竞价的撮合量却很大，原因和前者相反，主力没有信心，或者说实质上是不想就此拉升。

　　例如，2001年11月28日的宏源证券（000562）没有准备的高开。中国证监会在前一天宣布，决定调整证券公司增资扩股的现行政策，凡依法设立的证券公司均可自主决定是否增资扩股，证监会不再对证券公司增资扩股设置先决条件，这一新政策对证券公司增资扩股，放宽了条件，简化了程序，对券商来说是重大利好。宏源证券属标准的券商概念股，于是当天开盘该股在此利好的影响下，高开3%左右，集合竞价撮合量有十万多股，与前一天全天成交不足五十万股比，属明显放大，之后股价出现急速地拉升，但成交量始终没有有效放大，股价最终冲高回落。根据以上的分析，这种现象属于主力并不想借机拉升的走势，由此判断股价的后市走势，可能还会有较长时间的震荡整理，而且当天的上涨不能与主力的步伐协调，整理的时间会比正常情况下延长。

这种没有准备的高开很多见，如果得出这种判断，短线的操作策略应该是逢高卖出，在有利好的情况下该涨不涨，日后一定还会有低点，这种盘面走势意味着正面临着较有把握的做差价的机会。

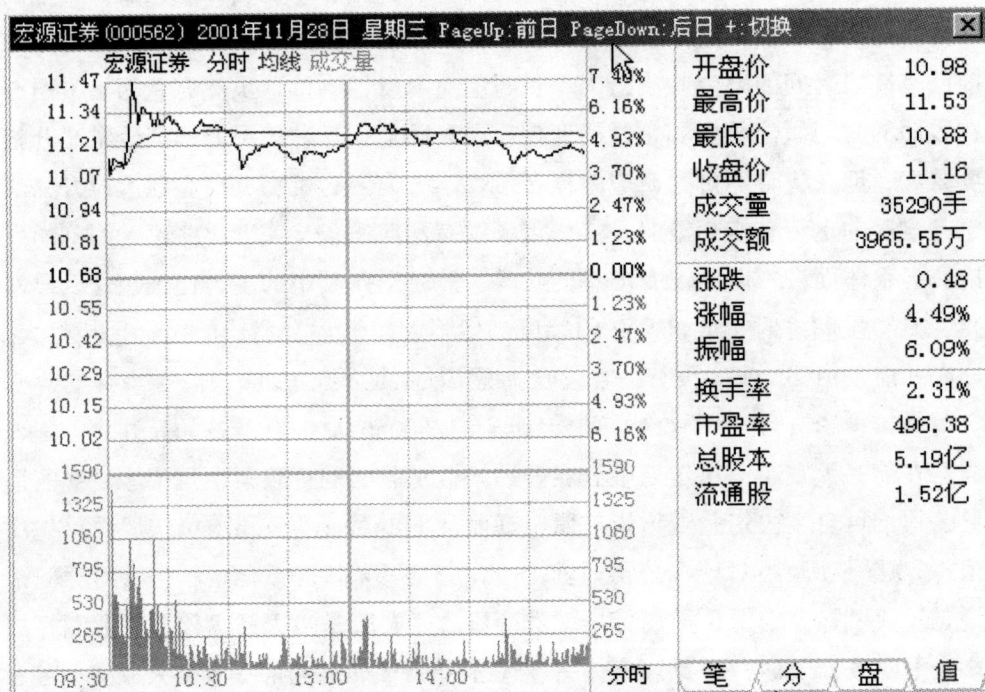

宏源证券 (000562) 2001年11月28日 星期三 PageUp:前日 PageDown:后日 +:切换		
开盘价		10.98
最高价		11.53
最低价		10.88
收盘价		11.16
成交量		35290手
成交额		3965.55万
涨跌		0.48
涨幅		4.49%
振幅		6.09%
换手率		2.31%
市盈率		496.38
总股本		5.19亿
流通股		1.52亿

附图 13　宏源证券的没有准备的高开

第十四计　没有抛盘的拉升

没有抛盘怎么拉升，这个题目让人心生疑惑，的确，看起来非常矛盾，但是在股价上涨过程中确实就有这种没有抛盘的拉升，仔细观察个股的分时走势，可以很清楚地看到这种好像不合理的合理存在。

在分时走势中，我们可以经常看到股价成交手笔突然放大，并有较强的连续性，不禁会想，为什么会有人突然齐心协力地买进和卖出，但事后看到股价下跌或上涨的结果，可以推测这种买卖可能是市场中大资金和重仓持股者想要吸引市场投资者关注和参与的大张旗鼓的表演。通常情况下，在分时走势中，股价会突然大规模放量，急速上涨，那种涨势不可挡，在很短的时间里，不加任何思考地对上方出现的有规则的均匀的大买单毫不犹豫地通吃，此时有个最明显的特点，股价直线上升，回调时间短暂，甚至以盘代跌，这种盘面的语言仿佛告诉人们，想买就高价追买，而且股价有强烈的上涨欲望。如果说，主力的目的是让这种涨势给市场投资者一种示范效应，希望别人参与，那么主力是想要卖出，但盘面表现主力却在大笔买进，此时只有一种可能，该股在当时其实没有抛盘，所谓主力吃掉的大笔卖单是自己的，初听没有抛盘不太可能，但事实上，这种例子屡见不鲜。

比如 ST 东方（000682），股价从 24 元多一路跌到 4 元多，在这么一段长长的下跌过程中，该抛的早就抛了，没有人看到四五元的低价还会再抛，相对而言 6 元也是非常低的价格，一样不会再想割肉求生了。所以在这种极低的价格区间，如果股价反弹，并不会有抛盘的，这是一种合理的市场情况，那么 ST 东方在去年 11 月放量的上攻，卖出的量只可能是自己的，当然最初买入的量也是自己的，分时走势中我们可以非常清楚地看到这种不合情理的有规律的交易。比如 2001 年 11 月 22 日，该股上午停牌，下午复牌后，股价一口气到涨停板，只有一种可能会走出这种走势，就是市场没有人抛售，这是一段没有抛盘的拉升。为什么会这样，解释只能是主力通过这种强烈的上涨势头吸引市场永远存在的投机客而出货，而东方电子跌到几元后仍有人出货，综合分析技术面，这是完全成立的。

　　类似的没有抛盘的拉升在股价分时走势中是广泛存在的，当股价跌到市场所有散户投资者成本之下时，最早进入的主力仍有可能是获利的，这时上涨是市场的期盼，套牢的散户不卖，投机者又想要火中取栗，此时主力又获得了出货机会。这种走势也会出现在长期低迷的盘局中，判断过程可能很复杂，但操作很简单，逆向考虑就可以得出结果。

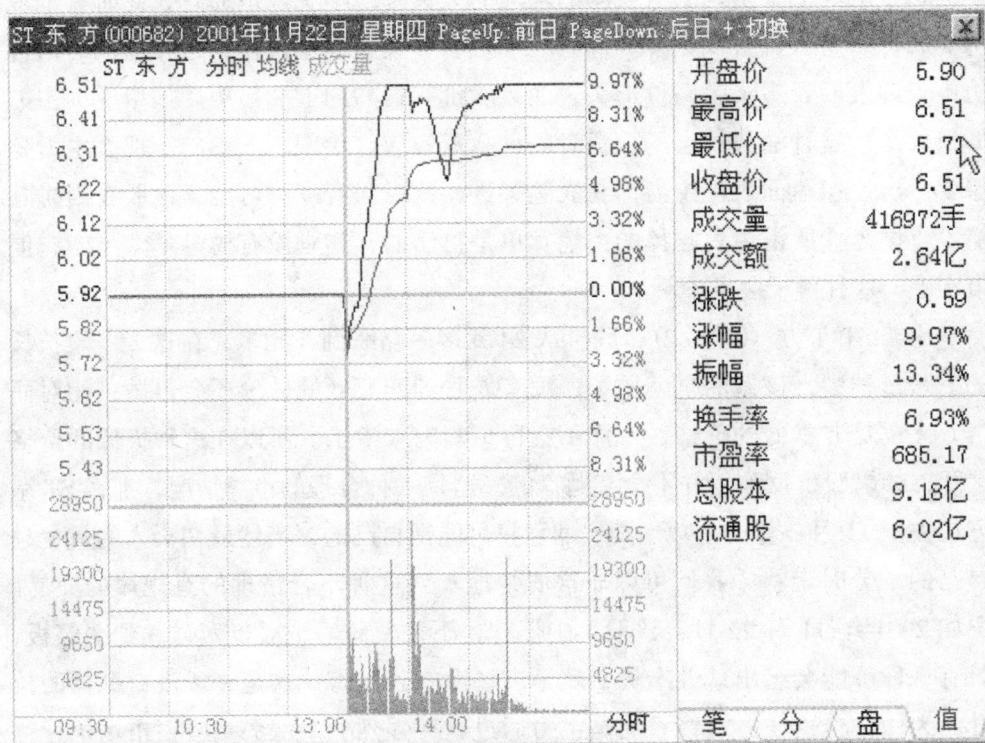

ST 东 方(000682) 2001年11月22日 星期四 PageUp:前日 PageDown:后日 + 切换

开盘价	5.90
最高价	6.51
最低价	5.72
收盘价	6.51
成交量	416972手
成交额	2.64亿
涨跌	0.59
涨幅	9.97%
振幅	13.34%
换手率	6.93%
市盈率	685.17
总股本	9.18亿
流通股	6.02亿

附图 14　ST 东方的没有抛盘的拉升

第十五计　涨停板下的出货

在分时走势中，涨跌停板是比较特殊的情况，此时价格是以同一价格交易，成交量的变化就成了判断股价后市走势最重要的技术指标。

在平常的交易中，个股不会出现强烈的买进需求，此时往往是为突发性利好或者股价处于最强烈也是最后的拉升阶段，要估计后市股价可能的走势或可能的升幅，需要重点关注分时走势中成交量的变化，还有成交频率的变动。

例如，在2001年11月16日证券（股票）交易印花税税率下调至2‰的利好影响下，沪深股指出现大幅地高开，不少股票以涨停板的价格开盘，但之后大多数股票走出全天性的震荡回落。在这种突发性的因素影响下，市场反应各异，有些会在高位匆忙抢进，有些坚决派发，以广电信息（600637）为例，让我们分析一下在涨停板处市场不同投资者对股价后市的不同判断。该股在2001年11月16日时以涨停板的价格开盘，同时伴随巨量成交，但涨停板很快被打开，仍是大单以很大的密度集中成交，之后又在更大的成交量的配合下股价再次封到涨停板，这时股价在持续大量的推进下，抛压不但没有减轻，反而喷涌而出，很快涨停板在成交量持续放大下再次打开，如此这般又有一次涨停、打开的过程，最终放弃上试涨停板的走势，股价震荡回落以接近全日最低点收盘。从日K线上巨大的成交量和光头的大阴线可以明了，主力已完成了相当大量的筹码的派发，再回过来分析分时走势时股价在涨停板处反复的表现，可以判断，涨停板处的高频率的交易和高比例换手是主力利用利好，在最短的时间里积极吸引市场投资者盲目参与的结果。从这段走势中我们可以看到主力出货的技巧，利用人们在股价上涨时必然的欣喜的情绪，反复震荡，打乱投资者正常的思路，让人们在又要涨停的短暂时间里，因为唯恐错过的心理吸引人们主动地在高位接货，相比在跌停板时的出货实在是成功得多也容易得多。

当股价涨停时，必然已经在众目睽睽之下了，可想而知作为主力如果还想要货，怎么抢得过散户，只有散户抢进的理由没有主力不出的道理，尤其在弱势里，这种巨量下的涨停板出货的可靠性会更高，投资者一定要留心这种一个愿卖一个愿买的出货手段。

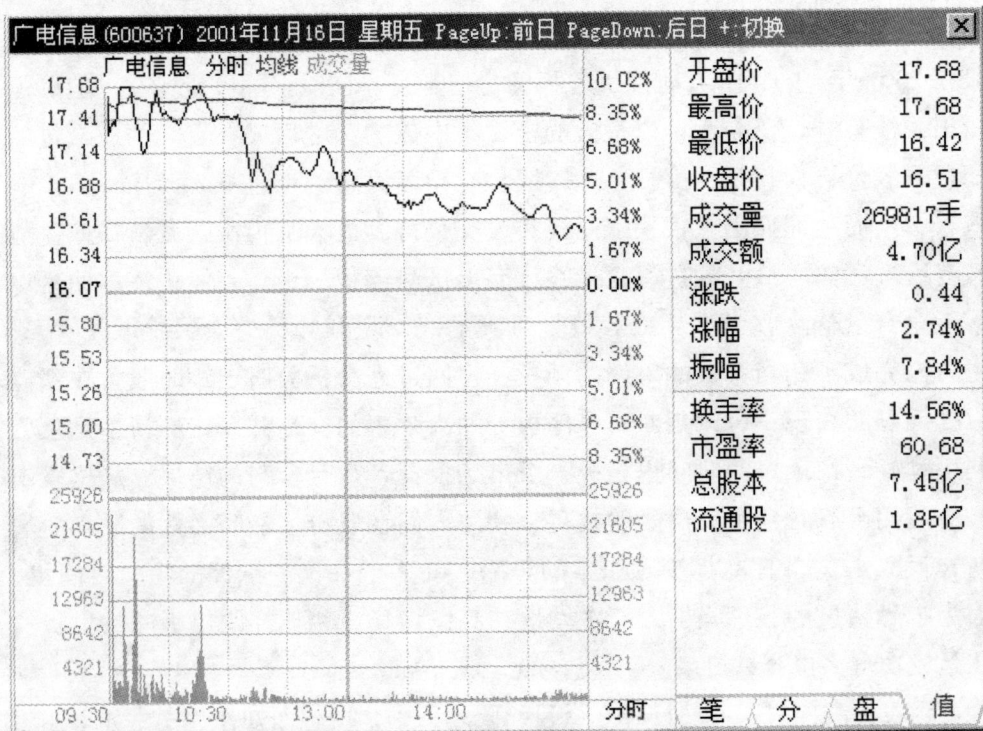

| 广电信息 (600637) 2001年11月16日 星期五 PageUp:前日 PageDown:后日 +:切换 |

	开盘价	17.68
最高价	17.68
最低价	16.42
收盘价	16.51
成交量	269817手
成交额	4.70亿
涨跌	0.44
涨幅	2.74%
振幅	7.84%
换手率	14.56%
市盈率	60.68
总股本	7.45亿
流通股	1.85亿

附图 15　广电信息的涨停板下的出货